KALTENBACH/KÜPPERS · KLEINSCHMETTERLINGE

Thomas Kaltenbach
Peter Victor Küppers

Kleinschmetterlinge

beobachten – bestimmen

Neumann-Neudamm

Das Titelbild zeigt: *Olethreutes arcuella*
Das Foto auf Seite 2 zeigt: *Plodia interpunctella,* Kopula

CIP – Kurztitelaufnahme der Deutschen Bibliothek

Kaltenbach, Thomas:
Kleinschmetterlinge: beobachten – bestimmen/
Thomas Kaltenbach; Peter Victor Küppers. –
Melsungen: Neumann-Neudamm, 1987.
   (JNN Naturführer)
   ISBN 3-7888-0510-2
NE: Küppers, Peter V.:

© 1987 Verlag J. Neumann-Neudamm GmbH & Co. KG, Mühlenstraße 9,
3508 Melsungen
Printed in Germany

Alle Fotos und Zeichnungen stammen von den Autoren
Lektorat: Dipl.-Biologe Andreas Fischer-Nagel
Umschlagentwurf: Philipp Schneider unter Verwendung eines Fotos der Autoren
Lithos: repro-team kassel gmbh
Satz, Druck und Bindung: Druckerei Parzeller, Fulda.

ISBN 3-7888-0510-2

VORWORT

Schmetterlinge haben die Menschen seit jeher wegen ihrer Farbenpracht und Zartheit in ihren Bann gezogen. In Liedern und Versen wurden sie oft besungen. Abgebildet werden sie nicht nur in Büchern, sondern ebenso auf allerlei Gegenständen. Leider wurden sie gelegentlich auch Opfer kunstgewerblicher Verarbeitung.

Die farbenprächtigen Tagfalter lenkten schon immer die Aufmerksamkeit auf sich, während der größte Teil der Schmetterlinge als häßliche und schädliche „Motten" abqualifiziert wurde. Dabei gibt es nur wenige Arten, die tatsächlich im Haus oder an Nutzpflanzen schädlich werden können. Erstaunlicherweise ist auch heutzutage noch ein erhebliches Informationsdefizit in dieser Frage festzustellen. Der für die meisten Arten unverdiente negative Ruf ist in unserer modernen Gesellschaft leider noch nicht getilgt. In Wirklichkeit sind schließlich die allermeisten der im Haus auftretenden Falter nachts durch die Beleuchtung angelockt worden und durch offene Fenster oder Türen eingeflogen. Nichts wäre diesen Tieren lieber, als wieder einen Weg aus diesem Gefängnis heraus zu finden, da sie hier nicht überleben können.

Der vorliegende Naturführer befaßt sich gerade mit jenem Teil der Schmetterlinge, auf den der Überbegriff „Motten" noch am ehesten zutrifft, den sog. Kleinschmetterlingen. Sie sind vor allem wegen ihrer geringen Größe und oft auch wegen ihrer Färbung unauffällig. Wissenschaftlich sind sie weit weniger erforscht als die sogenannten Großschmetterlinge. Ihr Artenreichtum ist enorm. Die Bestimmung ist häufig problematisch und kann in vielen Fällen nur unter dem Mikroskop mit Hilfe genitalmorphologischer Merkmale erfolgen.

Wir möchten mit diesem Buch deutlich machen, daß viele Vertreter der Kleinschmetterlinge ebenso farbenprächtig wie Tagfalter sind und daß auch die eher unscheinbaren Tiere durchaus einen großen ästhetischen Reiz besitzen. Darüber hinaus wollen wir dem engagierten Naturfreund die überaus interessante und vielfältige Lebensweise der Kleinschmetterlinge und ihrer Entwicklungsstadien vor Augen führen. Mit Hilfe der Merkmalsbeschreibungen der einzelnen Familien in Verbindung mit dem Erscheinungsbild und der natürlichen Sitzhaltung der abgebildeten Vertreter ist es möglich, alle wichtigen Familien zu erkennen. Die Farbfotos und der Begleittext gewährleisten darüber hinaus die sichere Bestimmung aller behandelten Arten.

Abgesehen von der Tatsache, daß die Kompliziertheit der Kleinschmetterlinge eine Bestimmung vieler Arten nur nach Fotos und begleitendem Text nicht erlaubt, ist es auch durch die enorme Artenfülle unmöglich, ein Bestimmungsbuch aller einheimischen Arten im Taschenbuchformat herauszubringen. Wir haben deshalb aus den einzelnen Familien besonders interessante oder häufige Vertreter ausgewählt, insgesamt etwas mehr als 10 % der deutschen Arten.

Die deutschen Namen der Gruppen und Arten werden aufgeführt, soweit sie existieren.

Bei jeder Art werden Angaben zur Flugzeit, ihren Biotopen und ihrer Entwicklung gemacht. Wenn ähnliche Arten existieren, mit denen eine Verwechslung möglich wäre, so werden diese genannt und die unterscheidenden Merkmale angeführt. Verursacht eine Art gelegentlich wirtschaftliche Schäden, so wird dies ausdrücklich erwähnt.

Wir hoffen, mit diesem Buch bei möglichst vielen naturverbundenen Menschen das Interesse für unsere Kleinschmetterlinge als bisher meist vernachlässigter Teilgruppe der Schmetterlinge zu wecken oder zu vertiefen.

Zu großem Dank verpflichtet sind wir Herrn A. Fischer-Nagel vom Verlag Neumann-Neudamm, der uns die Verwirklichung dieses Kleinschmetterlingsbuches ermöglichte und ihm in jedem Stadium der Entstehung sein Engagement und Interesse angedeihen ließ.

Karlsruhe, im August 1987   Dr. Thomas Kaltenbach
                                             Dr. Peter Victor Küppers

INHALT

Allgemeiner Teil

Spezieller Teil

Systematische Stellung und Körperbau der Falter

Die Schmetterlinge (Lepidoptera = Schuppenflügler) sind mit weit mehr als 150 000 beschriebenen Arten eine der größten Insektenordnungen. Viele weitere Arten sind noch unbekannt.

Zu den Schmetterlingen gehören winzige, oft nur wenige Millimeter messende Formen ebenso wie riesige Falter mit Flügelspannweiten bis zu 25 cm.

Die Mitglieder dieser Insektenordnung unterscheiden sich von allen anderen Insekten durch den Besitz von 2 Paaren membranöser Flügel, die auf beiden Oberflächen mit normalerweise relativ breiten, dachziegelartig übereinandergelagerten Schuppen bedeckt sind. Eine solche Beschuppung tritt auch an Kopf, Körper und Körperanhängen der Falter auf.

An der Vordertibia ist bei den meisten Familien eine Epiphyse ausgebildet, eine Struktur, die bei keiner anderen Insektenordnung zu finden ist.

Mit Ausnahme der primitivsten Schmetterlinge (Familie Micropterigidae) sind bei allen Gruppen die Galeae der Mundwerkzeuge in einen Rüssel umgebildet. Dieses Merkmal ist ebenfalls nur bei Schmetterlingen vorhanden. Bei einigen Familien kommt es sekundär zu einer Rückbildung des Saugrüssels.

Der Körper der Schmetterlinge gliedert sich in den Kopf, der aus mehreren miteinander verschmolzenen Segmenten besteht, die Brust (Thorax) aus 3 Segmenten und den Hinterleib (Abdomen) mit 10 Segmenten.

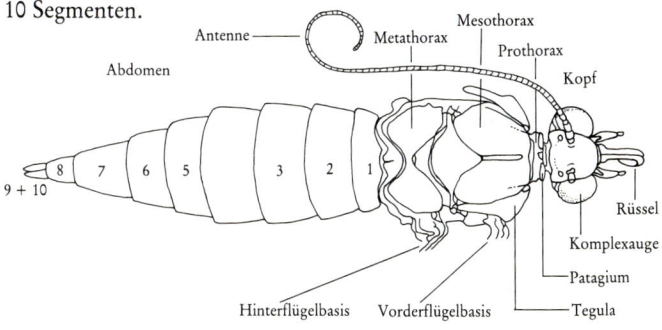

Abb. 1: Körperbau eines Falters. Dorsalansicht.
Aus Heath (1976).

Am Kopf fallen besonders die großen, rundlichen, facettenartig zusammengesetzten Komplexaugen auf. Teilweise sind weitere kleine Lichtsinnesorgane in Form der Ocellen ausgebildet. Sie sind paarig angelegt und liegen über den Komplexaugen.

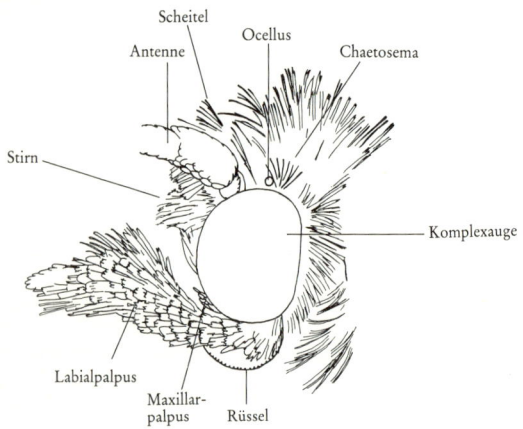

Abb. 2: Kopf von *Tortrix viridana* (L.) (Tortricidae). Lateralansicht. Nach Bradley, Tremewan und Smith (1973).

Gelegentlich befinden sich über den Augen weitere paarige Sinnesorgane unbekannter Funktion, die Chaetosemata. Die vielsegmentierten Fühler sind vor den Ocellen eingelenkt. Sie setzen sich aus den beiden Grundgliedern (Scapus und Pedicellus) und der Geißel (Flagellum) zusammen. Meist sind die Fühler zumindest teilweise beschuppt. Der Scapus trägt bisweilen einen Schuppenbusch. Die Struktur der Geißel kann recht unterschiedlich sein. Häufig sind fadenförmige, gezähnte oder gekämmte Fühler.

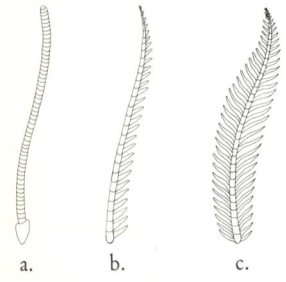

Abb. 3: Verschiedene Fühlertypen.
a) fadenförmig
b) gezähnt
c) gekämmt
Nach Lampert, aus Forster und Wohlfahrt (1954).

Aphomia sociella L., Kopf lateral
Hepialus sylvina L., Kopf frontal

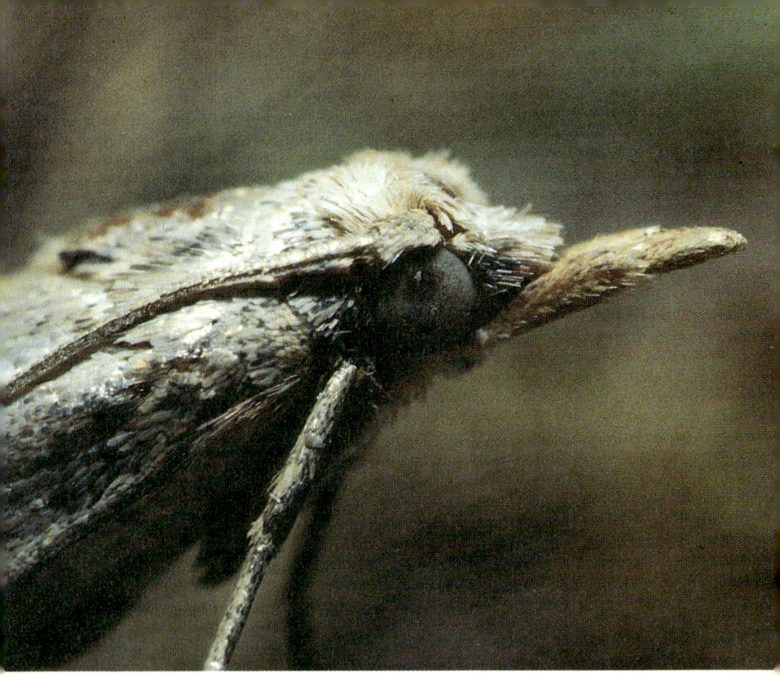

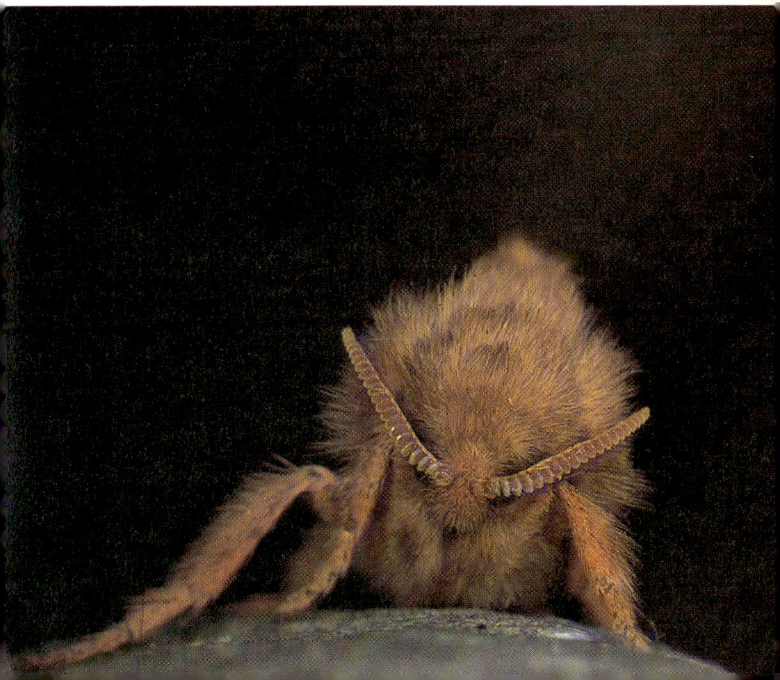

Die Mundwerkzeuge sind sehr verschieden gestaltet. Lediglich die primitiven Zeugloptera (Familie Micropterigidae, Urmotten) und Dacnonypha (Familie Eriocraniidae, Trugmotten) besitzen noch Mandibeln. Bei allen anderen Gruppen sind diese zurückgebildet. Die Galeae der Maxillen sind gewöhnlich stark verlängert und schließen sich zu einem röhrenförmigen, einrollbaren Rüssel zusammen, der zur Aufnahme flüssiger Nahrung geeignet ist. Die Maxillarpalpen sind in der Regel ausgebildet und mit Schuppen bedeckt. Ihre Segmentzahl ist unterschiedlich. Das Labium (Unterlippe) ist zu einer kleinen Platte reduziert. Die Labialpalpen sind dagegen meist gut entwickelt. Sie bestehen aus 3, selten aus 2 oder 4 Segmenten und sind beschuppt. Das letzte Segment besitzt eine eingebuchtete, reich mit Sinnesorganen besetzte Region.

Der Thorax setzt sich aus 3 Brustringen, dem Pro-, Meso- und Metathorax zusammen. Der Prothorax ist normalerweise klein. Dorsal besitzt er oft ein Paar Platten, die als Patagia bezeichnet werden. Viel größer ist der Mesothorax, der die gewöhnlich gut entwickelten Tegulae trägt. Der Metathorax ist bei primitiven Familien etwas, bei höher entwickelten Gruppen jedoch deutlich kleiner als der Mesothorax. Alle drei Thorakalsegmente tragen je ein Beinpaar, an Meso- und Metathorax ist zusätzlich ein Flügelpaar eingelenkt.

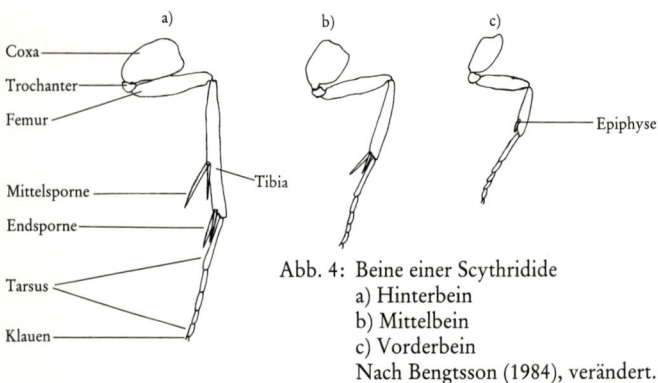

Abb. 4: Beine einer Scythridide
a) Hinterbein
b) Mittelbein
c) Vorderbein
Nach Bengtsson (1984), verändert.

Die Beine stellen in den allermeisten Fällen gut entwickelte, beschuppte Laufbeine dar. Eine Ausnahme bei den Kleinschmetterlingen bilden die Weibchen vieler Sackträger (Psychidae), deren Beine degeneriert sind. Bei zahlreichen Großschmetterlingen ist das 1. Beinpaar modifiziert. Am Thorax sind die Beine über die Hüfte (Coxa) eingelenkt. Es folgt der kleine Schenkelring (Trochanter) und ein kräftiger, oft langbehaarter Oberschenkel (Femur). Die Schiene (Tibia) der Vorderbeine trägt an ihrer Innenseite gewöhnlich einen Putzsporn (Epiphyse) zur Reinigung von Fühlern und Rüssel. Die Schienen des mittleren Beinpaares weisen dagegen oft ein Paar apikal artikulierender Sporne auf, die Hinterschienen häufig 2 Paar Sporne, eines ebenfalls apikal, das andere im mittleren Bereich. Dem normalerweise fünfsegmentigen Fuß (Tarsus) sitzen vorne 2 gebogene Klauen auf.

Plodia interpunctella, Schuppen. Rasterelektronenmikroskopische Aufnahme (Dipl.-Phys. P. Pfundstein, Universität Karlsruhe, TH)
Vergrößerungen der REM-Aufnahmen: unten ca. 210fach, folgende Seite oben ca. 540fach, unten ca. 10600fach.

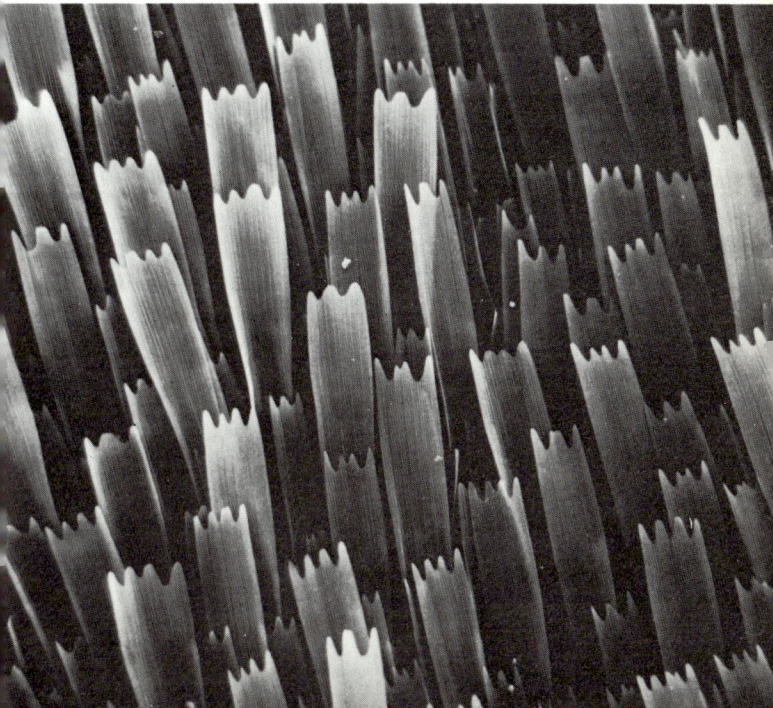

Die beiden Flügelpaare sind membranös und gewöhnlich auf beiden Oberflächen mit zahlreichen, sich überlappenden Schuppen bedeckt. Die einzelnen Schuppen sind mit einem kurzen Stielchen in der Flügelmembran verankert. Ihre Oberfläche besitzt feine Längsleisten, die in vielen Fällen schillernde Farben erzeugen. In den Schuppen sind zudem unterschiedliche Farbpigmente eingelagert. Jedes Flügelpaar wird von einem Geädersystem durchzogen, das bei den einzelnen Schmetterlingsgruppen und teilweise auch Arten in charakteristischer Weise unterschiedlich ausgebildet ist. Einzelne Adern können reduziert oder miteinander verschmolzen sein. Für die Bezeichnung der verschiedenen Adern werden in der Literatur mehrere Systeme verwendet, von denen stellvertretend das wohl gebräuchlichste von COMSTOCK (erweitert durch NEEDHAM und ENDERLEIN) vorgestellt wird (nach HERING, 1940):

Bezeichnung	Abkürzung	Bezeichnung	Abkürzung
Costa	c	Media 2	m_2
Subcosta	sc	Media 3	m_3
Radius 1	r_1	Cubitus 1	cu_1
Radius 2	r_2	Cubitus 2	cu_2
Radius 3	r_3	Analis	an
Radius 4	r_4	Axillaris 1	ax_1
Radius 5	r_5	(Analis 2)	
Media 1	m_1	Axillaris 2	ax_2
		(Analis 3)	

Für den Hinterflügel gelten die gleichen Bezeichnungen, abgesehen von:

$$\text{Subcosta + Radius 1} \quad sc + r_1$$
$$\text{Radial-Ramus} \quad rr$$

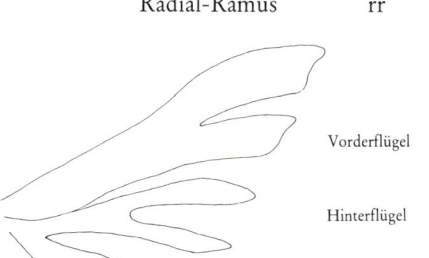

Vorderflügel

Hinterflügel

Abb. 5: Flügelschnitt einer Pterophoride.

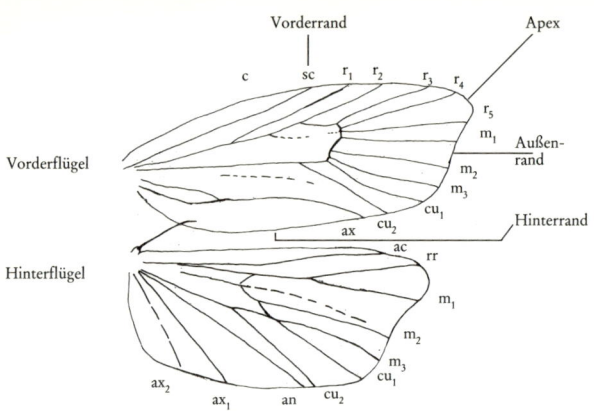

Abb. 6: Flügel mit Geäder von *Agapeta zoegana* (L.), (Tortricidae).
Nach Razowski (1970).

Bei ursprünglichen Schmetterlingsgruppen, den sog. Homoneura (Micropterigidae, Eriocraniidae und Hepialidae) ist das Geäder von Vorder- und Hinterflügel annähernd gleich, während es bei den höher entwickelten Familien, den sog. Heteroneura unterschiedlich ist. Hier besitzt der Hinterflügel weniger Adern.
Um eine bessere Flugtauglichkeit zu erreichen, werden Vorder- und Hinterflügel beim Flug miteinander gekoppelt. Dies geschieht auf unterschiedliche Weise. Bei den Zeugloptera, Dacnonypha und Hepialoidea dient hierzu ein Jugum, das am Hinterrand der Vorderflügel entspringt und unterseits der Basis des Hinterflügels angelegt wird. In der Ruhehaltung wird das Jugum unter den Vorderflügel eingeklappt.
Bei den meisten höher entwickelten Schmetterlingen kommt die Verbindung zwischen Vorder- und Hinterflügel über ein Frenulum zustande, das aus einem Sockel an der Basis des Hinterflügelvorderrandes entspringt und sich in einem Retinaculum an der Unterseite des Vorderflügels verhakt. Bei den Männchen besteht das Frenulum in der Regel aus einer einzigen langen, kräftigen Borst während bei weiblichen Faltern meist mehrere dünnere Borsten ausgebildet sind. Das Retinaculum kann aus einer membranösen, hakenartigen Falte, einer einzelnen gebogenen Borste oder einer ganzen Serie von steifen, hakenförmigen Haaren bestehen.

16

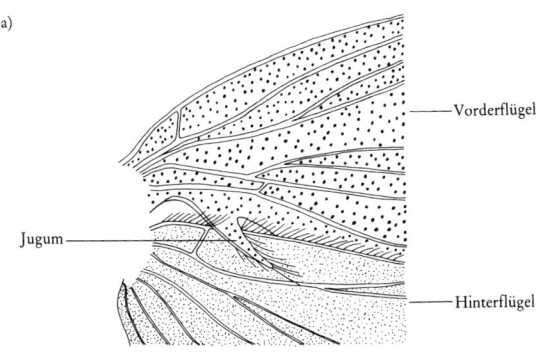

a)

Vorderflügel

Jugum

Hinterflügel

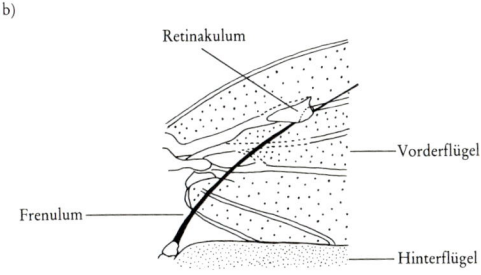

b)

Retinakulum

Vorderflügel

Frenulum

Hinterflügel

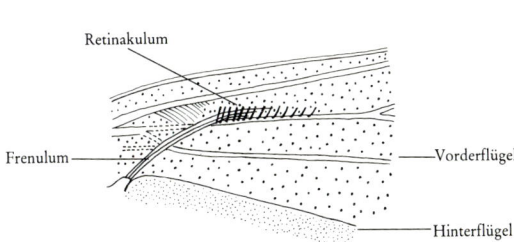

c)

Retinakulum

Frenulum

Vorderflügel

Hinterflügel

Abb. 7: Flügelkopplungsmechanismen. Unterseite der Flügelbasen.
a) Hepialidae. Nach Forster und Wohlfahrt (1954),
b) Oecophoridae, ♂. Nach Rankin, aus Common (1970),
c) Gelechiidae, ♀. Nach Rankin, aus Common (1970).

17

Bei einer Reihe von Familien (z. B. Psychidae, Cossidae, Oecophoridae) kommen Weibchen mit reduzierten und funktionsunfähigen oder sogar fehlenden Flügeln vor. Auf gewissen, der Antarktis vorgelagerten Inseln kommt es in mehreren Familien zu Flügelreduktionen in beiden Geschlechtern. Der Vorteil für die Falter liegt hier in der geringeren Wahrscheinlichkeit, durch die ungünstigen Windverhältnisse aufs offene Meer verdriftet zu werden.

Das Abdomen besteht aus 10 Segmenten, wobei die Segmente 7 bis 10 durch die Genitalstrukturen stark modifiziert sein können. Funktionsfähige Atemöffnungen (Stigmen) finden sich nur auf den Segmenten 1 bis 7. In einer Reihe von Familien trägt die dorsale Oberfläche des Abdomens kurze, kräftige Dornen (umgebildete Schuppen) in teilweise charakteristischer Anordnung (z. B. Coleophoridae, Sackträgermotten).

Die von den letzten Hinterleibssegmenten gebildeten Genitalapparate können in beiden Geschlechtern bei den einzelnen Gruppen und selbst bei eng verwandten Arten beträchtliche Unterschiede aufweisen. Die Untersuchung dieser Strukturen ist für die Bestimmung vieler Arten in problematischen Verwandtschaftsgruppen deshalb oft unerläßlich.

Bei den weiblichen Schmetterlingen gibt es zwei Haupttypen von Genitalsystemen. Das monotrysische System zeichnet sich durch das Vorhandensein von nur einer Geschlechtsöffnung auf dem verschmolzenen 9. und 10. Segment aus, die zur Kopulation und Eiablage gleichermaßen dient. Verwirklicht ist dieser Typ bei den Zeugloptera, Dacnonypha, Nepticuloidea, Incurvarioidea und Tischerioidea.

Sämtliche Familien der Ditrysia besitzen dagegen 2 weit voneinander getrennte Genitalöffnungen, eine Kopulationsöffnung auf dem 8. Sternit (Bauchring) und eine Eilegeöffnung auf dem verschmolzenen 9. und 10. Sternit (ditrysischer Typ). In gewisser Hinsicht einen Übergang zwischen diesen beiden Systemen stellen die Exoporia (Hepialidae, Wurzelbohrer) dar, die zwar 2 Geschlechtsöffnungen besitzen, diese jedoch dicht nebeneinander auf dem verschmolzenen 9. und 10. Sternit (exoporer Typ).

Lebensweise der Falter

In der Lebensweise der Falter gibt es große Unterschiede zwischen einzelnen Gruppen oder verwandten Arten. Die meisten Schmetterlinge haben ganz bestimmte Aktivitätszeiten, die allerdings durch die Witterung beeinflußt werden. Zahlreiche Arten fliegen ausschließlich nachts, andere wieder tagsüber und dann nur zu bestimmten Zeiten, wieder andere besitzen ihr Aktivitätsmaximum in der Dämmerung. Selbst zwischen den Geschlechtern gibt es oft Unterschiede in der Flugaktivität. Häufig sind die Männchen der aktivere Teil, indem sie die in der Vegetation versteckt sitzenden Weibchen zur Paarung aufsuchen. Neben dem Auffinden des Geschlechtspartners dient der Flug vor allem der Nahrungssuche. Zahlreiche Arten fliegen wahllos oder auch gezielt Blüten an, um mit Hilfe ihres Saugrüssels Nektar aufzunehmen. Andere Arten saugen an Obst, Faulstoffen, Kot, feuchten Stellen und anderen Dingen. Eine Ausnahme bei der Nahrungsaufnahme machen die Urmotten (Micropterigidae), die noch funktionsfähige Kauladen (Mandibeln) besitzen, mit denen sie Blütenpollen zerkauen. Nicht alle Falter sind jedoch zur Nahrungsaufnahme befähigt. Gruppen mit stark reduziertem Rüssel nehmen als adulte Tiere keine Nahrung mehr auf, sondern zehren lediglich von den Reserven, die sie sich als Raupe zugelegt haben. Gewöhnlich leben solche Arten nicht so lange wie diejenigen, die Nahrung zu sich nehmen. Die Lebenserwartung eines Falters schwankt je nach Art zwischen mehreren Stunden (viele Sackträger, Psychidae) und 10 Monaten (mit Überwinterung). Die Mehrzahl aller Schmetterlinge wird nur einige Tage bis wenige Wochen alt.

Abgesehen von den normalen Flugaktivitäten wie Flucht, Nahrungs- und Partnersuche gibt es eine Reihe von Arten, die gezielte Wanderungen über kürzere oder weitere Entfernungen durchführen, wobei sie entweder einzeln oder zu regelrechten Wanderzügen vereinigt fliegen (WILLIAMS, 1961). Unter den Kleinschmetterlingen sind beispielsweise *Plutella xylostella, Ostrinia nubilalis, Nomophila noctuella* und *Dolicharthria punctalis* als Wanderfalter bekannt.

Die Geschlechterfindung kann visuell oder mit Hilfe von Sexuallockstoffen (Pheromonen) bzw. durch Zusammenwirken optischer und chemischer Signale erfolgen. Meist postieren sich die Weibchen auf ihren Raupenfutterpflanzen oder anderen exponierten Stellen, um die Männchen mit artspezifischen Lockstoffen, die in speziellen Drüsen, meist am Abdomenende, produziert werden, anzulocken. Die Männchen nehmen diese Pheromone mit den Geruchssinnesorganen auf ihren Fühlern wahr und fliegen die lockenden Weibchen gegen die Windrichtung gezielt an. Sie reagieren dabei auf sehr geringe Konzentrationen dieser Lockstoffe. Teilweise ist die Oberfläche der männlichen Fühler durch kammartige Strukturen vergrößert. Sie wirken dann gewissermaßen als Molekülsieb und können auch geringste Lockstoffkonzentrationen in der Luft noch wahrnehmen. Die Lockwirkung kann mehrere Meter bis im Extremfall mehrere Kilometer betragen.

Hat ein Männchen ein lockendes Weibchen erreicht, so gibt es häufig seinerseits ein Pheromon ab, das die Kopulationsbereitschaft des Weibchens weckt. Auch diese Stoffe werden in speziellen Drüsen des Abdomens, der Beine oder der Flügel produziert und von dort abgegeben.

Die Kopulation findet normalerweise sitzend mit einander abgewandten Köpfen statt und dauert je nach Art zwischen ½ Minute und mehreren Stunden.

Das Männchen hält mit den Klammervorrichtungen seines Genitalapparates die Abdomenspitze des Weibchens fest. Bei Störung sind die kopulierenden Paare meist in der Lage, vereinigt ein Stück weit davonzufliegen. Dabei hängt im allgemeinen einer der beiden Partner regungslos nach unten.

Bei der Urmotte *Micropterix calthella* läuft die Paarung nach folgendem Schema, meist in einer Blüte, ab (vgl. Bildfolge S. 21). Ein Männchen nähert sich einem sitzenden, oft pollenfressenden Weibchen rasch von der Seite und versucht unter starker Streckung seines Abdomens mit den gespreizten Valven unter den Flügeln die Abdomenspitze des Weibchens zu umklammern. Meist gelingt dies auch beim ersten Versuch, da sich die Weibchen normalerweise sehr ruhig verhalten. Während der Paarung stehen die Körperlängsachsen der Tiere annähernd rechtwinkelig zueinander (in Abweichung von den meisten Schmetterlingen). Die Dauer der Vereinigung schwankt zwischen einer halben und mehreren Minuten. Vor der Trennung zeigt das Männchen einige Sekunden bis eine Minute lang in kurzen Abständen ein heftiges Flügelschwirren. Oft kommt es zu weiteren Paarungen, auch zwischen denselben Partnern.

Micropterix calthella (L.)
Kopulation auf Hahnenfußblüte

Die Eiablage beginnt bei den Schmetterlingen häufig kurz nach der Paarung. Die Zahl der Eier liegt zwischen einigen Dutzend und mehreren Tausend. Sie werden einzeln oder in regelmäßigen oder unregelmäßigen Haufen abgelegt, meist in charakteristischer Anordnung. Gewöhnlich erfolgt die Ablage an oder in die Futterpflanze der Raupe. Eine Ausnahme bilden einige Wurzelbohrer (Hepialidae), die ihre Eier regellos im Flug verstreuen. Der Vorgang der Eiablage soll am Beispiel der Langhornmotte *Nemophora metallica* (Familie Adelidae) genauer beschrieben und illustriert werden (s. Bildfolge S. 23). Die Weibchen legen ihre Eier in die Blüten von Knautien (*Knautia arvensis*) und Scabiosen (*Scabiosa columbaria*). Zunächst wird der Blütengrund auf seine Eignung geprüft, dann senkt das Weibchen sein Abdomen zwischen die Einzelblüten und legt mit Hilfe seines sklerotisierten Legebohrers (Ovipositor) ein Ei in den Blütenboden. Dieser Vorgang wiederholt sich an demselben Blütenstand mehrfach an verschiedenen Stellen. Zwischenzeitlich legt das Weibchen gelegentlich eine Ruhepause ein und läuft auf die Unterseite der Blume. Ausnahmsweise sticht es auch von hier aus einen Blütenboden an. Hat das Weibchen ca. 8 bis 12 Eier in einem Blütenstand deponiert, verläßt es die Pflanze und sucht eine neue auf.

Bei einer Reihe von Schmetterlingen kommt es gelegentlich zur Ablage und Entwicklung unbefruchteter Eier. Man nennt diese Erscheinung Parthenogenese (Jungfernzeugung). Einige Arten der Sackträger (Psychidae) pflanzen sich regelmäßig auf diese Weise fort.

Nemophora metallica (Poda)
Weibchen bei der Eiablage

Entwicklung

Das Ei

Die Formen der Schmetterlingseier sind mannigfaltig. Es kommen kugelige, ovale, halbkugelige, scheiben-, kegel-, birnen-, oder napfförmige Eier vor, die zudem noch sehr unterschiedlich gefärbt sein können.

Das Ei wird von der harten Eischale (Chorion), einer chitinähnlichen Substanz, umschlossen. Sie kann relativ glatt oder, wie meist, skulpturiert sein. Sehr häufig weist sie Längs- und Querrippen auf. Unter dem Chorion liegt eine weitere innere Hülle, die Dotterhaut. Beide werden an einem Pol des Eies von einem Kanalsystem durchbrochen, der Mikropyle. Durch sie gelangen die Spermatozoen in das Innere des Eies. Die Region um die Mikropyle herum zeigt oft ein rosettenartiges Muster.

Es existieren 2 Grundtypen von Eiern, ein liegender und ein aufrechter Typ. Im ersten Fall liegt die Längsachse des Eies horizontal und die Mikropyle befindet sich an einem ihrer Enden. Beim aufrechten Eityp steht die Längsachse senkrecht und die Mikropyle liegt an der Eispitze.

Die Raupe

Der Körper einer Raupe ist in den Kopf, einen 3segmentigen Thorax und das 10segmentige Abdomen gegliedert. Der Kopf besteht aus einer stark sklerotisierten Kapsel und trägt die Mundwerkzeuge, von denen die meist gut entwickelten und gezähnten Mandibeln besonders auffallen, die Spinndrüsen, kurze 3segmentige Antennen und meist eine Gruppe von Lichtsinnesorganen (Stemmata).

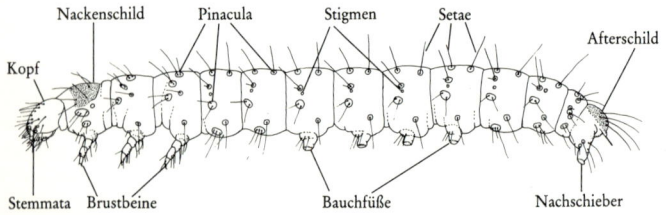

Abb. 8: Raupe von *Pandemis heparana* (D. u. S.) (Tortricidae). Lateralansicht.
Nach Bradley, Tremewan und Smith (1973).

Jedes Brustsegment trägt ein Paar 5segmentiger Beine, die in eine einzelne Klaue auslaufen. Gelegentlich sind diese Beine umgestaltet, reduziert oder sie fehlen vollkommen. Der Prothorax weist dorsal häufig einen sklerotisierten Bereich auf, den Nackenschild und lateral ein Paar Stigmen. Derartige Atemöffnungen finden sich auch seitlich an den Abdominalsegmenten 1 bis 8.

Neben diesen sogenannten peripneustischen Raupen kommen selten auch holopneustische vor, die 2 thorakale Stigmenpaare besitzen.

An den Hinterleibssegmenten 3 bis 6 und 10 entspringen ventral beinähnliche Fortsätze, die Bauchfüße bzw. der Nachschieber. An ihrem stumpfartigen Ende setzen winzige sklerotisierte Häkchen an, deren Form und Anordnung von taxonomischer Bedeutung ist. Sie können entweder alle die gleiche (uniordinal) oder bestimmte verschiedene Längen aufweisen (bi-, tri-, multiordinal). Bei weniger hoch entwickelten Schmetterlingsfamilien sind die Häkchen gewöhnlich in einer geschlossenen oder unterbrochenen Ellipse angeordnet (Kranzfüße). Hierzu gehören besonders Raupen, die im Inneren von Pflanzen leben. In den höher entwickelten Gruppen stehen sie dagegen beinahe in einer Längsreihe (Klammerfüße), die durch Reduktion oder Verlust der äußeren Häkchen der Ellipse zustande kommt. Ein Teil von ihnen kann jedoch auch erhalten sein. Die Bauchfüße können in Größe und Anzahl reduziert sein. Bei blattminierenden Raupen sind sie oft vollständig zurückgebildet.

Aus Kopf und Körper der Raupen entspringen zahlreiche Borsten (Setae), die winzig oder auch lang, einzeln oder in Büscheln angeordnet sein können. Ihre Anordnung ist von großer Bedeutung für die Identifikation zahlreicher Arten.

Abbildungen Seite 26: o.l. Zum Raupensackbau ausgeschnittene Jugendminen von *Incurvaria;* o.r. *Incurvaria pectinea,* Eiablagestellen an der Unterseite eines Birkenblattes; m.l. *Plodia interpunctella,* Raupe; m.r. *Taleporia tubulosa,* Sack; u.l. Sackträgerraupe (Psychidae); u.r. *Cossus cossus,* Raupe

Abbildungen Seite 27: o.l. *Incurvaria* spec., Raupe; o.r. *Yponomenta padella,* Raupen; m.l. *Tischeria ekebladella,* Platzminen in einem Eichenblatt; m.r. *Lyonetia clerkella,* Gangmine in einem Kirschenblatt; u.l. *Eriocrania haworthi,* Platzmine in einem Birkenblatt; u.r. Typische Platzmine einer Sackträgermotte (Coleophoridae)

Nach dem Schlupf aus dem Ei fressen viele Raupen zunächst die Eischale, andere beginnen direkt mit ihrer normalen Fraßtätigkeit. Die meisten Arten leben an Pflanzen, wobei sie sich von den verschiedensten Teilen ernähren können: Wurzeln, Stengel, Stamm, Rinde, Äste, Zweige, Blätter, Knospen, Blüten, Früchte, Samen und Gallen. Der Fraß kann an den einzelnen Pflanzenteilen außen erfolgen oder aber innerhalb derselben. Im 2. Fall spricht man von einer bohrenden oder minierenden Lebensweise der Raupen. Die bohrende Lebensweise beschränkt sich auf Wurzeln, Stämme, Äste und Zweige, während die minierende im Blattgewebe oder in vergleichbaren Pflanzenteilen wie Blüten und Blütenböden stattfindet. Als Mine bezeichnet man den Hohlraum, den eine Raupe im Gewebe eines Blattes, der Stengelrinde oder ähnlichem ausfrißt. Die Art der Mine ist meist art- oder gruppenspezifisch und kann entweder in einem oder mehreren Geweben der jeweiligen Futterpflanze in Erscheinung treten. In jedem Fall ist eine Mine zumindest durch die Kutikula des befallenen Pflanzenteiles nach außen hin abgeschlossen. Der Form und Anlageart der Minen entsprechend spricht man beispielsweise von Gang-, Platz- oder Faltenminen.

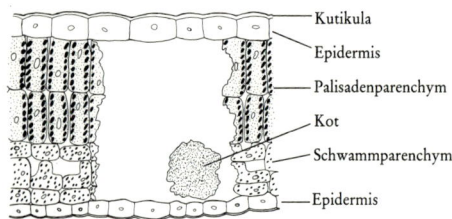

Abb. 9: Querschnitt durch eine Blattmine.
Nach Hering (1951), verändert.

Raupen, die im Verborgenen fressen, wie bohrende, minierende oder blatteinrollende Arten sowie solche, die schützende Gehäuse aus Pflanzen- oder Gespinstmaterial mit sich herumtragen, gehören in der Regel zu den primitiveren Familien, während die Raupen der höher entwickelten Schmetterlinge häufig frei an Pflanzen fressen. Eine Reihe von Arten ernährt sich auch von tierischen Materialien wie Wolle, Federn oder ähnlichem (vgl. Echte Motten, Tineidae). Im Laufe ihres Wachstums häuten sich die Raupen mehrfach, meist 4- bis 5mal. Viele Arten überwintern im Raupenstadium an geschützten Stellen.

Sind sie schließlich ausgewachsen, so suchen die Raupen einen geeigneten Platz zur Verpuppung auf. Viele im Verborgenen lebende Arten bleiben zur Verpuppung an ihren Fraßplätzen, während andere – ebenso wie die meisten frei fressenden Raupen – diese verlassen und sich am oder im Boden bzw. an anderen geschützten Stellen verwandeln.

Die vielfältigen Lebensweisen von Kleinschmetterlingsraupen werden unter den behandelten Familien und Arten im Speziellen Teil genauer beschrieben.

Die Puppe

Auch an der Puppe kann man eine Gliederung in Kopf, Thorax und Abdomen erkennen.

Am Kopf sind die Anlagen der Antennen, der Augen, Labialpalpen und des Rüssels zu sehen. Oft findet man auch einen Fortsatz, der zum Aufbrechen des Kokons dient.

Bei den Zeugloptera und Dacnonypha sind noch große, funktionsfähige Mandibeln ausgebildet, mit deren Hilfe sich die Puppe vor dem Schlüpfen des Falters aus ihrem Kokon befreien und sich gegebenenfalls an die Erdoberfläche emporarbeiten kann. Die Scheiden der Körperanhänge liegen bei diesen primitiven Formen frei am Körper. Bei höher entwickelten Gruppen sind sie dagegen in unterschiedlichem Grade untereinander und mit dem Körper verklebt.

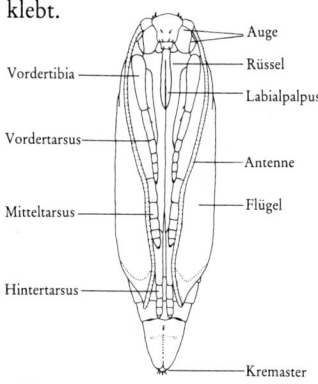

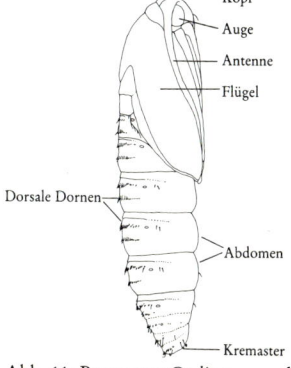

Abb. 10: Puppe einer Yponomeutide. Ventralansicht. Nach Rankin, aus Common (1970).

Abb. 11: Puppe von *Cydia pomonella* (L.) (Tortricidae). Lateralansicht. Nach Bradley, Tremewan und Smith (1973).

Der 10segmentige Hinterleib der Puppe weist eine unterschiedliche Beweglichkeit auf. Bei den Zeugloptera und Dacnonypha sind die Segmente 1 bis 7 frei gegeneinander beweglich, bei den Hepialoidea, Nepticuloidea, Incurvarioidea und einigen der ursprünglicheren Ditrysia sind es die Segmente 2 bis 6 oder 7. Bei den letzteren sind die Abdominalsegmente dorsal oft mit Dornen besetzt, mit deren Hilfe sich die Puppen vor dem Ausschlüpfen des Falters durch entsprechende Bewegungen aus dem Fraßgang oder dem Kokon hervorschieben. Bei den höheren Ditrysia sind maximal 3 Abdominalsegmente beweglich.

Die letzten 3 Abdominalsegmente sind niemals gegeneinander verschiebbar. Das 10. Segment bildet bei vielen Arten einen sog. Kremaster aus, eine Serie hakenförmiger Borsten, die zur Verankerung im Gespinst dienen.

Die Puppen liegen bzw. hängen frei, oder sie befinden sich in einem Gespinst oder einem mehr oder weniger festen Kokon aus Seide, in dem teilweise noch andere Materialien wie Erdkrumen oder Fraßmehl mit verarbeitet sein können. Die Arten mit sacktragender Lebensweise verpuppen sich in diesem Sack, der zuvor an einer geschützten Stelle festgesponnen wurde.

Während der Puppenruhe laufen zahlreiche tiefgreifende anatomische Umbildungs- und Entwicklungsvorgänge ab. Abgesehen von gelegentlichen Bewegungen des Hinterleibs finden vor dem Schlüpfvorgang des Falters keine Aktivitäten statt. Es wird keine Nahrung aufgenommen, und die Atmung ist herabgesetzt.

Die Puppenruhe dauert zwischen 10 Tagen und mehreren Monaten. Im Extremfall kann sie mehrere Jahre beanspruchen. Viele Arten überwintern im Zustand der Puppenruhe und vollziehen ihre endgültige Verwandlung erst im folgenden Frühjahr.

Plodia interpunctella, Puppe

Kokon von *Lyonetia clerkella*

Biotope unserer Kleinschmetterlinge

Kleinschmetterlinge kommen praktisch in allen Lebensräumen vor, auch wenn extreme Boden- und Klimaverhältnisse vorherrschen. Zahlreiche Arten leben in den trocken-heißen Wüsten und Savannen, andere sind an die kalten Klimate der nördlichen Regionen Eurasiens und Amerikas angepaßt. Eine besondere Artenfülle hat sich in den feucht-heißen Gebieten der Tropen entwickelt. In jeder Region der Erde existieren unzählige Ökosysteme, also Beziehungsgefüge aus Organismen sowie physikalischen und chemischen Faktoren. Auch die Kleinschmetterlinge stellen Glieder dieser Gefüge dar. Je nach dem Grad ihrer Abhängigkeit von anderen Organismen, beispielsweise bestimmten Futterpflanzen oder von abiotischen Faktoren, können sie sich nur in einer oder aber in mehreren unterschiedlichen Lebensgemeinschaften (Biozönosen) behaupten. Natürlich existieren auch in der stark vom Menschen beeinflußten und gestörten mitteleuropäischen Landschaft zahlreiche verschiedene Biotope mit einer entsprechend unterschiedlichen Fauna.

Einige interessante oder häufig anzutreffende Standorte sollen mit ihren typischen Kleinschmetterlingsarten kurz vorgestellt werden. Die meisten der im speziellen Teil behandelten Arten kommen in einem der folgenden Biotope vor.

Hochwasserdamm

Auenwälder

Unter Auenwäldern versteht man laubholzreiche Wälder an feuchten bis nassen, periodisch überfluteten Standorten. Zu ihnen gehören u. a. die Weiden-(-Pappel-)Auen (Weichholzaue), die an etwas höheren Stellen gelegenen Eichen-Ulmen-Auenwälder (Hartholzaue) und die Erlen-Eschen-Auenwälder. Die letztgenannten findet man vor allem entlang von Bächen und kleineren Flüssen.

Auenwaldbiotope am Rhein, südlich von Karlsruhe:
Wassergraben; Altrheinarm

Außerhalb des Überflutungsbereiches erfolgt häufig der Übergang zu Hainbuchen-Wäldern. Aufgrund ihrer Dynamik (periodische Überflutung), den Unterschieden in der Beschaffenheit der Böden, oft auf kleinem Raum sowie dem unterschiedlichen Wasserangebot ist eine Auenlandschaft meist sehr vielgestaltig. Entspechend reichhaltig ist ihre Vegatation und die von ihr abhängige Fauna. Bemerkenswert ist der Artenreichtum bei den Kleinschmetterlingen. Einige häufige oder interessante Bewohner dieses Lebensraumes sind *Nemophora degeerella*, *Caloptilia stigmatella* und *C. syringella*, *Stathmopoda pedella*, *Argyresthia goedartella*, *Yponomeuta rorrella*, *Prochoreutis sehestediana* sowie zahlreiche Wickler (Tortricidae). Die meisten der genannten Arten kommen allerdings auch in anderen Laubwaldtypen vor. Da Auenwälder meist reich an Altwässern, Wassergräben und ähnlichen Biotopen sind, fliegen hier auch die wegen der aquatischen Lebensweise ihrer Raupen interessanten Wasserzünsler Nymphulinae *Acentria ephemerella*, *Parapoynx stratiotatum* und *Cataclysta lemnata* sowie *Schoenobius forficella* und *Donacaula mucronella*. Die Hochwasserdämme in den Auenwäldern ermöglichen das Vorkommen von Arten, die u. a. auf Magerrasen leben. Beispiele hierfür sind *Epiblema sticticana*, *Pyrausta purpuralis* und *P. despicata* sowie eine Fülle von Graszünslern (Crambinae).

Kiefernwälder

Weitaus artenärmer an Kleinschmetterlingen als Laubwälder sind unsere Kiefernwälder. Wegen ihres schnellen Wachstums und den geringen Ansprüchen an die Bodenverhältnisse greift die Forstwirtschaft gerne auf diese Bäume als Nutzhölzer zurück. Dementsprechend sind die meisten Bestände künstlich begründet. Sind sie rein, so ist auch der Unterwuchs eher spärlich, und es findet nur eine begrenzte Zahl von Kleinschmetterlingen eine Lebensgrundlage. Als typische Arten dieses Lebensraumes sind zu nennen: *Nematopogon robertella*, *Cedestis gysseleniella* und *C. subfasciella*, *Archips oporana*, *Rhyacionia buoliana* und *Dioryctria abietella*.

Ebenfalls wesentlich ärmer an Kleinschmetterlingen und anderen Insekten als bspw. Laubwald sind Standorte, die vom Menschen landwirtschaftlich genutzt wurden oder werden. Dennoch sollen einige dieser Biotope der Kulturlandschaften erwähnt werden, da wir in der direkten Umgebung unserer Wohnorte oft mit ihnen und den darin lebenden Kleinschmetterlingen in Berührung kommen.

Streuobstwiesen

In der näheren Umgebung von Ortschaften sieht man häufig Streuobstwiesen. Es handelt sich dabei um Wirtschaftsgrünland, auf dem in lockerer Anordnung Obstbäume stehen, meist verschiedene Arten bunt gemischt.

Einerseits trifft man hier an Wiesen und grasreiche Standorte gebundene Kleinschmetterlinge wie *Nemophora metallica, Epichnopterix plumella, Coleophora deauratella, Agapeta zoegana, Aethes hartmanniana, Stenoptilia bipunctidactyla* und eine Reihe von Graszünslern (Crambinae). Andererseits leben aber auch mit Obstbäumen assoziierte Arten an solchen Stellen. Charakteristische Beispiele sind: *Batia unitella, Dafa formosella, Coleophora coracipennella* und *C. hemerobiella, Argyresthia arcella, A. spinosella, A. pruniella* und *A. albistria, Ypsolopha horridella, Hedya pruniana* und *H. nubiferana, Spilonota ocellana, Enarmonia formosana* und *Cydia pomonella.*

Natürlich hängen Artenzusammensetzung und Individuenreichtum entscheidend vom Charakter der Wiese bzw. dem Grad ihrer Nutzung und den Sorten der Obstbäume ab.

Streuobstwiese bei Karlsruhe

Brachen

Unter Brachen versteht man aufgelassenes, also nicht mehr bewirt-
schaftetes, verwildertes Kulturgelände. Solche Standorte sind häufig
eingeschoben zwischen Ackerland, Gärten oder Streuobstwiesen,
oft in nur schmalen Streifen. Der Charakter der Vegetation kann
recht unterschiedlich sein. Gern wachsen zusammen mit anderen
Pflanzen Beifuß (*Artemisia*), Distel (*Carduus*), Goldrute (*Solidago*)
und zuweilen auch Hecken von Brombeere (*Rubus*) in derartigen
Brachen.

Häufige Kleinschmetterlinge an solchen Stellen sind *Epiblema
foenella* und *E. sticticana, Thiodia citrana, Agapeta hamana* sowie
Aethes smeathmanniana und *A. tesserana*. Gelegentlich stehen auf
den Brachen noch vereinzelte Obstbäume, so daß die entsprechenden Falterarten noch hinzukommen können. Man hat dann praktisch eine brachliegende Streuobstwiese vor sich.

Brachwiese bei Karlsruhe

Gärten

In unserer zersiedelten Landschaft sind Vorgärten und Schrebergärten häufige, von Menschenhand gestaltete Kleinlebensräume. Neben zahlreichen anderen Insekten beherbergen sie auch viele Kleinschmetterlinge. Individuenzahl und Artenreichtum hängen maßgeblich von der Gestaltung und Bewirtschaftung des Gartens ab. Entscheidende Faktoren sind der Einsatz von Chemikalien, die Duldung von Unkräutern und natürlich das Sortiment der Zier- und Nutzpflanzen.

Häufig in Gärten anzutreffen sind beispielsweise *Lampronia capitella*, *Caloptilia syringella*, *Ypsolopha mucronella*, *Synanthedon tipuliformis*, *Archips podana* und *A. xylosteana*, *Eurrhypara hortulata*, *Phlyctaenia coronata* und *Pterophorus pentadactyla*.

Ähnliche Verhältnisse wie in Gärten können auch in größeren Arealen wie Ackergelände, Plantagen oder Weinbergen vorliegen. Obgleich Gärten in geeigneter Form, also unter minimalem Einsatz (idealerweise dem Verzicht) von Chemikalien, der Duldung von Unkräutern und Wildwuchs sowie vielfältiger Zier- und Nutzpflanzenauswahl, besonders in Siedlungsgebieten ein wertvoller Beitrag zur Sicherung der Lebensgrundlage vieler Kleinschmetterlinge sein können, wird sich in solchen Biotopen natürlich niemals auch nur annähernd der Artenreichtum eines Laubwaldes einstellen. Für die Mehrheit der Arten sind durch das begrenzte Futterpflanzenangebot und das permanente menschliche Eingreifen keine ausreichenden Lebensbedingungen gegeben.

Unter den Kleinschmetterlingen gibt es auch einige Arten, die in bezug auf ihre Nahrung wenig wählerisch und zudem an sehr unterschiedliche klimatische Bedingungen angepaßt sind, also eine sehr große ökologische Valenz besitzen. Zu nennen sind hier der Maiszünsler (*Ostrinia nubilalis*) und die Kohlmotte (*Plutella xylostella*), beides Arten, die in weiter Verbreitung stellenweise extrem hohe Individuenzahlen erreichen und dadurch in vielen Gebieten der Erde wirtschaftliche Schäden verursachen.

Gefährdung und Schutz

Die meisten der abgebildeten Arten werden im Text des speziellen Teiles als „häufig" bezeichnet. Dies bedeutet auf gar keinen Fall, daß Kleinschmetterlinge generell nicht bedroht sind. Wir haben vielmehr neben besonders interessanten Arten absichtlich häufiger vorkommende Kleinschmetterlinge ausgewählt, also diejenigen, die dem Leser am ehesten begegnen werden.

Heutzutage allgemein verbreitete und häufige Arten haben zum Teil von der starken Umgestaltung und Beeinflussung der Natur durch den Menschen profitiert. Zahlreichen anderen, seltenen, auf wenige engumgrenzte Stellen zurückgedrängten oder in weiten Gebieten sogar ausgestorbenen Arten wurde dagegen durch diese Veränderungen die Lebensgrundlage entzogen. Unser Kenntnisstand über die Lebensweise und ökologischen Ansprüche der Kleinschmetterlinge und das faunistische Datenmaterial sind gegenwärtig noch zu dürftig, um für ein größeres Gebiet gesicherte Aussagen zum Gefährdungsgrad einzelner Arten machen zu können. Am besten zu beurteilen sind in dieser Hinsicht noch die Zünsler (Pyraloidea), wie es durch ROESLER u. SPEIDEL (1979) in Form einer „Roten Liste der in Baden-Württemberg gefährdeten Zünslerfalter" geschehen ist. Diese Autoren räumen jedoch selbst ein, daß ihre „Rote Liste" wegen des Mangels an auswertbaren Unterlagen von vornherein erneuerungs- und anpassungsbedürftig ist. Nach Angaben von ROESLER u. SPEIDEL (1979) sind von den in der Bundesrepublik bodenständigen, sich regelmäßig vermehrenden Zünslern in Baden-Württemberg bereits 13 Arten ausgestorben oder verschollen, 34 Arten sind vom Aussterben bedroht, darunter *Acentria ephemerella* und *Cataclysta lemnata*, weitere 30 Arten sind stark gefährdet, so z. B. *Scoparia subfusca, Schoenobius forficella, Donacaula mucronella* und *Catoptria permutatella*. Gefährdet sind 17 Arten, unter ihnen *Diasemia reticularis, Parapoynx stratiotatum* und *Eurhodope rosella*, und 9 Arten sind immerhin noch potentiell gefährdet. Zu ihnen zählen *Evergestis pallidata* und *Scoparia basistrigalis*. Unter den 5 gefährdeten Vermehrungsgästen befinden sich *Dolicharthria punctalis* und *Endotricha flammealis*.

Die „Rote Liste" der gefährdeten Tiere und Pflanzen in der Bundesrepublik Deutschland" (BLAB et al., 1984) nennt mehrere Glasflügler-Arten (Sesiidae), einen Sackträger (Psychidae) und den Lauchzwiebelbohrer (*Dyspessa ulula*, Cossidae) als stark gefährdet, weitere Glasflügler und Sackträger sowie den Adlerfarn-Wurzelbohrer (*Hepialus fusconebulosus*, Hepialidae), die Kleine Schildmotte (*Heterogenea asella*, Limacodidae), den Schilfrohrbohrer (*Phragmataecia castaneae*, Cossidae) und das Fensterschwärmerchen (*Thyris fenestrella*, Thyrididae) als gefährdet.

Die genannten Arten finden sich in der Liste der Großschmetterlinge, eine spezielle Liste der gefährdeten Kleinschmetterlinge ist nicht enthalten.

Die Bedrohung für eine Population resultiert in der Regel aus der Veränderung ihres Lebensraumes. Unter den neuen Standortbedingungen können unter Umständen die Futterpflanzen einer Art nicht mehr existeren, die mikroklimatischen Verhältnisse sind zu ungünstig, oder andere ökologische Ansprüche sind nicht mehr oder nur noch unzureichend erfüllt. Besonders bedroht sind Arten, die an ganz bestimmte Biotope gebunden sind. Mit der Veränderung oder Zerstörung dieses Lebensraumes gehen sie unweigerlich zugrunde. Dagegen besitzen Arten mit einer breiteren ökologischen Valenz eher die Möglichkeit zum Überleben, beispielsweise indem sie auf andere Futterpflanzen ausweichen. Extreme Beispiele sind die sogenannten Kulturfolger, die gerade in Kulturgelände oder gar in Wohn- und Wirtschaftsräumen hohe Individuenzahlen erreichen können und oft schädlich werden. Die Raupen einiger Echter Motten (Tineidae) sind in der Lage, getrocknete pflanzliche oder tierische Materialien als sekundäre Nahrungssubstrate zu nutzen, während sie primär in Baumstämmen oder Vogelnestern leben.

Besonders bedroht sind unter den Kleinschmetterlingen die an Wassergräben, Teichen oder sumpfigen Wiesen lebenden Schoenobiinae und Nymphulinae (Wasserzünsler). Ihre Habitate sind kleinräumig und oft weit in der Landschaft zerstreut. Werden sie trocken gelegt, so bedeutet dies unausweichlich das Ende der gesamten Population. Sämtliche bei uns vorkommenden Arten dieser Gruppen wurden deshalb von ROESLER u. SPEIDEL (1979) in ihre „Rote Liste" aufgenommen. Eine Austrocknung von Feuchtgebieten kann durch Kanalisierung von Bach- und Flußläufen, Absinken des Grundwasserspiegels, Anlegen von Entwässerungsgräben oder durch Aufforstung zustande kommen. In Auenwäldern wird die Dynamik der periodischen Überflutung durch Dammbauten vermindert oder unterbunden. Die Folge ist eine auf längere Sicht gesehene kontinuierliche Umwandlung in andere, trockenere Waldtypen. Der Auenwald wird dabei auf immer kleinere Areale zurückgedrängt. Die Folgen menschlicher Eingriffe an anderen Standorten sind nicht minder bedrohlich für viele Insektenarten, auch wenn sie oft nur langsam erkennbar werden. Felder und Brachen verarmen an Arten durch Beseitigung von Kleingehölzen, Büschen und Hecken sowie durch die Anwendung von Pestiziden. Laubwälder erleiden beträchtliche Einbußen an Kleinschmetterlingsarten durch Umwandlung in Wirtschaftsforste mit Monokulturen und standortfremden Holzarten sowie durch Waldhygiene.

Aus diesen kurzen Betrachtungen wird ersichtlich, daß ein wirksamer Artenschutz in aller Regel nicht durch das unter Schutzstellen einzelner Arten oder Gruppen geschehen kann, sondern nur durch die Erhaltung ihrer natürlichen Lebensräume (Biotopschutz).

Systematische Einteilung der Schmetterlinge

Die im vorliegenden Buch verwendete Einteilung folgt dem System von KRISTENSEN (in SCHNACK [ed.], 1985), für die Überfamilie Yponomeutoidea verändert nach KYRKI (im Druck).

Es werden nur die Familien und übergeordneten Gruppen berücksichtigt, die für Mitteleuropa relevant sind. Die Unterfamilien einer bestimmten Familie werden nur aufgeführt, wenn einige davon im speziellen Teil gesondert abgehandelt werden. Gruppen, die im speziellen Teil nicht besprochen werden, sind *kursiv* gedruckt.

Daß es sich um keine wissenschaftlich-systematische Einteilung handelt, zeigt schon die Tatsache, daß diese Trennungslinie inmitten der Gruppe Ditrysia verläuft. Es sind Sammelbezeichnungen für jeweils einen Teil der zur Ordnung Lepidoptera gehörenden Familien. Diese Einteilung besitzt eine lange Tradition und wird aus rein praktischen Erwägungen auch heute noch teilweise verwendet. Namengebendes Kriterium waren die in der Regel deutlichen Größenunterschiede zwischen den Vertretern beider Gruppierungen. Wegen ihrer Größe oder einer gewissen Auffälligkeit in Aussehen oder Lebensweise, die früh die Aufmerksamkeit vieler Sammler auf sie lenkten, wurden auch die Familien Hepialidae, Cossidae, Limacodidae, Psychidae, Sesiidae und Thyrididae gewöhnlich unter den Großschmetterlingen mitbearbeitet. Ihrer natürlichen Verwandtschaft nach müssen sie jedoch eindeutig in die Kleinschmetterlinge eingereiht werden.

Die Großschmetterlinge sind wissenschaftlich im Augenblick noch wesentlich besser bearbeitet als die Kleinschmetterlinge. Der vorliegende Band beschränkt sich auf die bisher immer „stiefmütterlich" behandelten Kleinschmetterlinge, einschließlich jener Familien, die aufgrund ihrer natürlichen Verwandtschaft hierher gehören, obgleich sie traditionell zu den Großschmetterlingen gerechnet werden (s. o.).

Kleinschmetterlinge

Ordnung Lepidoptera

Unterordnung Zeugloptera

Überfamilie Micropterigoidea
Familie Micropterigidae

Unterordnung Glossata

Dacnonypha

Überfamilie Eriocranioidea
Familie Eriocraniidae

Exoporia

Überfamilie Hepialoidea
Familie Hepialidae

Heteroneura
Nepticulina

Überfamilie Nepticuloidea
Familie Opostegidae
Familie Nepticulidae
Incurvariina

Überfamilie Incurvarioidea
Familie Heliozelidae
Familie Adelidae
Familie Incurvariidae
Familie Prodoxidae
Tischeriina

Überfamilie Tischerioidea
Familie Tischeriidae

Ditrysia

Überfamilie Tineoidea
Familie Psychidae
Familie Tineidae
Familie Gracillariidae
Familie Roeslerstammidae
Familie Bucculatricidae
Familie Douglasiidae

Überfamilie Yponomeutoidea
Familie Yponomeutidae
    Unterfamilie Scythropiinae
    Unterfamilie Yponomeutinae
    Unterfamilie Praydinae
    Unterfamilie Argyresthiinae
Familie Ypsolophidae
    Unterfamilie Ypsolophinae
    Unterfamilie Ochsenheimeriinae
Familie Plutellidae
    Unterfamilie Plutellinae
    Unterfamilie Acrolepiinae
Familie Glyphipterigidae
    Unterfamilie Orthoteliinae
    Unterfamilie Glyphipteriginae
Familie Heliodinidae
Familie Bedelliidae
Familie Lyonetiidae

Überfamilie Gelechioidea
Familie Oecophoridae
Familie Elachistidae
Familie Coleophoridae
Familie Agonoxenidae
Familie Batrachedridae
Familie Momphidae
Familie Cosmopterigidae
Familie Scythrididae
Familie Blastobasidae
Familie Gelechiidae

Überfamilie Cossoidea
　　Familie Cossidae
　　Familie Limacodidae

Überfamilie Tortricoidea
　　Familie Tortricidae
　　　　Unterfamilie Tortricinae
　　　　Unterfamilie Chlidanotinae
　　　　Unterfamilie Olethreutinae

Überfamilie Sesioidea
　　Familie Choreutidae
　　Familie Sesiidae

Überfamilie Schreckensteinioidea
　　Familie Schreckensteiniidae

Überfamilie Epermenioidea
　　Familie Epermeniidae

Überfamilie Alucitoidea
　　Familie Alucitidae
　　Familie Carposinidae

Überfamilie Pterophoroidea
　　Familie Pterophoridae

Überfamilie Pyraloidea
　　Familie Pyralidae
　　　　Unterfamilie Galleriinae
　　　　Unterfamilie Peoriinae
　　　　Unterfamilie Phycitinae
　　　　Unterfamilie Pyralinae
　　　　Unterfamilie Nymphulinae
　　　　Unterfamilie Schoenobiinae
　　　　Unterfamilie Crambinae
　　　　Unterfamilie Scoparriinae
　　　　Unterfamilie Evergestinae
　　　　Unterfamilie Odontiinae
　　　　Unterfamilie Heliothelinae
　　　　Unterfamilie Pyraustinae

Überfamilie Thyridoidea
　　Familie Thyrididae

Großschmetterlinge

Überfamilie Zygaenoidea
Familie Zygaenidae

Überfamilie Hesperioidea
Familie Hesperiidae

Überfamilie Papilionoidea
Familie Papilionidae.
Familie Pieridae
Familie Nymphalidae
Familie Lycaenidae

Überfamilie Drepanoidea
Familie Drepanidae

Überfamilie Geometroidea
Familie Geometridae

Überfamilie Bombycoidea
Familie Lasiocampidae
Familie Endromidae
Familie Lemoniidae
Familie Saturniidae

Überfamilie Sphingoidea
Familie Sphingidae

Überfamilie Noctuoidea
Familie Notodontidae
Familie Lymantriidae
Familie Arctiidae
Familie Noctuidae

Vorbemerkungen zum speziellen Teil

Die wissenschaftliche Benennung der Gruppen und Arten erfolgte im wesentlichen nach SCHNACK (ed., 1985). Zu jeder Art sind zumindest die wichtigsten Synonyme aufgeführt (nach LERAUT, 1980). Für die deutschen Namen der Kleinschmetterlinge wurde GOZMANY (1979) herangezogen. Die wissenschaftlichen und deutschen Pflanzennamen richten sich nach RAUH und SENGHAS (1976) und teilweise nach ROTHMALER (1984).

Familie Micropterigidae – Urmotten

Der deutsche Name dieser Familie macht deutlich, daß es sich um sehr ursprüngliche Schmetterlinge handelt. Es sind kleine Falter mit unterschiedlich gefärbten, metallisch glänzenden Flügeln. Die Koppelung zwischen Vorder- und Hinterflügeln beim Flug erfolgt über ein Jugum, um die Bewegungskoordination zu gewährleisten.
Der Kopf der Falter ist abstehend behaart. Ocellen sind vorhanden. Die Maxillarpalpen sind lang und in fünf Segmente gegliedert. Besonders bemerkenswert ist, daß die Tiere keinen Rüssel wie die meisten übrigen Schmetterlinge, sondern funktionstüchtige Mandibeln besitzen, mit deren Hilfe sie Blütenpollen zerkauen, der ihnen von den Maxillarpalpen zugeführt wird. Die Vordertibien besitzen oft eine Epiphyse, die Hintertibien immer zwei Paar Sporne.
Die Falter fliegen am Tage und ernähren sich meist von Pollen, weshalb man sie besonders in Blüten krautiger Pflanzen oder von Büschen und Bäumen finden kann; häufig gesellig.
Die Eier werden in Haufen zwischen der Vegetation auf die Erdoberfläche abgelegt. Sie besitzen relativ lange Anhängsel, die aus einem steifen Stielchen mit einem endständigen Tröpfchen bestehen. Die Raupen leben an den basalen Teilen von Gräsern und anderen Blütenpflanzen sowie an verrottendem Pflanzenmaterial. Sie sind äußerst ungewöhnlich gestaltet, mit wulstartig gegliederter Oberfläche und zahlreichen schuppenförmigen Setae, die in mehreren Längsreihen angeordnet sind. Die Verpuppung erfolgt in einem Kokon am Boden. Die Puppen sind gedrungen und besitzen freie Extremitätenscheiden. Urmotten kommen mit über 100 Arten in allen Regionen der Erde vor. In Europa ist die Familie durch die Gattung *Micropterix* repräsentiert, wobei der Verbreitungsschwerpunkt in Südeuropa liegt. In Mitteleuropa leben etwa zwölf Arten.

Micropterix aruncella, ♀

Micropterix aruncella (Sc. 1763)
(= **seppella** F. 1777 = **eximiella** Z. 1850)

Flügelspannweite: 6 bis 8 mm.

M. aruncella zeigt einen ausgeprägten Geschlechtsdimorphismus. Die Männchen besitzen glänzende, bronzegoldene Vorderflügel mit einer silberweißen Binden- und Fleckzeichnung. Bei den Weibchen fehlt diese Zeichnung in der Regel.

Die Weibchen kann man von der ähnlichen *M. calthella* L. an der Vorderflügelbasis unterscheiden. Diese weist bei M. aruncella eine violettmetallische Färbung nur am Vorderrand auf, während bei M. calthella die ganze Basis violettmetallisch ist.

Die Falter fliegen von Mai bis August häufig auf Wiesen und an grasreichen Waldrändern. Oft kann man sie in den Blüten zahlreicher krautiger Pflanzen oder an Weißdorn (*Crataegus*) beobachten, wo sie Pollen fressen.

Micropterix calthella (L. 1761)
Dotterblumen-Schabe
(= **silesiaca** Toll 1942)

Flügelspannweite: 7 bis 10 mm.

Im Mai und Juni trifft man die Falter auf feuchten Wiesen, Waldschneisen und Lichtungen an. Sie sind unsere häufigsten Urmotten. Man kann sie am Tage oft in großer Zahl in den Blüten krautiger Pflanzen beobachten, so besonders an Seggen (*Carex*), Hahnenfuß (*Ranunculus*), Wald-Bingelkraut (*Mercurialis perennis*), Sumpf-Dotterblume (*Caltha palustris*) und Wiesenschaumkraut (*Cardamine pratensis*). Häufig sitzen mehrere Tiere in einer Blüte und fressen Pollen. Auch die Paarung findet meist in den Blüten statt. Die Eier sind oval und durchscheinend weiß.

Die Raupen sind ausgewachsen etwa 4,5 mm lang, von faßförmiger Gestalt und dunkelgrauer Färbung.

Über ihre Lebensweise ist wenig bekannt. Sie ernähren sich am Boden von frischem grünem Gewebe bedecktsamiger Pflanzen (Angiospermae) und möglicherweise auch von verrottenden Pflanzenresten.

Die Verpuppung erfolgt am Boden in einem zähen Kokon aus Seide mit eingesponnenen Sandkörnchen und Erdkrumen.

Micropterix calthella
Micropterix aruncella, ♂

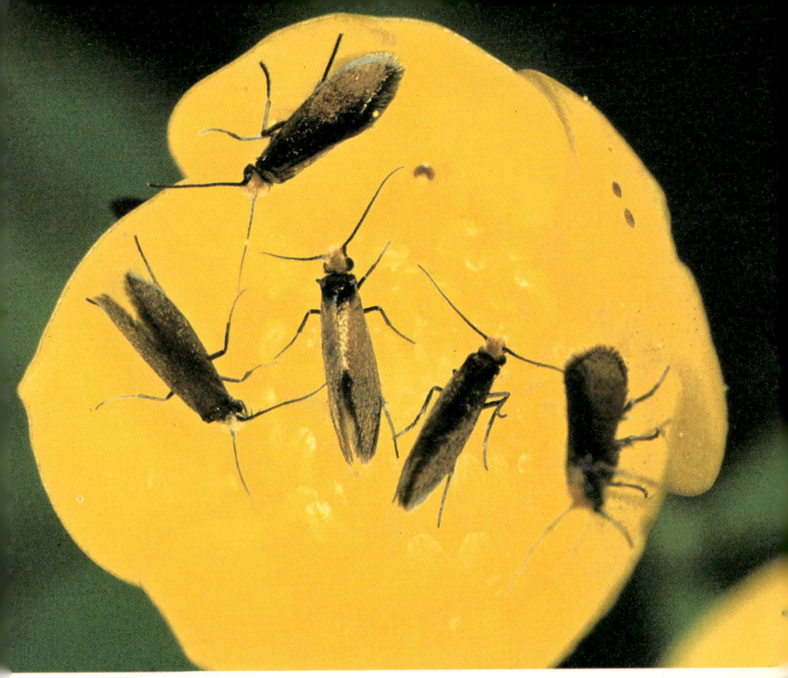

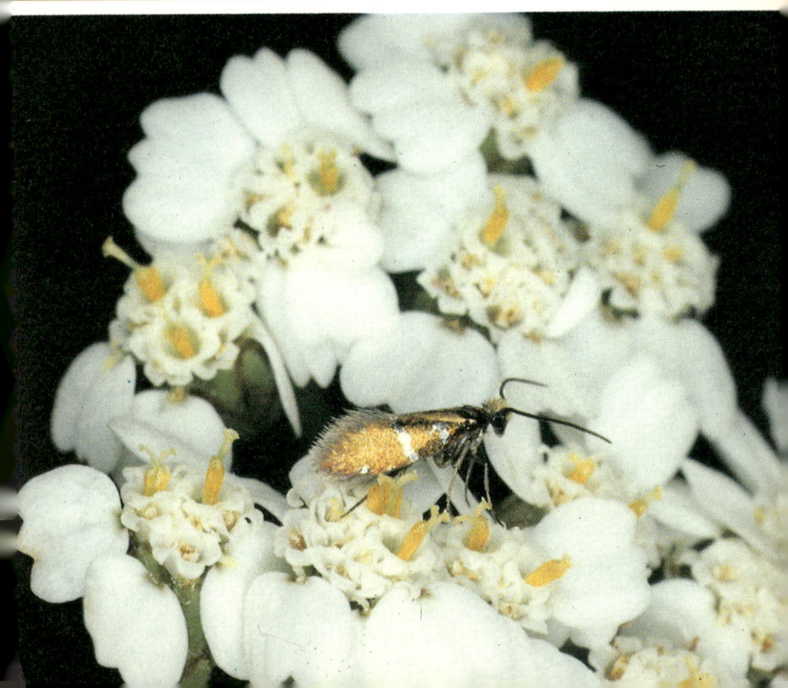

Familie Eriocraniidae – Trugmotten

Die Trugmotten sind kleine Falter mit langgestreckt ovalen Flügeln und kurzen Fransen daran. Die Vorderflügel sind metallisch glänzend gefärbt und besitzen an ihrer Basis ein Jugum. Der Kopf ist abstehend behaart, Ocellen sind vorhanden. Die langen Maxillarpalpen sind in fünf, die Labialpalpen in drei Segmente gegliedert. Ein kurzer Rüssel ist ausgebildet, die Mandibeln sind dagegen reduziert. Die Tiere fliegen tagsüber im Sonnenschein und lassen sich gern auf Blättern, Zweigen und Ästen ihrer Futterpflanzen nieder. Ihren Rüssel benutzen sie zur Wasseraufnahme. Gelegentlich trinken sie auch den aus beschädigten Blattknospen austretenden Saft.
Die Eier sind oval und farblos. Sie werden in das Gewebe eines Blattes oder einer Blattknospe abgelegt.
Die Raupen sind beinlos, weiß oder grau und fertigen in den Blättern der Ordnung Fagales, besonders von Birken (*Betula*), Platzminen an, in denen der Kot in charakteristischer Weise schnurförmig gewunden in langen Strängen abgelegt wird.
Die Verpuppung erfolgt in einem festen Kokon aus Seide mit eingesponnenen Sandkörnern und Erdkrumen. Die Puppen besitzen mächtige bewegliche Mandibeln, mit deren Hilfe sie kurz vor dem Ausschlüpfen des Falters den Kokon öffnen und sich an die Erdoberfläche emporgraben. Alle Extremitätenscheiden sind frei.
Die Trugmotten bilden eine kleine Familie mit holarktischer Verbreitung. In Mitteleuropa kommen 8 Arten vor.

Dyseriocrania subpurpurella (Hw. 1828)

(= **donzelella** Dup. 1839 = **fastuosella** Z. 1839)

Flügelspannweite: 9 bis 14 mm.
Die Falter fliegen im April und Mai bei Sonnenschein in Laubwäldern, besonders um Eichen. Bei schlechter Witterung sitzen sie häufig an Baumstämmen.
Die Eier werden an Blattknospen von Eichen (*Quercus*) abgelegt. Die Raupe ist weißlich mit blaßbraunem Kopf. Von Mai bis Juli frißt sie in einem Eichenblatt eine große Platzmine aus, die meist in einer Ecke beginnt. Die erwachsene Larve verläßt die Mine und fertigt sich in der Erde einen derben Kokon zur Verpuppung an.

Familie Hepialidae – Wurzelbohrer

Die relativ großen Wurzelbohrer sind durch langgestreckte Flügel gekennzeichnet, wobei Vorder- und Hinterflügel an der Basis weit getrennt sind. Ihre Verbindung beim Flug wird durch ein Jugum hergestellt. Weibchen besitzen in der Regel länger ausgezogene Flügel und eine weniger intensive Zeichnung als die Männchen. Die fadenförmigen, gezähnten oder gekämmten Fühler sind auffallend kurz. Sie erreichen nicht einmal ¼ der Vorderflügellänge. Ocellen sind keine vorhanden. Die Mundteile sind verkümmert, es ist also kein Rüssel ausgebildet und die Palpen sind nur sehr klein und hängend.

Ein wichtiges Familiencharakteristikum ist auch das Fehlen von Tibialsporen an den Beinen.

Die Aktivitätsphase der Falter liegt in der Dämmerung.

Die sehr kleinen, flachen und glatten Eier werden während des Fluges regellos im Gelände verstreut.

Die langen, zylindrischen Raupen sind fast nackt mit borstentragenden Punktwarzen. Sie leben ausnahmslos an und in Wurzeln.

Die Verpuppung erfolgt außerhalb der Futterpflanze in einem leichten Gespinst unter der Erde. Die Puppen sind lang und zylindrisch, ihre Abdominalsegmente tragen je zwei Reihen mit Dornen. Ein Kremaster ist nicht ausgebildet.

Einige Arten können durch den Fraß ihrer Raupen in Plantagen wirtschaftliche Bedeutung erlangen.

Die Wurzelbohrer sind eine mit über 500 Arten weltweit verbreitete Familie. Ihre größte Entfaltung hat sie in Australien erreicht, während sie in Mitteleuropa nur mit 5 Arten vertreten ist.

Hepialus sylvina (L. 1761) – Ampfer-Wurzelbohrer, Malven-Wurzelspinner
(= hamma D. u. S. 1775 = angulatum F. 1781)

Flügelspannweite: 30 bis 50 mm.

Die Falter fliegen von Juli bis in den September hinein vom frühen Abend an auf Wiesen, an Waldrändern, in Gärten und Parklandschaften.

Die Raupen fressen, unterbrochen durch zwei Überwinterungen, von September bis zum übernächsten Juli an den Wurzeln von Natternkopf, Ampfer, Löwenzahn, Malve und anderen Pflanzen.

o. l.: *Hepialus sylvina*, ♂, lateral; o. r.: *H. sylvina*, ♀, lateral
u. l.: *H. sylvina*, ♀, dorsal; u. r.: *H. sylvina*, ♂, lateral, Ungarn

Hepialus humuli (L. 1758) – Hopfenspinner, Hopfenwurzelbohrer, Geistermotte

Flügelspannweite: ca. 50 mm.

Es ist eine relativ häufige Art, die stellenweise sogar massenhaft auftreten kann. Man findet sie auf Talwiesen, in Wäldern und Parklandschaften.

Die Flugzeit reicht von Ende Mai bis Mitte August. Die männlichen Falter fliegen oft nur einige Minuten lang in der Abenddämmerung und setzen dann relativ plötzlich mit dem Flug aus. Unmittelbar danach fliegen die Weibchen.

Die Raupen sind gekennzeichnet durch einen rotbraunen Kopf und einen weißgrauen Körper mit schwärzlicher Dorsallinie, die auf dem sechsten Hinterleibssegment endet. Sie fressen in einem unterirdischen Tunnel von Juli bis April oder Mai des folgenden Jahres an den Wurzeln zahlreicher Pflanzen wie Gräser, Klette, Taubnessel, Ampfer, Löwenzahn und Brennessel. Dabei fressen die älteren Larven teilweise auch Gänge in den Wurzeln aus.

Die Verpuppung erfolgt im Larventunnel. Die sehr bewegliche Puppe arbeitet sich mit Hilfe ihrer abdominalen Dornen an die Erdoberfläche empor, wo der Falter dann ausschlüpft.

Durch massenhaftes Auftreten in Pflanzungen richten die Raupen besonders an Hopfen gelegentlich wirtschaftlichen Schaden an.

Hepialus lupulina (L. 1758)
(= obliquus F. 1794 = fuscus Hw. 1809)

Flügelspannweite: 25 bis 40 mm.

Die Art ist auf Wiesen und an Waldrändern ebenso anzutreffen wie in Kulturlandschaften, kommt jedoch meist nur lokal und nicht häufig vor. Wenn sie doch einmal in großer Zahl auftritt, kann sie auch wirtschaftlichen Schaden verursachen.

Die Falter sind im Mai und Juni und gelegentlich auch viel später im Jahr in der Dämmerung aktiv.

Die Raupe frißt von Juli bis zum übernächsten April, überwintert also zweimal. Sie lebt an den Wurzeln von Gräsern und vielen anderen wilden und kultivierten Pflanzen.

Die Verpuppung erfolgt zwischen den Wurzeln in ihrem unterirdischen Tunnel in einem bräunlichen, langgestreckten Gespinst.

Hepialus humuli, ♂ (l.); H. humuli, ♀ (r.)
H. lupulina, ♂ (l.); H. lupulina, ♀ (r.)

Familie Adelidae – Langhornmotten

Die Langhornmotten sind kleine bis mittelgroße, oft prächtig gefärbte Falter. Ihren Namen tragen sie wegen der normalerweise zumindest bei den Männchen extrem langen Fühler.

Der Rüssel ist lang und basal beschuppt. Die Labialpalpen sind unterschiedlich lang, vorgestreckt oder nach oben gebogen. Ocellen und Chaetosema fehlen.

An den Vordertibien ist eine Epiphyse ausgebildet. Die Mitteltibien tragen ein Paar, die Hintertibien zwei Paar Sporne.

Aufgrund von Zeichnung und Färbung der schmalen Flügel und einigen anderen Merkmalen lassen sich die Adelidae in zwei gut unterscheidbare Unterfamilien gliedern, die Nematopogoninae und die Adelinae.

Die Nematopogoninae besitzen eine lehmgelbe bis braune oder graue Färbung mit einem mehr oder weniger stark ausgeprägten Gittermuster auf den Vorderflügeln. Außerdem zeigen die Flügel einen charakteristischen Seidenglanz.

Die Adelinae dagegen besitzen eine metallisch glänzende grüne oder kupfrige Färbung und manchmal zusätzlich eine prächtige Bindenzeichnung.

Die Falter fliegen mit wenigen Ausnahmen schon im Frühjahr.

Die Männchen vieler Arten tanzen in kleinen Schwärmen um sonnenexponierte Äste verschiedener Laubbäume oder um Blütenstände krautiger Pflanzen, die auch häufig zum Saugen aufgesucht werden. Die Weibchen hingegen halten sich zurückgezogener im Buschwerk auf.

Die Raupen leben entweder zuerst minierend in Blütenböden oder Blättern und später in der Laubstreu am Boden in einem flachen, aus welken Blattstücken zusammengesetzten Sack, oder sie fressen gleich nach dem Schlupf aus dem Ei am Boden mit einem Raupensack an krautigen Pflanzen und toten Blättern.

Die Verpuppung findet im Sack statt. Beim Schlüpfen des Falters schiebt sich die Puppe aus dem Sack hervor. Bei zahlreichen Arten sind die langen Fühlerscheiden der Puppe um ihre Abdomenspitze gewunden.

Die Langhornmotten sind weltweit verbreitet. In Mitteleuropa kommen etwa 30 verschiedene Arten vor.

Cauchas fibulella, Kopula

Nematopogon schwarziellus Z. 1839

(= **carteri** Stt. 1854)

Flügelspannweite: 14 bis 18 mm.

N. schwarziellus ist deutlich kleiner als *N. swammerdamella*. Von einigen anderen verwandten Arten ist sie dagegen nach äußeren Merkmalen praktisch nicht zu unterscheiden. Als Habitat bevorzugen die Falter offene Laubwälder, wo sie besonders an deren Rändern oder entlang von Hecken tagsüber und in der Dämmerung zu beobachten sind. Ihre Flugperiode erstreckt sich jahrweise unterschiedlich von Ende April bis Anfang Juli.

Über die Biologie dieser Art ist nur wenig bekannt. Die Eier werden in Stengel oder Blattstiele krautiger Pflanzen gelegt. Die Raupen leben in familientypischer Weise am Boden in flachen Säcken, die aus welken Blattstücken zusammengesetzt werden.

Zur Verpuppung spinnt die Raupe ihren Sack horizontal oder vertikal an geeignete Objekte. Ein Teil der Raupen verpuppt sich bereits vor der Überwinterung, die anderen im Frühjahr.

Nematopogon swammerdamella (L. 1758)

Flügelspannweite: 18 bis 21 mm.

Die größte und häufigste Art der Nematopogoninae in unserem Gebiet ist *N. swammerdamella.*

In günstigen Jahren erscheinen die Falter bereits Ende März, ansonsten Mitte April. Bis in den Juni hinein sind sie dann bevorzugt an halbschattigen Stellen in Laubwäldern, Schonungen und an Waldrändern zu sehen. Mit fortschreitendem Nachmittag steigert sich die Flugaktivität der Tiere, bis sie in der Dämmerung ihren Höhepunkt erreicht.

Über die Lebensweise der jungen Raupe liegen keine gesicherten Beobachtungen vor. Wahrscheinlich frißt sie wie verwandte Arten gleich nach dem Schlüpfen an abgestorbenen Blättern am Boden, zumal diese Ernährungsweise von den späteren Stadien bekannt ist. Sie fertigt sich aus Stücken toter Blätter einen flachen Sack, der bei Bedarf durch Ansetzen weiterer Blattfragmente erweitert wird. Gelegentlich frißt die Raupe auch an lebenden, krautigen Pflanzen. Normalerweise überwintert sie zweimal, nach dem zweiten Winter wird jedoch keine Nahrung mehr aufgenommen.

Die Verpuppung findet im Raupensack statt. Vor dem Schlüpfen schiebt sich die Puppe etwas aus dem Sack hervor.

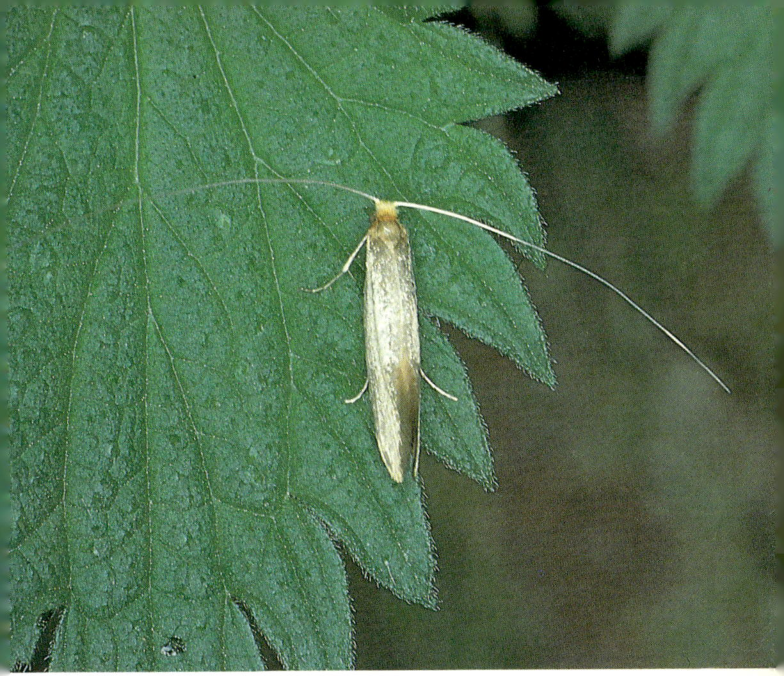

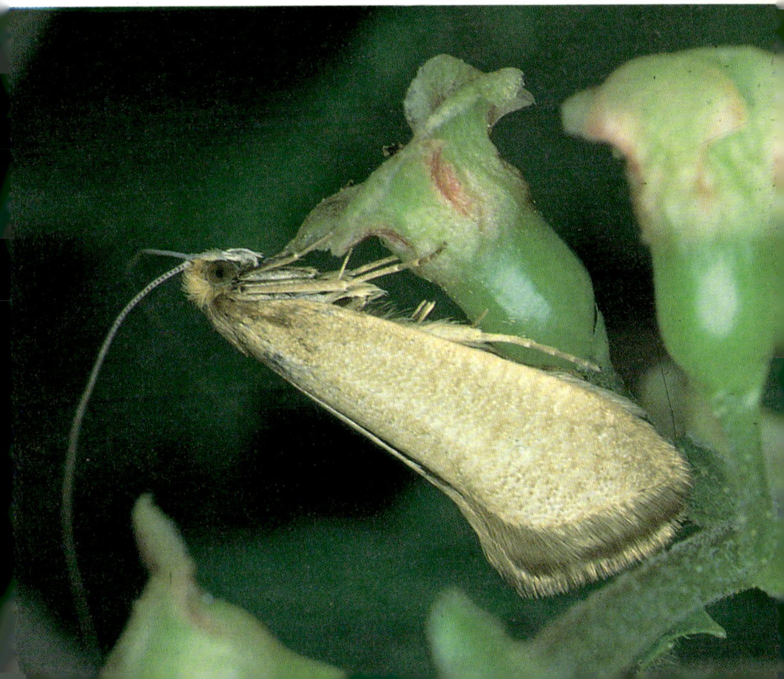

Nematopogon robertella (Cl. 1759)

(= **pilulella** Hbn. 1813 = **reglensis** Prüffer 1923)

Flügelspannweite: ca. 15 mm.
Eine sichere Unterscheidung von anderen Arten dieser Gattung ist oft nur mit Hilfe der Genitaluntersuchung möglich.
Im Mai und Juni fliegen die Falter im Sonnenschein in Nadel- und Mischwäldern bzw. an deren Rändern. Bei ungünstiger Witterung sitzen sie gern an den unteren Zweigen von Nadelbäumen. Vereinzelt lassen sie sich auch nachts von Licht anlocken.
Die Raupe soll an Standorten der Heidelbeere (*Vaccinium myrtillus*) vorkommen, wobei Angaben zur Ernährungsweise noch fehlen. Nach LARSEN (1927) frißt sie an zu Boden gefallenen Nadeln.
Die Verpuppung findet im Raupensack statt, der aus mehreren Blattstücken zusammengesetzt wird.

Nemophora metallica (Poda 1761)

(= **scabiosella** Sc. 1763 = **aerosellus** Z. 1850)

Flügelspannweite: 15 bis 20 mm.
Die Fühler der Männchen erreichen nahezu die dreifache, die der Weibchen die anderthalbfache Länge der Vorderflügel.
Die sonnenliebenden Falter gehören zu den wenigen typischen Sommerfliegern dieser Familie. Sie erscheinen im Juni und fliegen bis August auf offenen, blumenreichen Wiesen, in ausgedehntem Streuobstgelände mit krautigem Wildwuchs und in Brachelandschaften mit reichlichem Blütenangebot.
Sie sind eifrige Besucher von Knautien (*Knautia arvensis*) und Scabiosen (*Scabiosa columbaria*). In den Blüten dieser Pflanzen werden auch die Eier abgelegt.
Die Raupen leben zunächst in den Samen, benutzen dann einen ausgefressenen Samen als Sack und fertigen sich schließlich den für die Adeliden typischen Raupensack aus Blattfragmenten an, wobei sie nun am Boden in der Laubstreu oder an den unteren Blättern ihrer Futterpflanze leben.
Die Verpuppung findet im Mai oder Juni im Raupensack statt.

Nematopogon robertella, ♂
Nemophora metallica, ♀

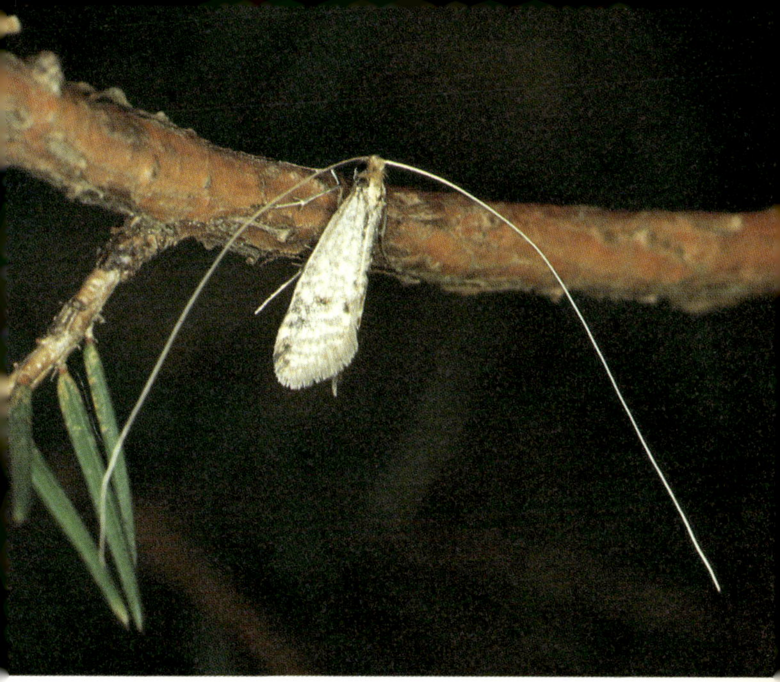

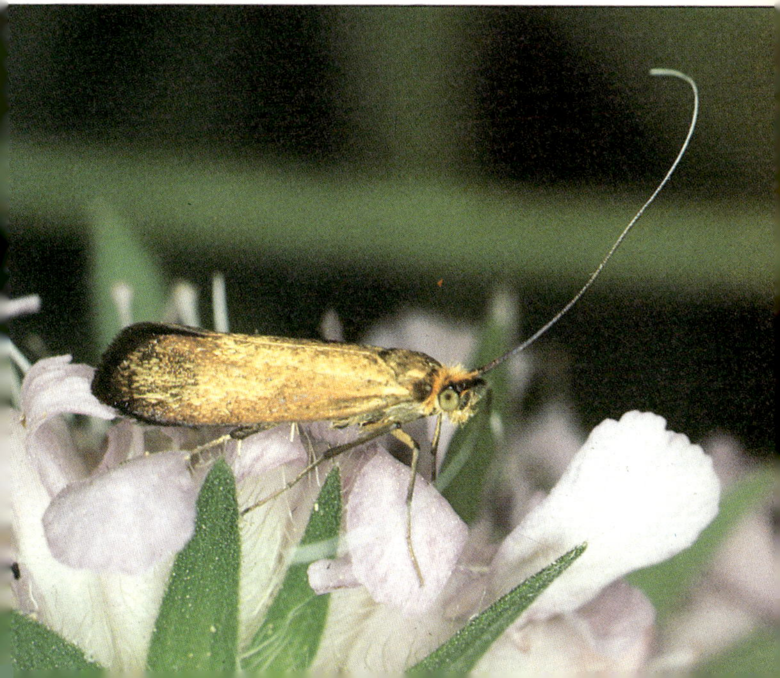

Nemophora degeerella (L. 1758)(= geerella Hbn. 1796)
Degeers-Langfühler

Flügelspannweite: 16 bis 23 mm.

Die Männchen dieser schönen Art besitzen die längsten Fühler unserer einheimischen Langhornmotten. Sie sind bis zu 4mal so lang wie die Vorderflügel; Fühler der Weibchen erheblich kürzer.

Die Männchen zeigen ein ähnliches Schwarmverhalten wie *A. reaumurella*, jedoch sind in der Regel weniger Tiere an einem Schwarm beteiligt, und außerdem bevorzugt *A. degeerella* feuchte, schattige Standorte in lichten Laubwäldern. An diesen Stellen bilden sich die Schwarmgruppen an besonnten Ästen verschiedener Laubbäume. Die Flugzeit ist von Mai bis Anfang Juli.

Die jungen Raupen minieren in den Blättern von Buschwindröschen und Ampfer. Später leben sie in der Laubstreu in einem aus welken Blattfragmenten konstruierten, birnenförmigen Sack.

Wie bei den übrigen Arten dieser Gruppe findet die Verpuppung nach der Überwinterung im Raupensack statt.

Adela reaumurella (L. 1758), Grüner Langfühler
(= viridella Sc. 1763 = sphingiella Hbn. 1793)

Flügelspannweite: 14 bis 18 mm. *A. reaumurella* ist unsere häufigste und sicherlich bekannteste Adelidenart.

Sie fliegt schon zeitig im Frühjahr, von April bis Mai. Besonders an sonnigen Waldrändern sieht man oft Schwärme von mehr als 20 bis 30 Männchen in einem auf und ab tänzelnden Flug um die besonnten Äste von Buchen, Eichen, Ahorn, Eschen und anderen Laubbäumen schweben. Ihre langen Fühler tragen sie dabei mit nach hinten gebogener Spitze steil über ihren Körper aufgerichtet. An hohen Bäumen können manchmal von den unteren Ästen bis in die Wipfelregion hinauf zahlreiche dieser Schwärme beobachtet werden. Die Weibchen nehmen an den Schwarmflügen nicht teil, sondern leben mehr versteckt im Unterholz. Die Paarung erfolgt im Flug, nachdem ein einzelnes Weibchen einen Schwarm von Männchen angeflogen hat. Eine Kopula läßt sich nach kurzem gemeinsamem Flug in der Bodenvegetation nieder.

Die Raupe von *A. reaumurella* ist gelblich mit glänzend dunkelbraunem Nackenschild. Sie lebt in der Laubstreu in einem aus Blattstücken gefertigten, flachen Sack, in dem sie sich auch verpuppt.

Nemophora degeerella, ♂
N. degeerella, ♀
Adela reaumurella, ♀

Adela croesella (Sc. 1763)

(= **podaella** L. 1767 = **sultzella** L. 1767)

Flügelspannweite: 11 bis 14 mm.
Bei den Männchen erreichen die Fühler mehr als die doppelte Vorderflügellänge, bei den Weibchen sind sie nur wenig länger als die Vorderflügel und in der basalen Hälfte durch schwarze, violett glänzende Schuppen verdickt.
Die Falter fliegen von Anfang Mai bis Mitte Juni besonders an sonnenbeschienenen Hecken mit reichlichen Ligusterbeständen.
Die Eiablage erfolgt in den Blüten von Liguster, Sanddorn oder an anderen Büschen. Dort frißt die junge Raupe zunächst auch, um etwas später dann unter der Hecke oder dem Busch in der Laubstreu zu leben. Hierzu fertigt sie einen Sack aus Blattfragmenten und Erdpartikeln, in welchem nach der Überwinterung im März, April oder Mai auch die Verpuppung stattfindet.

Cauchas fibulella (D. u. S. 1775)

(= **pulchella** Eversmann 1844 = **immaculata** Wocke 1877)

Flügelspannweite: ca. 9 mm.
Die Vorderflügel von *C. fibulella* sind bronzegolden bis violett kupfrig schimmernd mit einem gelblichen Fleck in der Mitte des Hinterrandes. Bisweilen tritt auch an der Flügelbasis ein solches Fleckchen auf. Völlig zeichnungslose Tiere zählen zur Form *immaculata* Wocke.
Von Anfang April bis Ende Juni findet man die Falter häufig an Waldrändern und auf Lichtungen an Standorten des Gamander-Ehrenpreis und des Wald-Ehrenpreis. Normalerweise leben sie in kleinen Kolonien von 10 bis 20 Faltern in den eng umgrenzten Arealen ihrer Wirtspflanzen. Die Tiere sind sehr standorttreu und saugen an sonnigen Tagen oft stundenlang in den Ehrenpreisblüten. An diesen legen die Weibchen auch ihre Eier ab.
Die jungen Raupen leben zunächst in den Samenkapseln. Später fallen sie mit deren Aufplatzen zu Boden, bauen sich einen flachen, aus dürren Blattfragmenten zusammengesetzten Sack, der mehrfach erweitert wird, und fressen nun an den unteren Blättern von Ehrenpreis und an herabgefallenen, verrottenden Blättern.
Die Verpuppung erfolgt im Raupensack am Boden.

Adela croesella, ♀
Cauchas fibulella, ♂

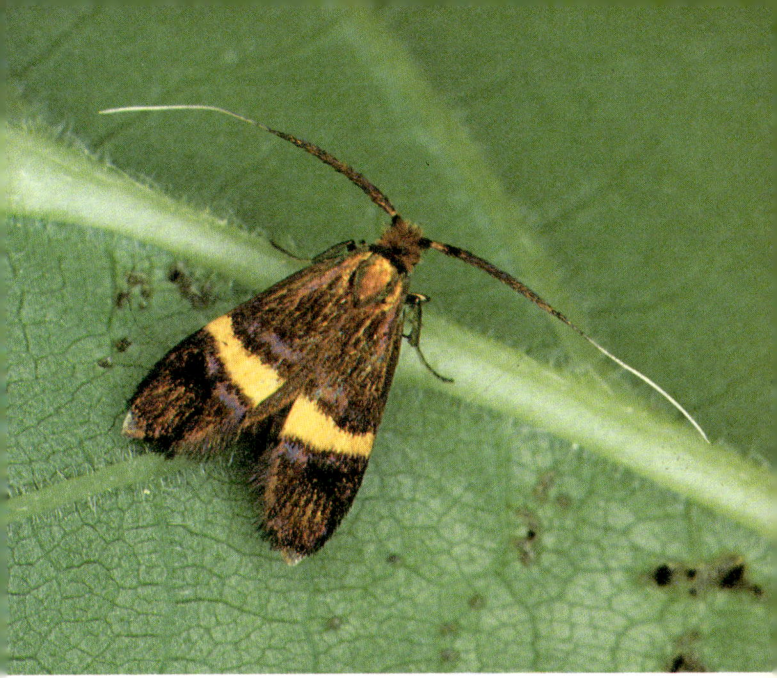

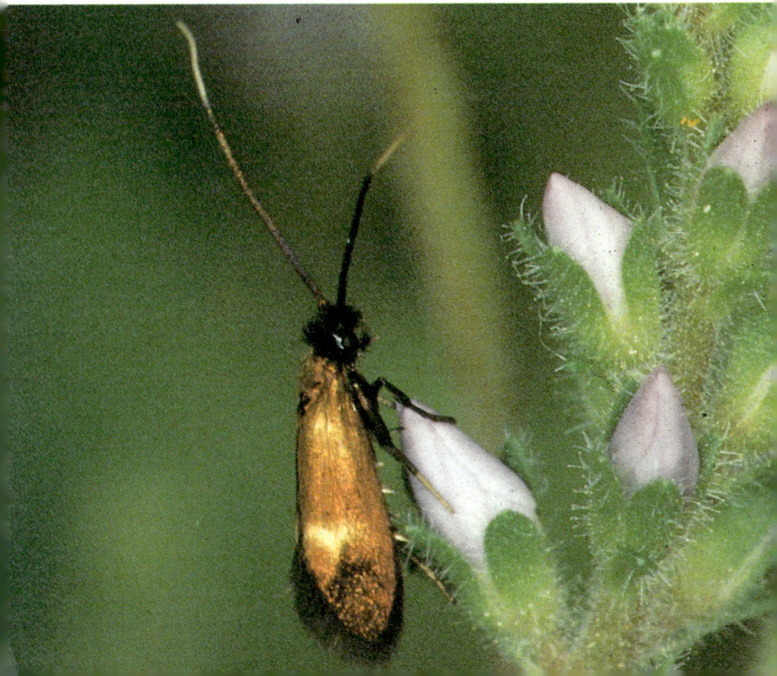

Adela violella (D. u. S. 1775)
(= **tombacinella** H.-S. 1855)

Flügelspannweite: 10 bis 12 mm.
Die Falter kann man von Juni bis Anfang August an Laubwaldrändern, besonders an schattigen und feuchten Stellen, antreffen. Sie
halten sich gerne auf den Blüten von Ehrenpreis (*Veronica*), Schafgarbe (*Achillea*) und Johanniskraut (*Hypericum perforatum*) auf
oder umschwärmen diese im Sonnenschein in kleinen Gesell-
schaften.
Die Raupe ist gelblichweiß mit schwarzbraunem Kopf und Nackenschild. Sie lebt zunächst in den Samenkapseln von Johanniskraut
und später in einem Sack am Boden, wo sie die Stengel ihrer
Futterpflanzen benagt. Der Sack ist zigarrenförmig, aus Pflanzenteilen und Erdkrumen zusammengesetzt.
Nach der Überwinterung verpuppt sich die Raupe im Mai in ihrem
Sack.

Cauchas rufimitrella (Sc. 1763)
(= **frischella** Hbn. 1816 = **purpuratella** Z. 1850)

Flügelspannweite: 9 bis 12 mm.
Normalerweise sind die Vorderflügel von *C. rufimitrella* einfarbig
messingfarben, am Vorderrand mehr kupfrig glänzend. Zuweilen
kommen Exemplare mit einer unvollständigen, gelblichen Mittelbinde vor. Ähnlich ist *C. violella,* die sich jedoch durch erheblich
längere Fühler auszeichnet. Darüber hinaus sind deren Vorderflügel
zeichnungslos kupferfarben.
Die Art fliegt vornehmlich auf Wiesen und grasigen Stellen, wo sie
einzeln beim Blütenbesuch an Wiesenschaumkraut und Knoblauchsrauke zu beobachten ist. Die Falter lieben den hellen Sonnenschein. Ihre Flugzeit reicht von Ende April bis Juni.
Die Raupe lebt in den ersten beiden Stadien in den Samenkapseln
von Wiesenschaumkraut (*Cardamine pratensis*) und Knoblauchsrauke (*Alliaria petiolata*) und danach in einem tragbaren Gehäuse am
Boden.

Adela violella, ♀
Cauchas rufimitrella, ♂

Familie Incurvariidae – Miniersackmotten

Die Miniersackmotten sind kleine, gewöhnlich unscheinbar graubraun gefärbte Falter mit einer Zeichnung aus weißlichen Flecken oder Binden.

Ihr Kopf ist abstehend behaart, die Fühler sind kürzer als die Vorderflügel und bei den Männchen teilweise gekämmt. Der kurze Rüssel ist unbeschuppt.

Die Falter fliegen am Tage im Sonnenschein.

Die Raupen leben zunächst minierend in Blättern und fertigen später einen transportablen Sack an, mit dem sie sich zu Boden fallen lassen und hier bis zur Verpuppung in der Laubstreu weiterfressen.

Beim Ausschlüpfen des Falters schiebt sich die Puppe aus dem Sack hervor.

Die Miniersackmotten sind nahezu weltweit verbreitet, am reichlichsten in der südlichen Hemisphäre. In Mitteleuropa kommen 6 Arten vor.

Incurvaria koerneriella (Z. 1839)
Schildkrötenmotte

Flügelspannweite: 15–19 mm.

Die zeichnungslose, glänzend graubraune Schildkrötenmotte fliegt von Mitte April bis Ende Mai tagsüber in lichten Laubwäldern. Sehr ähnlich sind einige *Lampronia*-Arten (Prodoxidae), besonders *L. fuscatella* (Tngstr.).

Die Weibchen legen die Eier einzeln in die Unterseite von Blättern der Rotbuche (*Fagus*), Eiche (*Quercus*), Birke (*Betula*) oder Linde (*Tilia*), meist mehrere bis viele pro Blatt. Hier fressen die Raupen in ihrer Jugend eine beidseitige Platzmine aus. Später schneiden sie einen Teil der Mine aus dem Blatt aus, fertigen daraus einen elliptischen, an beiden Enden offenen Sack und lassen sich darin zu Boden fallen. Dort leben sie meist skelettierend an welken Blättern und niedrigen Pflanzen. Sie sind gelblich transparent mit braunem Kopf. Der Sack wird mehrfach erneuert. Die Raupe überwintert in der Laubstreu und verpuppt sich schließlich im April.

Die dunkelbraune Puppe besitzt dorsal am Hinterleib zahlreiche Chitinhäkchen, mit deren Hilfe sie sich unmittelbar vor dem Ausschlüpfen des Falters aus dem Sack herausschiebt.

Incurvaria pectinea Hw. 1828
(= **zinckenii** Z. 1839 = **pectinella** F. 1787 nec D. u. S. 1775)

Flügelspannweite: 12 bis 16 mm.
Tagsüber trifft man die Falter von April bis Anfang Juni häufig auf Streuobstwiesen und in Laubwäldern, besonders in der Nähe niedriger Birken an.
Die Eier werden in der Regel zu mehreren an ein Blatt von Birke, Hasel, Erle oder anderen Bäumen und Büschen abgelegt.
Die Raupe lebt von Ende Mai bis September zunächst in einer kreisförmigen Platzmine in den Blättern ihrer Futterpflanze und später in einem transportablen Sack, der aus der Mine ausgeschnitten wird. Sie frißt dann an verrottenden Blättern am Boden und gelegentlich auch an grünen Blättern verschiedener krautiger Pflanzen, wobei sie ihren Sack von Zeit zu Zeit vergrößert.
Die Puppe überwintert im Sack.

Incurvaria masculella (D. u. S. 1775)
(= **muscalella** F. 1787 = **spuria** Hw. 1828)

Flügelspannweite: 12 bis 16 mm.
Die Fühler sind beim Männchen gekämmt, beim Weibchen fadenförmig. Am Hinterrand der Vorderflügel liegen zwei grob dreieckige, weißliche Flecke.
Dem äußeren dieser Dreiecksfelder etwa gegenüber kann gelegentlich ein kleiner, ebenfalls weißlicher Vorderrandsfleck auftreten.
Ganz ähnlich sieht *Lampronia oehlmanniella* (Hbn.) aus, bei der jedoch beide Geschlechter fadenförmige Fühler besitzen. Außerdem sind die Flecke bei *oehlmanniella* oft gelblich, und der Vorderrandfleck ist grundsätzlich vorhanden. Darüber hinaus steht er gewöhnlich dem entsprechenden Hinterrandfleck genau gegenüber oder er ist leicht nach außen versetzt. Bei *I. masculella* steht er hingegen immer etwas einwärtsgerückt, falls er überhaupt ausgebildet ist.
Die Falter fliegen tagsüber im April und Mai häufig in Laubwäldern.
Die Eier werden besonders an die Blätter von Weißdorn, aber auch an zahlreiche andere Bäume und Büsche abgelegt.
Die Entwicklung ist ähnlich wie bei *I. pectinea,* die Verpuppung erfolgt jedoch im Frühjahr.

Incurvaria pectinea, ♀, bei der Eiablage
I. pectinea, ♂
I. masculella, ♂

Familie Prodoxidae – Yuccamotten

Die europäischen Vertreter der Yuccamotten sind kleine, meist unscheinbar graubraun gefärbte Falter, teilweise mit einer Zeichnung aus weißlichen Flecken am Vorder- und besonders am Hinterrand, die auch zu Querbinden verschmolzen sein können.

Die Fühler sind deutlich kürzer als die Vorderflügel. Der Rüssel weist bei unseren Arten keine Schuppen auf, meist ist er lang, bei *Lampronia* jedoch kurz.

Normalerweise sind die Falter tagaktiv, teilweise fliegen sie aber auch in der Dämmerung.

Die Raupen leben entweder zunächst minierend in Blättern und später in einem transportablen Sack am Boden an welken Blättern, oder sie minieren zeitlebens unter Rinde, in Stengeln, Zweigen, Gallen, Blütenköpfen oder Samenkapseln von Büschen und krautigen Pflanzen.

Die Verpuppung erfolgt im Raupensack bzw. im Bohrgang der Raupe, wobei sich die Puppe beim Ausschlüpfen des Falters daraus hervorschiebt.

Die meisten Arten der Prodoxidae kommen in Nordamerika vor. In Mitteleuropa sind etwa 6 Arten verbreitet.

Lampronia capitella (Cl. 1759)
Johannisbeermotte
(= **bifasciella** F. 1787)

Flügelspannweite: 14 bis 17 mm.

Die Falter fliegen im Mai und Juni, besonders in den sonnigen Nachmittagsstunden in Gärten.

Die Eier werden in grüne Früchte von Johannisbeere (*Ribes*) abgelegt, wo die Raupe dann im Juni und Juli an den Samen frißt. Im Juli verläßt sie die Frucht und spinnt ein festes, weißes Hibernakulum tief am Johannisbeerstrauch zwischen abgestorbenen Knospenschuppen oder in einer Rindenspalte. Nach der Überwinterung befällt sie im März oder April eine Triebknospe, was meist das Absterben des entsprechenden Triebes zur Folge hat. Sie miniert dann entweder in diesem jungen Trieb weiter, oder sie befrißt mehrere von außen.

Spürbare Schäden werden jedoch nur sehr selten angerichtet. Die Verpuppung erfolgt im April und Mai.

Lampronia capitella, ♀

Familie Tischeriidae – Schopfstirnmotten

Der Kopf der Schopfstirnmotten ist abstehend beschuppt, die Fühler sind oft lang bewimpert und besitzen an der Basis einen Schuppenzahn. Die Labialpalpen sind kurz und fadenförmig, der Rüssel ist ebenfalls kurz und kaum gerollt.

Die Vorderflügel sind lanzettlich, meist einfarbig, allenfalls mit dunklem Rand. Die Hinterflügel sind schmal lanzettlich mit Fransen, die länger sind, als der Hinterflügel breit ist.

In der Ruhehaltung wird der Vorderkörper aufgerichtet, und die Flügelspitzen werden gegen die Unterlage gepreßt.

Die Eier sind leicht oval und relativ groß. Sie werden normalerweise auf der Unterseite eines Blattes der Futterpflanze neben einer Ader abgelegt.

Die Raupen sind an ihre minierende Lebensweise gut angepaßt. Kopf und Körper sind stark abgeflacht, die Brustbeine sind reduziert und die Bauchbeine fehlen.

Die Verpuppung findet in der Mine statt. Die Puppe schiebt ihren Vorderkörper vor dem Schlupf des Falters aus der Mine hervor.

Die Mehrzahl der Arten dieser Familie kommt in Amerika vor. In Mitteleuropa sind 7 Arten beheimatet.

Tischeria marginea (Hw. 1828)

(= emyella Dup. 1840)

Flügelspannweite: 7 bis 8 mm.

Die Falter fliegen in zwei Generationen von April bis September. Sie kommen an Hecken und Waldrändern um Himbeeren und Brombeeren häufig vor. Nachts fliegen sie zum Licht.

Die Raupe lebt im Juni und Juli bzw. von September bis März minirend in einem Blatt von Him- oder Brombeere. Zunächst legt sie eine weiße Gangmine an, der Kot wird durch ein Loch in der unteren Epidermis am Gangbeginn ausgeworfen. Der Gang erweitert sich später zu einem blaßbraunen Platz mit einem Gespinsttunnel im Zentrum, in den sich die Raupe in den Freßpausen zurückzieht. Durch das Gespinst wird die unterseitige Platzmine faltig.

Die Verpuppung findet ohne Kokon im Gespinsttunnel der Mine statt. Die Puppe ist schwärzlich.

Familie Psychidae – Sackträger

Die Sackträger sind eine Familie hochspezialisierter Kleinschmetterlinge. Besonders bemerkenswert ist, daß nur bei wenigen Arten die Weibchen geflügelt sind, die Mehrzahl besitzt im weiblichen Geschlecht keine Flügel. Ja sogar Fühler, Beine und Augen können fehlen, so daß die Tiere ein madenartiges Aussehen haben.

Die Männchen sind immer geflügelt. Die häufig nur dünn beschuppten Flügel sind meist schwärzlich oder bräunlich, zeichnungslos oder gelegentlich mit einem gitterähnlichen Muster. Kopf und Thorax sind oft zottig behaart.

Die Männchen vieler Arten fliegen am Tag. Die flügellosen Weibchen verlassen ihren Raupensack meist nicht mehr, sondern werden in diesem begattet und legen darin auch ihre Eier ab. Neben der normalen heterosexuellen Fortpflanzung gibt es unter den Sackträgern auch einige parthenogenetische Arten, bei denen jedoch gelegentlich trotzdem Männchen auftreten können.

Keines der beiden Geschlechter ist in der Lage Nahrung aufzunehmen. Maxillarpalpen und Rüssel sind stark reduziert. Die Männchen leben nur sehr kurz, oft nur wenige Stunden, allenfalls einige Tage. Die Weibchen leben bis zu zwei Wochen.

Die Raupen bauen Säcke aus den verschiedensten Materialien, z. B. Sandkörnchen, Pflanzenstücken oder Teilen toter Insekten. Diese Säcke sind für die einzelnen Arten charakteristisch. Sie dienen der Tarnung und zum Schutz gegen Feinde und schlechte Witterungsverhältnisse. An beiden Enden befindet sich eine Öffnung. Zur vorderen schiebt sich die Larve mit dem Kopf und Thorax heraus, um zu fressen und zur Fortbewegung, wobei sie den Sack hinter sich herzieht. Die hintere Öffnung dient dem Kotauswurf und dem Ausschlüpfen des Falters nach der Verpuppung. Die Puppe liegt deshalb mit ihrem Kopf in Richtung Hinterende des Sackes.

Die Sackträger sind eine sehr artenreiche, weltweit verbreitete Familie, die besonders die wärmeren Regionen der Erde besiedelt. In Mitteleuropa kommen etwa 100 Arten vor.

Taleporia tubulosa, ♂

Taleporia tubulosa (Retz. 1783)

(= **pseudobombycella** Hbn. 1796 = **tessellea** Hw. 1828)

Flügelspannweite: 15 bis 20 mm.

Die Falter erscheinen Ende Mai und fliegen bis Anfang Juli häufig in Wäldern mit geringem Unterwuchs, Parks, felsigen Gegenden und gelegentlich auch auf Wiesen. Die Paarung erfolgt in den frühen Morgenstunden auf der Außenseite des Raupensackes, an den sich das Weibchen klammert.

Anschließend werden die Eier mit Hilfe der langen Legeröhre in den alten Raupensack abgelegt.

Von August bis April leben die Raupen an Flechten und verrottenden Pflanzen. Zuweilen ernähren sie sich auch von toten Insekten am Boden. Bei ungünstigen klimatischen Bedingungen kann ihre Entwicklung zwei Jahre dauern. Der Raupensack erscheint im Querschnitt etwa dreieckig und besteht aus Gespinst, bedeckt mit Flechten, feinem Sand und Rindenstückchen. Vorne sind oft Teile von toten Insekten angeheftet.

Die Verpuppung erfolgt im April und Mai im Raupensack, der hierzu an Baumstämmen, Zäunen oder Steinen befestigt wird.

Epichnopterix plumella (D. u. S. 1775)
Weichgras-Sackträger, Kleiner Wollsackträger

(= **pulla** Esper 1785 = **pectinea** Hw. 1811)

Flügelspannweite: 10 bis 14 mm.

Die männlichen Falter erscheinen Mitte April und fliegen bis Juni, in höheren Lagen auch bis Juli. Auf Wiesen und anderen grasigen Stellen kann man sie häufig im Sonnenschein beobachten.

Die Weibchen bleiben im Sack und schieben lediglich ihren Kopf aus dessen Hinterende hervor. Durch einen Sexuallockstoff ziehen sie die Männchen an. Bei der Begattung sitzt das Männchen am Hinterende des Sackes und schiebt seinen stark dehnbaren Hinterleib am Körper des Weibchens vorbei in den Sack hinein bis zu den weiblichen Genitalien. Nach der Befruchtung werden die Eier im Sack in die Puppenhaut abgelegt.

Die Raupen leben von Juli bis April an Gräsern. Ihr Raupensack ist in Längsrichtung mit Grasstücken bedeckt.

Die Verpuppung erfolgt im April oder Mai im Sack, der an einem Grasstengel befestigt wird.

Taleporia tubulosa, Raupensack
Epichnopterix plumella

Familie Tineidae – Echte Motten

Die unscheinbaren, meist kleinen, bräunlich gefärbten Tineiden sind durch einige äußere Merkmale gut zu erkennen.

Der Kopf trägt lange, dichte, auf der Stirn zwischen den Fühlern meist aufrecht abstehende Haare, die besonders im frontalen Bereich einen oft auffälligen, gelben oder rot gefärbten Schopf bilden.

Die Fühler sind normalerweise kürzer als die Vorderflügel. Ocellen und Chaetosemata fehlen. Auch der Rüssel ist stark reduziert oder fehlt ganz. Die Labialpalpen besitzen am zweiten Segment abstehende Borsten.

Die Vorderflügel sind schmal, die Hinterflügel relativ breit oval, jeweils mit kurzen Fransen besetzt.

Die Hintertibien sind normalerweise lang behaart und tragen lange Sporne.

Die Raupen der Echten Motten besitzen ein relativ einheitliches Erscheinungsbild. Sie sind weißlich mit braunem Kopf und Nackenschild. Primär leben sie vorwiegend an Baumschwämmen (Porlinge), an Flechten oder in Nestern von Vögeln, Säugetieren oder sozialen Hautflüglern (Bienen, Wespen). Diese Lebensweise wurde vom größten Teil der Arten beibehalten. Jedoch lebt eine Anzahl von Arten sekundär wahlweise oder ausschließlich an anderen Substraten, wie Kot, Nahrungsmittel, Drogen, Samen oder Textilien. Hieran können sie z. T. auch schädlich werden (Kleider- und Pelzmotte).

Die Verpuppung erfolgt mit oder ohne Kokon am Fraßort der Raupe.

Echte Motten sind weltweit verbreitet. In der Palaearktis sind mehr als 350 Arten beheimatet, davon etwa 70 in Mitteleuropa.

Tinea semifulvella Hw. 1828

Flügelspannweite: 12 bis 22 mm.

Von Mai bis September kann man die Falter besonders in der Nähe von Vogelnestern finden. Die Art bildet zwei Generationen aus.

Von August bis zum folgenden Mai lebt die Raupe in Vogelnestern, an toten Tieren und gelegentlich auch an Wollsachen im Freien. Dabei trägt sie einen tarnenden und schützenden Sack mit sich herum, wie dies für die Gattung typisch ist.

Tinea columbariella Wocke 1877
Taubenmotte

Flügelspannweite: 8 bis 17 mm.
Sehr ähnlich ist die Pelzmotte (*Tinea pellionella L.*), die von
T. columbariella oft nur durch Genitaluntersuchung sicher zu
unterscheiden ist.
Von Juni bis September sind die Falter in Hühnerställen, Taubenschlägen, Wohnungen und um Vogelnester häufig. Wahrscheinlich
bildet die Art zumindest partiell zwei Generationen aus.
Die Eiablage erfolgt an Federn in Vogelnestern oder an Wollsachen
in Häusern.
Die Raupe lebt in einem für die Gattung typischen, tragbaren Sack,
in dem auch die Verpuppung erfolgt. Dieser ist weißgrau, aus fein
zernagten Federn oder Haaren gefertigt und hat die Form einer
zusammengedrückten, an ihren Enden verengten Röhre. Von Juni
bis zum nächsten Frühjahr frißt die Raupe primär in Taubenschlägen, Hühnerställen, Vogelnestern und in den Gewöllen von
Schleiereulen. Sekundär lebt sie als Vorratsschädling an Wollerzeug-
nissen.

Tinea trinotella Thnbg. 1794
(= lapella auct. = tripunctella auct.)

Flügelspannweite: 11 bis 19 mm.
Von April bis August treten die Falter in zwei Generationen meist in
der Nähe von Vogelnestern auf. Vor Einbruch der Dunkelheit
fliegen sie in lichtem Laubgehölz, nachts kommen sie zum Licht.
Tagsüber sitzen die Falter gerne in Gebüschen oder an Baumstämmen und Zäunen. *T. trinotella* ist eine der häufigsten Tineiden in
Vogelnestern.
Die Raupe ist weißlich mit braunem Kopf und Nackenschild.
Erwachsen ist sie 6 bis 7 mm lang. Sie frißt von Juli bis zum
folgenden Mai an den wolligen und haarigen Bestandteilen in
zahlreichen Vogelnestern. Gelegentlich findet man die Raupe auch
an Wollsachen im Freien.
Wie für die Gattung typisch, fertigen sich die Tiere einen Sack aus
Bestandteilen des Nestes an, in dem sie leben. Bei *T. trinotella* ist er
etwa zwei- bis dreimal so lang wie die Raupe.

Monopis obviella (D. u. S. 1775)

(= **splendella** Hbn. 1813 = **ferruginella** Hbn. 1813 nec Thnbg. 1788)

Flügelspannweite: 8 bis 13 mm.
Der Hinterrand der Vorderflügel zeigt eine gelbliche Strieme, die bei der ähnlichen *M. crocicapitella* nicht so bogig und so scharf abgegrenzt ist.
Von Mai bis Oktober kann man die Falter häufig in zwei Generationen in Gärten und Laubwäldern antreffen. Sie schwärmen spät abends an Hecken und Gebüschen und kommen nachts ans Licht. Die Raupe lebt in Nestern von Vögeln (Dohle, Amsel), in Taubenschlägen und in Gewöllen von Eulen. Gelegentlich frißt sie auch an vermoderndem Holz oder an Textilien im Freien. Auch an getrocknetem organischem Material wurde die Raupe schon gefunden.

Morophaga choragella (D. u. S. 1775)

(= **boleti** F. 1877 = **fungella** Thnbg. 1794)

Flügelspannweite: 18 bis 32 mm.
Scardia tessulatella ist sehr ähnlich, besitzt aber im mittleren Vorderflügelbereich einen deutlichen, schwärzlichen Fleck.
Von Mai bis August sind die Falter recht häufig. Sie sitzen gern an Stämmen, die von Baumschwämmen befallen sind. Die Raupe lebt von August bis April oder Mai in Baumschwämmen und fauligem Holz verschiedener Bäume.

Nemapogon cloacella (Hw. 1828)
Korkmotte, Schleusenmotte

(= **infimella** H.-S. 1853)

Flügelspannweite: 10 bis 18 mm.
Zur Gattung *Nemapogon* gehört eine Reihe ähnlicher und teilweise nach äußeren Merkmalen nur schwer trennbarer Arten, die zudem sehr variabel sind.
Die Korkmotte kommt von Mai bis September häufig in zwei Generationen in der Nähe von Eichen mit Baumschwämmen sowie in Häusern und Schuppen vor.
Wie viele *Nemapogon*-Arten lebt die Raupe primär in Baumschwämmen und fauligem Holz, während sie sekundär als Vorratsschädling an pflanzlichen Substraten wie Getreide, Trockenobst oder -pilzen, Flaschenkorken und pflanzlichen Drogen auftritt.

Familie Gracillariidae – Miniermotten, Blattütenmotten

Der Kopf der Falter ist anliegend beschuppt oder abstehend behaart. Die Fühler sind einfach, fast so lang oder sogar etwas länger als der Vorderflügel. Der Rüssel ist gut entwickelt, nackt. Die Vorderflügel sind lanzettlich, die Hinterflügel schmal lanzettlich mit Fransen, die länger sind, als der Hinterflügel breit ist.

Die Falter sind meist dämmerungsaktiv, teilweise fliegen sie auch bei Nacht.

Die Raupen minieren zunächst in der Epidermis von Blättern, seltener in zarter Rinde. Dabei schneiden sie die Zellen mit ihren Mandibeln nur an und trinken dann den auslaufenden Zellsaft.

Die Raupen sind in diesem Stadium extrem abgeflacht mit nach vorne gerichteten Mundwerkzeugen und reduzierten Beinen. Nach der zweiten oder dritten Häutung gehen sie meist zur normalen Gewebe fressenden Lebensweise über und legen tiefe Platzminen an. Noch später fressen einige auch frei an ihrer Futterpflanze.

Die Verpuppung findet mit oder ohne Kokon, in oder außerhalb der Mine statt. Die Puppe öffnet den Kokon oder die Mine vor dem Ausschlüpfen des Falters mit einem Fortsatz am Kopf und schiebt sich aus dieser Öffnung hervor.

Die Gracillariidae sind mit zahlreichen Arten weltweit verbreitet. In Mitteleuropa kommen etwa 100 Arten vor.

Phyllonorycter cavella (Z. 1846)

Flügelspannweite: 7 bis 9 mm.

Eine Anzahl sehr ähnlicher Arten unterscheidet sich nur durch Details in der Flügelzeichnung von *P. cavella*.

In Laubmischwäldern kann man die Falter häufig von Mai bis August, in klimatisch günstigen Gegenden in zwei Generationen bis September antreffen.

Die Eier werden auf die Blattunterseite von Birken (*Betula*) und gelegentlich auch von Sauerkirsche (*Prunus cerasus*) abgelegt, wo die Raupe von August bis Oktober eine Faltenmine anlegt.

Die Verpuppung findet von Oktober überwinternd bis zum folgenden Mai oder Juni in einem weißen Kokon in der Mine statt.

Kastanien?
2004

Caloptilia alchimiella (Sc. 1763)

(= **swederella** Thnbg. 1788 = **franckella** Hbn. 1813)

Flügelspannweite: 10 bis 13 mm.

Sehr ähnlich ist *C. robustella* Jäckh, die jedoch neben anderen Unterscheidungsmerkmalen einen ockerfarbenen Thorax, einen mehr diffusen basalen und keine äußeren Flecken am Hinterrand des Vorderflügels besitzt. Außerdem ist der große Dreiecksfleck am Vorderrand nicht so weit apikal ausgezogen wie bei *C. alchimiella*. Von Mai bis August trifft man die Falter häufig um Eichen an. Tagsüber sitzen sie oft an Stämmen und Zäunen, während sie abends umherfliegen und nachts gelegentlich ans Licht kommen.

Die Eier werden an die Unterseite von Eichenblättern gelegt.

Die Raupe ist weißgelb mit gelblichem Kopf. Von Juli bis Oktober frißt sie zunächst in einer epidermalen Mine auf der Blattunterseite. Später erweitert sie diese zu einer kleinen, beidseitigen Platzmine zwischen zwei Blattadern. Schließlich verläßt die Raupe die Mine und fertigt in der Folge bis zu drei Blattkegel an, indem sie die Ausbuchtung eines Eichenblattes nach unten einrollt. Darin befrißt sie dann das Blatt durch die obere Epidermis hindurch, die stehenbleibt.

Die Verpuppung erfolgt im September oder Oktober in einem ovalen Kokon.

Caloptilia stigmatella (F. 1781)

(= **ochracea** Hw. 1828)

Flügelspannweite: 12 bis 14 mm.

Von Mai bis September fliegen die Tiere sehr häufig in Laubwäldern. Es entwickeln sich meist zwei Generationen, die Herbsttiere überwintern.

Die Eier werden auf die Unterseite eines Weiden- (*Salix*), Pappel- (*Populus*) oder seltener eines Birkenblattes (*Betula*) gelegt, meist neben eine Blattader.

Die Raupe lebt zunächst minierend in diesen Blättern und später frei an ihnen, wobei sie im Laufe ihrer Entwicklung zwei bis drei Blattkegel oder Faltungen anfertigt, deren genaue Konstruktion von der Art der Futterpflanze abhängt.

Die Verpuppung erfolgt in einem membranösen, blaßgrünen Kokon an der Blattunterseite.

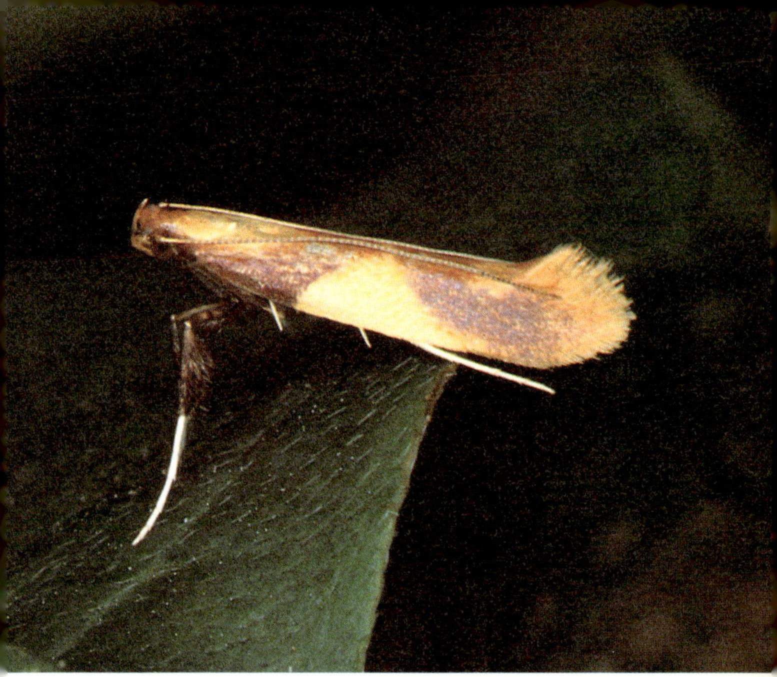

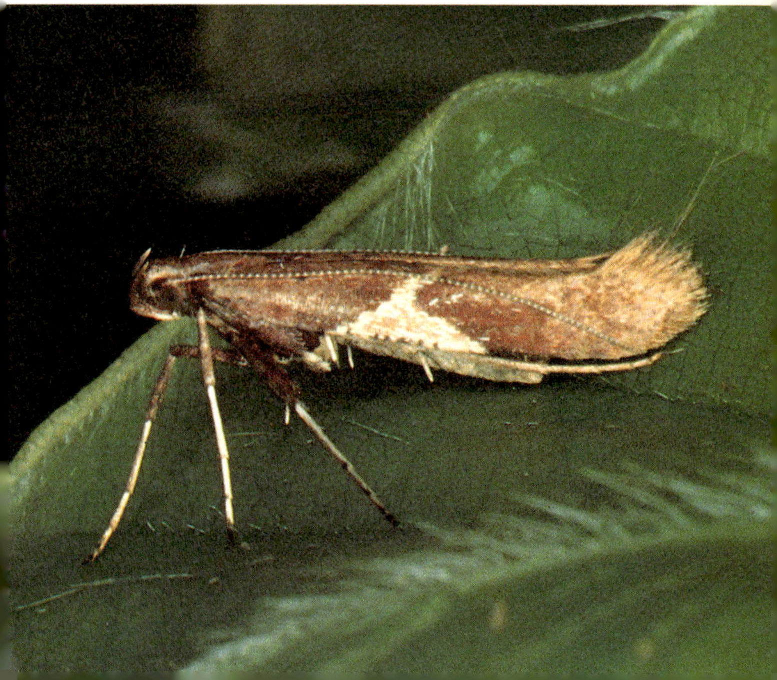

Gracillaria syringella (F. 1794) – Fliedermotte
(= **anastomosis** Hw. 1828 = **ligustri** Val. 1850)

Flügelspannweite: 10 bis 13 mm.

Die Falter kommen von Mai bis Juni (1. Generation) und im Juli und August (2. Generation) sehr häufig in Laubwäldern und Gärten vor. Tagsüber sitzen sie an den Futterpflanzen ihrer Raupen, während sie nachts gerne ans Licht fliegen.

Die Eier werden einzeln oder in Reihen von zwei bis acht Stück an die Mittelrippe eines Ligusterblattes, eines Eschenblattes oder eines Fliederblattes abgelegt.

Die jungen Raupen fressen zunächst in schmalen, parallelen, epidermalen Gangminen, die allmählich zu einer großen, beidseitig sichtbaren, epidermalen Platzmine verschmelzen. Nach dem Verlassen der Mine rollen die Raupen das Blatt von der Spitze her zu einem unregelmäßigen Kegel ein, in dem sie weiterhin, wie zuvor in der Mine, gesellig fressen. Normalerweise werden nacheinander zwei derartige Kegel gefertigt.

Die Verpuppung erfolgt im Juni oder Juli bzw. von Oktober an überwinternd bis April in einem grauweißen, membranösen Kokon.

Aspilapteryx tringipennella (Z. 1839)
(= **fringilella** Dup. 1843)

Flügelspannweite: 10 bis 13 mm.

Die Falter kommen im Mai und Anfang Juni (1. Generation) sowie von Juli bis August (2. Generation) häufig auf Wiesen und grasigen Stellen, an Wegrändern und auf Schuttplätzen vor. Sie fliegen nachmittags und am frühen Abend. Bei Nacht kommen sie ans Licht.

Die Eier werden auf die Blattunterseite von Wegerich abgelegt.

Im Juni und Juli bzw. von Oktober bis April frißt die Raupe zunächst eine gewundene Gangmine in der unteren Blattepidermis aus, nagt sich dann nach Veränderung ihrer Mundwerkzeuge durch das Blattgewebe zur oberen Blattfläche durch und legt hier eine große Platzmine quer über der Mittelrippe an.

Die erwachsene Raupe legt zur Blattunterseite hin ein Ausschlupfloch für den Falter an, wobei die untere Epidermis wie ein Fenster erhalten bleibt.

Die Verpuppung erfolgt im April oder Mai bzw. im Juli oder August in einem weißen Kokon in der Mine.

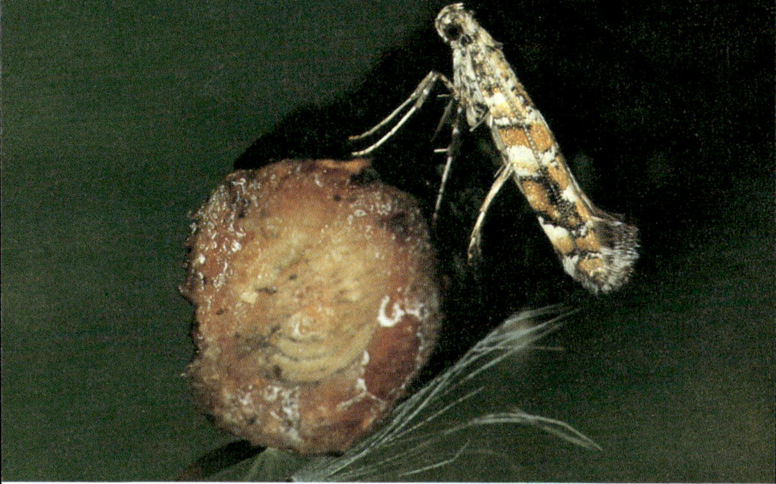

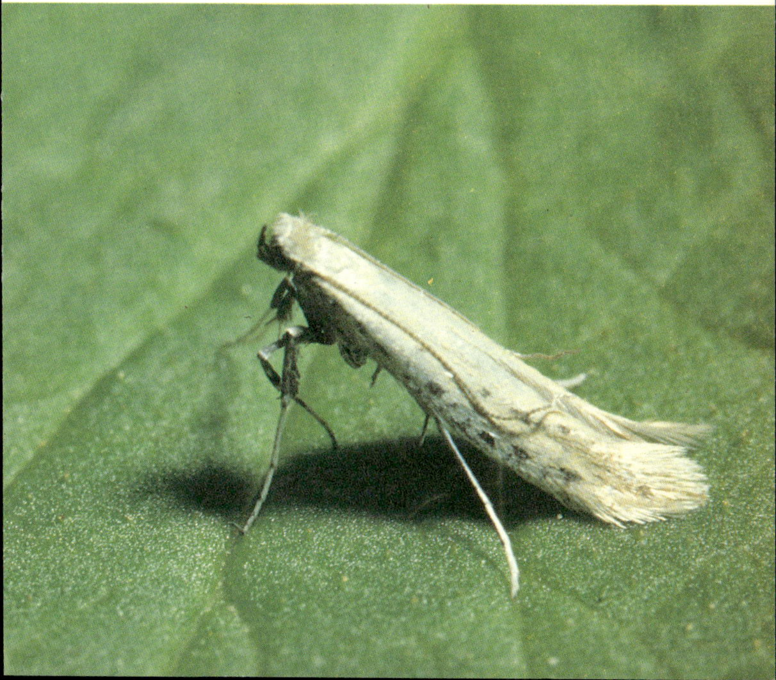

Familie Yponomeutidae
Unterfamilie Yponomeutinae – Gespinstmotten

Die Gespinstmotten sind kleine bis mittelgroße Falter mit relativ schmalen, langgestreckten Flügeln. Ihre Stirn ist meist mit abstehenden Haarschuppen bedeckt. Die fadenförmigen Fühler sind ½ bis ¾ so lang wie die Vorderflügel. Die Labialpalpen sind kurz und dünn, meist hängend, das Mittelglied besitzt keinen Endbusch. Die Maxillarpalpen sind sehr klein oder fehlen, der Rüssel ist in der Regel gut ausgebildet, unbeschuppt, in manchen Fällen aber zurückgebildet. Ocellen sind nicht ausgebildet. Die Tergite der Hinterleibssegmente weisen eine feine Bestachelung auf.

Die Falter trifft man zur Flugzeit vor allem an den Futterpflanzen ihrer Raupen an. In Ruhe werden die Flügel steil dachförmig gehalten und die Fühler nach hinten an diese angelegt. Die Falter fliegen vom späten Nachmittag bis in die Nacht hinein.

Die Raupen leben gesellig in großen, oft schleierartigen Gespinsten (Name!) an Bäumen, Sträuchern oder Stauden.

Eine Reihe von Arten richtet bisweilen beträchtlichen wirtschaftlichen Schaden an.

Die Gespinstmotten sind weltweit verbreitet, in Mitteleuropa leben etwa 25 Arten.

Yponomeuta evonymella (L. 1758)
Traubenkirschengespinstmotte
(= **padi** Z. 1844)

Flügelspannweite: 16 bis 25 mm.

Im Juli und August treten die Falter sehr häufig in Gärten, um Hecken und an Waldrändern in Erscheinung. Nachts fliegen sie ans Licht.

Die Raupen leben im Mai und Juni gesellig in ausgedehnten Gespinsten besonders an Traubenkirsche (*Prunus padus*). Massenvermehrungen sind nicht selten. Dabei kann der gesamte Futterbaum versponnen und kahlgefressen werden.

Die Verpuppung erfolgt im Juni oder Juli im Gespinst. Meist liegen die Puppen parallel zueinander in undurchsichtigen Kokons, die miteinander zu einem Paket versponnen sind.

Yponomeuta rorrella (Hbn. 1796)
Weidengespinstmotte
(= rorella Hbn. 1822)

Flügelspannweite: 18 bis 24 mm.

Y. rorrella ist sowohl äußerlich als auch nach genitalmorphologischen Merkmalen von *Y. padella*, *Y. mallinellus* und *Y. cagnagella* kaum zu unterscheiden. Das gleiche gilt für die Ersten Stände dieser Arten.

Dennoch konnte in umfangreichen Untersuchungen ihre artliche Eigenständigkeit belegt werden (MENKEN, 1980).

Die Weidengespinstmotte findet man im Juli und August um Weiden und an Waldrändern. Nachts kommen die Falter ans Licht.

Die Raupen leben von Mai bis August gesellig in einem Gespinst an Silberweide (*Salix alba*), Korbweide (*S. viminalis*) und Grauweide (*S. cinerea*). Der Körper der Raupe ist grau mit dunkelbraunen Stigmenringen. Ihr Kopf ist schwarz, der Nackenschild schwarzbraun.

Die Verpuppung erfolgt im Juni, Juli oder August in einem dichten Sammelgespinst oder gelegentlich am Stamm des Futterbaumes. Kokons sind nur undeutlich ausgebildet, voneinander getrennt und senkrecht hängend.

Yponomeuta plumbella (D. u. S. 1775)

Flügelspannweite: 16 bis 20 mm.

Im Juli und August trifft man die Falter häufig in Wäldern und an Gebüschen und Hecken in der Nähe ihrer Futterpflanzen. Nachts kommen sie gerne ans Licht. Gelegentlich sind sie auch am Tage aktiv.

Die grünlichen Eier werden einzeln an Pfaffenhütchen (*Euonymus europaea*) abgelegt.

Die Raupen schlüpfen erst nach der Überwinterung. Von April bis Juni leben sie dann zunächst minierend in den Trieben und später einzeln oder gesellig in Gespinsten an den Blättern. Sie sind hellbräunlich mit gelbbraunem Kopf. Der Nackenschild besitzt mehrere größere, gelbe Flecke.

Die Verpuppung erfolgt im Juni oder Juli einzeln in dünnen undurchsichtigen Kokons im letzten Fraßgespinst oder zwischen leicht miteinander versponnenen Blättern.

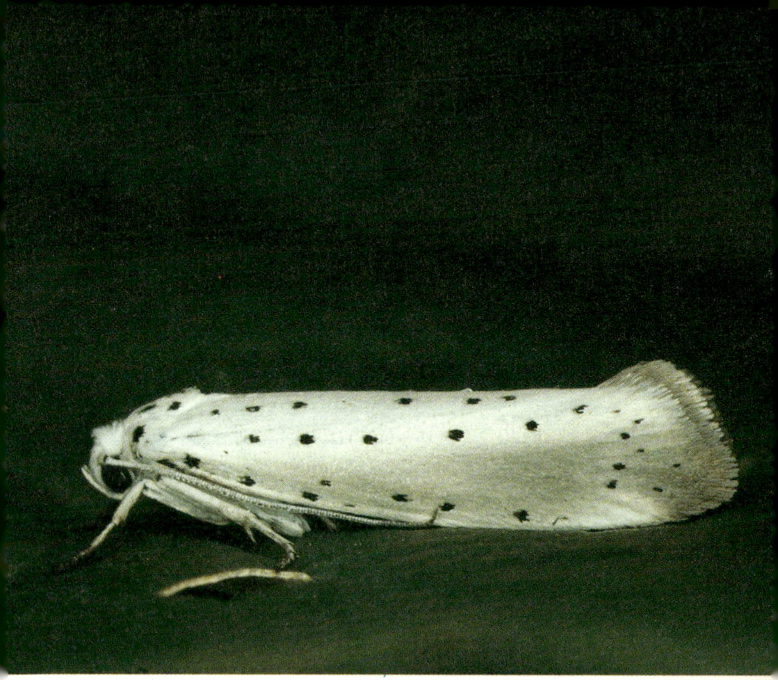
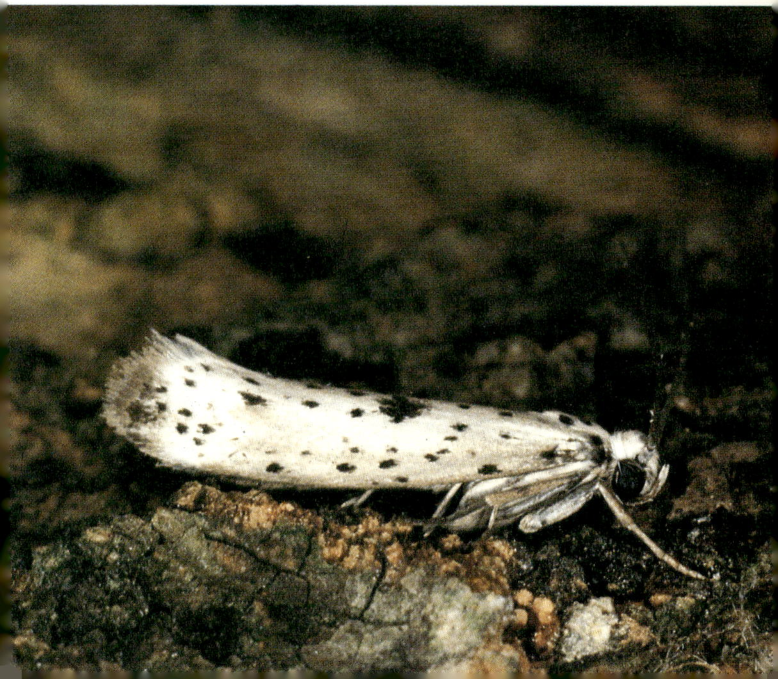

Yponomeuta sedella Tr. 1832
Sedumgespinstmotte
(= vigintipunctata Retz. 1783)

Flügelspannweite: 16 bis 20 mm.
Die Falter fliegen von April bis August in zwei Generationen in Wäldern und an Feldrainen. Nachts lockt sie Licht an.
Im Juni und Juli und wieder von August bis Oktober leben die Raupen zunächst minierend, später gesellig in einem leichten Gespinst an den Blättern der Weißen, Großen und Purpur-Fetthenne (*Sedum album*, *S. maximum* und *S. telephium*).
Die braunen Puppen liegen in dünnen, undurchsichtigen, einzelnen Kokons im letzten Fraßgespinst oder in der Laubstreu. Um jeden Kokon herum befindet sich noch ein äußeres Gespinst.

Cedestis gysseleniella Z. 1839
Kiefernnadel-Gespinstmotte
(= gysselinella Dup. 1840)

Flügelspannweite: 10 bis 13 mm.
Die Falter kommen von Mai bis August in Kiefernbeständen vor. Nachts fliegen sie gerne zum Licht.
Die Weibchen legen die Eier einzeln an eine Nadelbasis von Wald- und Bergkiefer (*P. sylvestris* und *P. mugo*) oder Weißtanne (*A. alba*). Die Raupe frißt sich durch die untere Eischale in die Nadel ein und miniert dann von der basalen Hälfte aus oft bis zur Nadelspitze, wobei der Gang immer breiter wird und schließlich die ganze Nadelbreite einnimmt.
Verpuppung zwischen locker zusammengesponnenen Nadeln.

Cedestis subfasciella (Steph. 1834)
(= farinatella Dup. 1840)

Flügelspannweite: 8 bis 11 mm.
Von Mai bis Anfang September kann man die Falter am Tage recht häufig in Kiefernbeständen sehen. Nachts lockt sie Licht an.
Die Raupe miniert vom Herbst bis April oder Mai in den Nadeln von Wald- und Bergkiefer (*Pinus sylvestris*, *P. mugo*). Die Mine beginnt an der Nadelspitze und ist ganz mit Kot gefüllt.
Die Verpuppung erfolgt zwischen drei zusammengesponnenen Nadeln oder in einem Kokon am Boden.

Unterfamilie Argyresthiinae – Silbermotten, Knospengespinstmotten

Zu den Argyresthiinae gehören kleine Falter mit schmalen Flügeln, die lange Fransen tragen. Die Fransen der Hinterflügel sind länger, als die Hinterflügel breit sind. Oft sind die Tierchen bunt gefärbt, teilweise mit goldenen und silbernen Zeichnungselementen.

Der Kopf ist abstehend behaart, die Labialpalpen sind leicht nach oben gebogen, ohne Endbusch am Mittelglied. Ocellen sind nicht vorhanden. Die Hinterschienen sind anliegend beschuppt.

Charakteristisch ist die Ruhehaltung der Falter. Sie sitzen mit dem vorderen und mittleren Beinpaar auf der Unterlage, den Körper mit dem Hinterende mehr oder weniger steil nach oben gerichtet. Das hintere Beinpaar wird bei diesem „Kopfstand" parallel zum Körper ausgestreckt.

Einige Arten können als Schädlinge gelegentlich wirtschaftliche Bedeutung erlangen.

In Mitteleuropa sind ungefähr 30 Arten heimisch.

Argyresthia brockeella (Hbn. 1813)
(= **iwella** Hw. 1828 = **aurivittella** Hw. 1828)

Flügelspannweite: 9 bis 12 mm.
A. brockeella zeichnet sich durch glänzend goldbraune Vorderflügel mit scharf abgegrenzter, charakteristischer, weißer Fleck- und Bindenzeichnung aus.

Von Mitte Mai bis Juli kommen die Falter in Laubwäldern vor. In manchen Gegenden scheint in sehr günstigen Jahren eine zweite Generation von August bis Anfang September zu erscheinen. Nachts lassen sich die Falter von Licht anlocken.

Die Raupe lebt vom Spätsommer bis zum März oder April des folgenden Jahres zunächst in den Knospen von Erlen (*Alnus*) und Birken (*Betula*), später dann in den männlichen Blütenständen (Kätzchen) dieser Pflanzen oder in einem jungen Trieb. Befallene Kätzchen kann man oft an einer Verkümmerung oder einer vertrockneten oder beschädigten Spitze erkennen. Dort erfolgt auch der Kotauswurf. Die fast erwachsene Raupe überwintert in einem Fraßgang.

Die Verpuppung erfolgt im März, April oder Mai, möglicherweise unter der Rinde.

Argyresthia goedartella (L. 1758)
Erlenblütenmotte
(= **semiargentella** Don. 1793 = **literella** Hw. 1828)

Flügelspannweite: 9 bis 13 mm.
Die Erlenblütenmotte besitzt glänzend goldbraune bis messing-farbene Vorderflügel mit einer charakteristischen, weißen Binden- und Fleckenzeichnung. Obwohl die Zeichnung häufig variiert und zuweilen goldgelb überhaucht ist, unterscheidet sie sich doch immer deutlich von der von *A. brockeella* und ist auch nicht so scharf abgesetzt wie bei dieser.
Die Falter fliegen von Ende Mai bis Oktober in Laubwäldern. Besonders in Erlen- und Birkengehölzen kann man sie häufig beobachten. Nachts kommen sie gelegentlich ans Licht.
Die Raupe lebt vom Herbst bis zum folgenden März oder April überwinternd in den männlichen Fruchtständen oder in Trieben von Birken (*Betula*) und Erlen (*Alnus*). Befallene Kätzchen sind oft gekrümmt und weisen an der Längsseite ein oder zwei kleine, runde Löcher auf, von denen eines dem Kotauswurf dient.
Ende März oder im April verlassen die Raupen die Kätzchen und lassen sich an einem Sicherungsfaden zum Boden herab.
Die Verpuppung erfolgt dann im April oder Mai, gelegentlich auch erst wesentlich später in einem Kokon, in oder unter der Rinde des Stammes oder am Boden. Manchmal findet man ganze Verpup-pungsgesellschaften unter der Rinde.

Argyresthia trifasciata Stdgr. 1871

Flügelspannweite: 7 bis 10 mm.
Glänzend goldbraune Vorderflügel mit drei silberweißen Quer-binden kennzeichnen *A. trifasciata*.
Die Falter kommen nur sehr lokal vor und sind nicht häufig. Ihre Flugzeit reicht von Mai bis Juli. Tagsüber wurden sie im Hoch-gebirge an Blüten von Edelweiß (*Leontopodium alpinum*) beob-achtet. Nachts kommen die Falter bisweilen ans Licht.
A. trifasciata ist in Teilen Mitteleuropas, besonders im Alpenraum verbreitet.

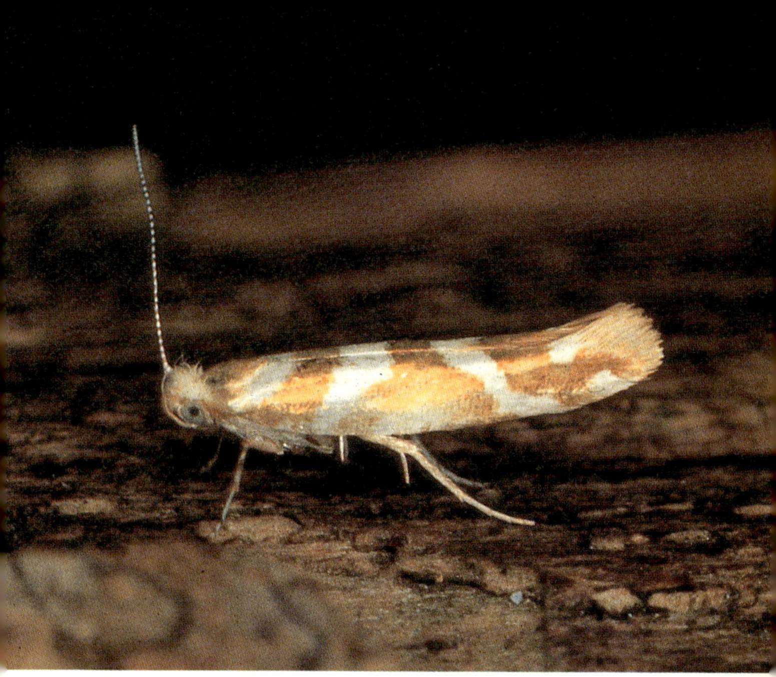

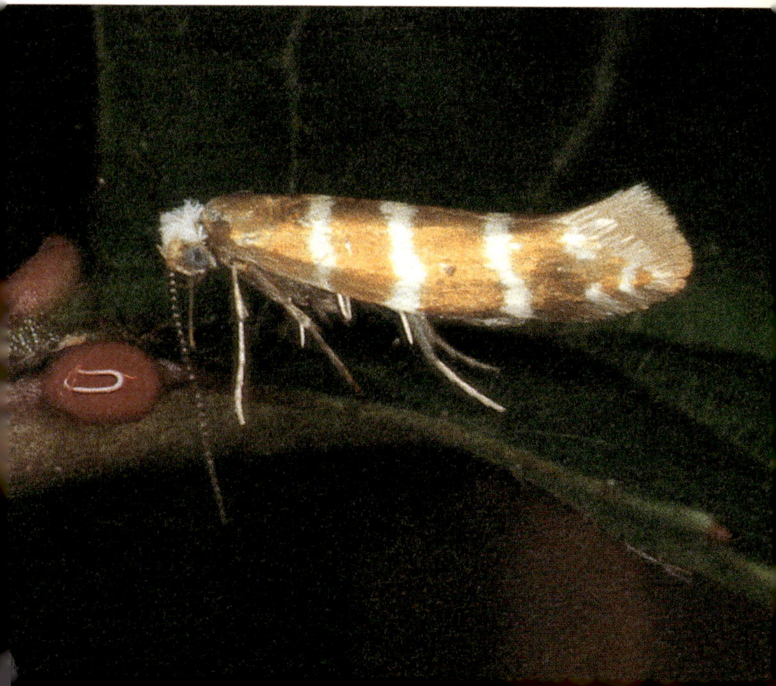

Argyresthia arcella (F. 1777) – Apfelblütenmotte

(= **cornella** auct., nec. F. 1775 = **sparsella** Z. 1839)

Flügelspannweite: 10 bis 13 mm.

Weiße Vorderflügel mit graubrauner Zeichnung charakterisieren die Apfelblütenmotte. Die Zeichnung besteht aus einer Sprenkelung, einer Querbinde im mittleren und unregelmäßigen Flecken im äußeren Flügelbereich.

Von Mai bis Juli trifft man die Falter in Gartenanlagen und auf Streuobstwiesen recht häufig an. Nachts kommen sie gerne ans Licht.

Die Eiablage erfolgt meist einzeln an Rinde oder unter Knospenschuppen. Erst nach der Überwinterung schlüpfen die Räupchen aus und fressen im April und Mai in den geschlossenen Blütenknospen oder in Trieben von Apfelbaum (*Malus*). Sie sind weißlich mit gelbbraunem Kopf.

Im Mai oder Juni findet die Verpuppung in einem leichten Gespinst in der Erde statt.

Argyresthia spinosella Stt. 1849

(= **mendica** auct.)

Flügelspannweite: 9 bis 12 mm.

Die Vorderflügel von *A. spinosella* sind violettgrau, an der Basis hellbraun und im äußeren Bereich graubraun. Der Hinterrand ist mit einer weißen Strieme versehen, die im mittleren Flügelfeld von einer Querbinde unterbrochen wird. Diese ist am Hinterrand dunkler ausgeprägt. Entlang des Vorderrandes befinden sich weiße Fleckchen.

Von Mai bis Mitte Juli fliegen die Falter häufig in Laubwäldern, Obstgärten und auf Streuobstwiesen.

Die Eier werden meist einzeln an alten Knospen, Knospenschuppen oder in Rindenspalten von Schlehdorn (*Prunus spinosa*) und Pflaumenbäumen (*Prunus domestica*) abgelegt.

Die Raupen schlüpfen erst nach der Überwinterung und fressen dann im März und April in den Blütenknospen die Kelch- und Kronenblättchen und später die Samenanlagen.

Im Mai findet die Verpuppung in einem leichten Gespinst in der Erde statt.

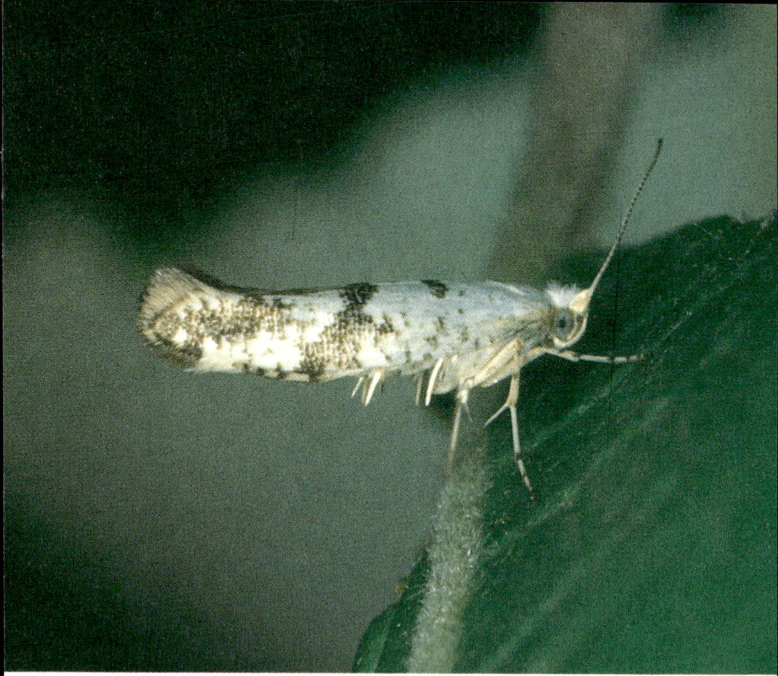

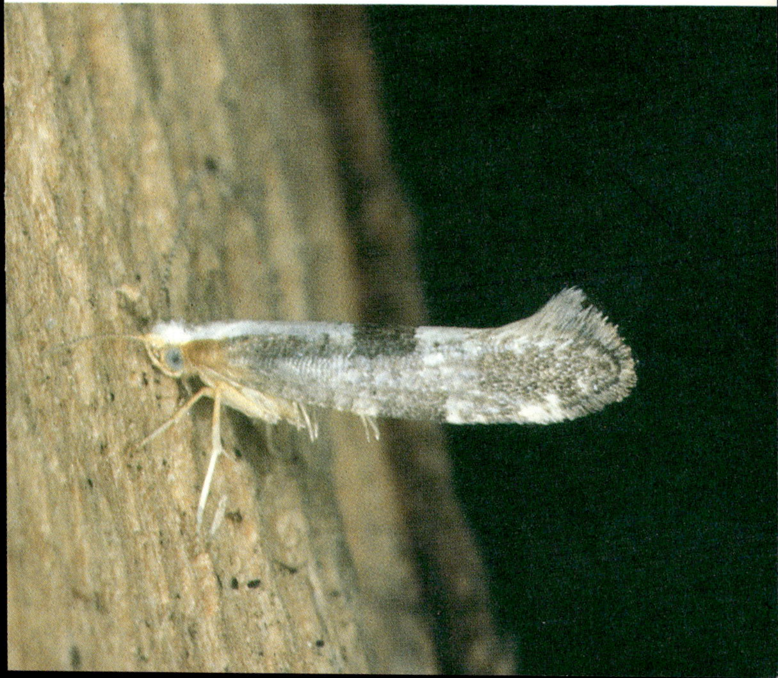

Argyresthia pruniella (Cl. 1759)
Kirschblütenmotte
(= **ephippella** F. 1777)

Flügelspannweite: 10 bis 13 mm.
Abgeflogene oder atypisch gezeichnete Exemplare sind manchmal schwer von *A. curvella* zu unterscheiden. Bei dieser erreicht die Querbinde der Vorderflügel jedoch nie den Vorderrand.
Bevorzugte Lebensräume der Falter sind Obstgärten, Streuobstwiesen und Laubwälder. Hier kann man von Ende Mai bis Anfang September die Falter tagsüber oft in großer Zahl in Kirschbäumen beobachten. Nachts kommen sie gelegentlich ans Licht.
Nach der Überwinterung im Ei schlüpfen die Raupen und fressen zunächst in Blütenknospen und später in Triebspitzen und an jungen Blättern von *Prunus*-Arten. Bevorzugt sind Sauerkirsche, Süßkirsche und Pfirsich.
Da eine Raupe bis zu ihrer Verpuppung durchschnittlich 6 Blüten vernichtet, kann die Kirschblütenmotte bei gelegentlichem Massenauftreten besonders an Süß- und Sauerkirschen erheblichen wirtschaftlichen Schaden verursachen.
Die Verpuppung findet im Mai oder Juni in einem leichten Gespinst in der Erde statt.

Argyresthia albistria (Hw. 1828)
(= **fagetella** Z. 1839)

Flügelspannweite: 9 bis 12 mm.
Eine sehr ähnliche Art ist *A. semifusca* (Hw.), die jedoch meist größer ist (11 bis 14 mm) und eine breitere weiße Strieme am Hinterrand der Vorderflügel besitzt.
In Laubwäldern, Obstgärten und auf Streuobstwiesen trifft man die Falter von Juni bis September häufig an. Tagsüber besuchen sie oft Blüten, nachts lassen sie sich vom Licht anlocken.
Das Weibchen legt die Eier meist einzeln hinter Rindenschuppen, in Rindenspalten oder hinter alte Knospen.
Die Raupen schlüpfen noch vor dem Winter und minieren nach der Überwinterung im April und Mai in den Blütenknospen oder Trieben von Schlehdorn, Pflaume oder Sauerkirsche.
Die Verpuppung erfolgt im Juni in einem leichten Gespinst in der Erde.

Familie Ypsolophidae
Unterfamilie Ypsolophinae

Die kleinen bis mittelgroßen Ypsolophinae sind den Plutellinae in ihren Merkmalen sehr ähnlich und werden erst seit kurzer Zeit als eigene Gruppe von diesen abgetrennt und sogar in eine andere Familie gestellt. Sie besitzen ebenfalls lange Labialpalpen, meist mit einem dichten, vorgestreckten Endbusch am Mittelglied und steil hochstehendem Endglied. Der Rüssel ist gut entwickelt und nicht beschuppt. Ocellen sind teilweise vorhanden. Bei einigen Arten ist die Spitze der Vorderflügel sichelartig geschwungen. In Ruhe werden die Flügel steil dachförmig gehalten und die Fühler nach vorne gestreckt.

Ebenso wie bei den Plutellinae zeichnen sich die Raupen durch einen stark zurückgebildeten, nur noch als Wulst angedeuteten Nacken-schild aus.

In Mitteleuropa sind etwa zwölf Arten bekannt.

Ypsolopha mucronella (Sc. 1763)
(= **caudella** L. 1767 = **panzerella** Don. 1794)

Flügelspannweite: 29 bis 32 mm.

Die weißlichen, teilweise grau übergossenen Vorderflügel mit dem braunen und schwärzlichen, unregelmäßigen, striemenartigen Zeichnungsmuster charakterisieren *Y. mucronella*.

An Waldrändern, Hecken und in Gärten fliegen die Falter das ganze Jahr über. Wahrscheinlich bilden sie mehr als eine Generation aus. Später im Jahr schlüpfende Tiere überwintern. Bei guter Witterung kann man diese noch Anfang November und bereits wieder Mitte März beobachten. Nachts fliegen sie ans Licht.

Die Raupe lebt im Sommer in einem leichten Gespinst an den Blättern des Pfaffenhütchens (*Euonymus europaea*). Sie ist hell braungrau mit hellbraunem Kopf und schwärzlicher Rückenlinie.

Die Puppe liegt in einem kahnförmigen Kokon, der in der Streu am Boden befestigt ist.

Ypsolopha nemorella (L. 1758)
(= **hamella** Hbn. 1805)

Flügelspannweite: 21 bis 24 mm.

Die Vorderflügel von *Y. nemorella* sind mit unterschiedlicher Intensität und Kontrastierung weiß und ockergrau bis braun gestreift. Der Apex ist sichelförmig ausgezogen. Der Hinterrand zeigt in seinem Mittelabschnitt einen deutlichen schwarzen Punkt. Von Juni bis September kann man die Falter in Laubwäldern antreffen. Zuweilen kann man sie tagsüber beobachten, nachts fliegen sie ans Licht.

Die Raupe lebt im Mai und Juni in einem leichten Gespinst an den Blättern der Alpen-Heckenkirsche (*Lonicera alpigena*) und anderen *Lonicera*-Arten. Sie ist grau und braun mit schwarzen Schrägstrichen. Ihr Kopf ist fein punktiert.

Die Verpuppung erfolgt im Juni oder Juli in einem langen, bräunlichen Kokon zwischen der Laubstreu oder an der Futterpflanze.

Ypsolopha dentella (F. 1775)
(= **harpella** D. u. S. 1775 = **pallescentella** Stdgr. 1892)

Flügelspannweite: 18 bis 23 mm.

Die Vorderflügel dieses hübschen Kleinschmetterlings sind kastanienbraun, außen grau übergossen. Der Apex ist sichelförmig ausgezogen. Der Hinterrand zeigt eine gelblichweiße Strieme, die etwas hinter der Flügelmitte in Richtung Vorderrand abknickt.

Man kann die Falter häufig von Juni bis August an Waldrändern und an Hecken finden. Gelegentlich sieht man sie auch an ihrer Futterpflanze, der Heckenkirsche (*Lonicera*). Nachts kommen die Tiere manchmal zum Licht. Teilweise überwintern die Falter und fliegen im zweiten Jahr noch einmal ab Juni.

Die Raupe ist grün, ihr Rücken rot mit einer weißlichen Linie. Kopf und Nackenschild sind hell bräunlich. Im Mai und Juni lebt sie in einem Gespinst an den Blättern der Wald-Heckenkirsche (*Lonicera periclymenum*) und der Roten Heckenkirsche (*L. xylosteum*).

Die Verpuppung erfolgt im Juni oder Juli in einem ziemlich langen, weißen Kokon, der am Boden an der Streu befestigt ist.

Ypsolopha horridella (Tr. 1835)

(= **subfalcatella** Curtis 1835, nec. Steph. 1829)

Flügelspannweite: 18 bis 21 mm.
Die Vorderflügel von *Y. horridella* sind recht unscheinbar bräunlich und grau gefärbt mit einer Reihe unregelmäßig angeordneter schwärzlicher Pünktchen. Der Apex läuft spitz zu.
Von Juli – gelegentlich bereits ab Ende Juni – bis September begegnet man den Faltern häufig in Obstgärten und auf Streuobstwiesen sowie an Laubwaldrändern. Tagsüber lassen sie sich durch Klopfen aus Obstbäumen aufscheuchen, nachts kommen sie zum Licht.
Im Mai und Juni lebt die Raupe in einem lockeren Gespinst an den Blättern von Schlehdorn (*Prunus spinosa*), Apfel- und Birnbaum (*Malus* und *Pyrus*). Der Körper der Raupe ist grün mit gelbweißen Streifen. Ihr Kopf ist graugrün.
Die Verpuppung findet im Juni in einem bootsförmigen Kokon in der Laubstreu am Boden statt.

Ypsolopha sequella (Cl. 1759)
Rundfleckige Schabe

= **nyctemerella** D. u. S. 1775 = **leucophaea** Z. 1839)

Flügelspannweite: 18 bis 20 mm.
Die weißen Vorderflügel mit den grauschwarzen bis schwarzen Flecken sind für diese Art charakteristisch. Besonders auffällig ist ein großer, schwarzer, wellenförmiger Fleck am Hinterrand.
Die Falter fliegen von Mitte Juni bis September in offenen Laubwäldern. Tagsüber sitzen sie hoch in den Bäumen. Wenn sie aufgescheucht werden, fliegen sie nach unten und lassen sich am Stamm nieder. Nachts kommen sie zum Licht.
Die Raupe lebt in einem leichten Gespinst an den Blättern von Feld- und Bergahorn (*Acer campestre und A. pseudoplatanus*), Linde (*Tilia*) und Salweide (*Salix caprea*). Sie ist weißgrau mit schwarzem Kopf und Nackenschild.
Die Verpuppung findet im Juli in einem weichen, weißen Kokon zwischen Moos, an einem Stamm oder in der Streu am Boden statt. Früher im Jahr fliegende Tiere haben als Falter überwintert.

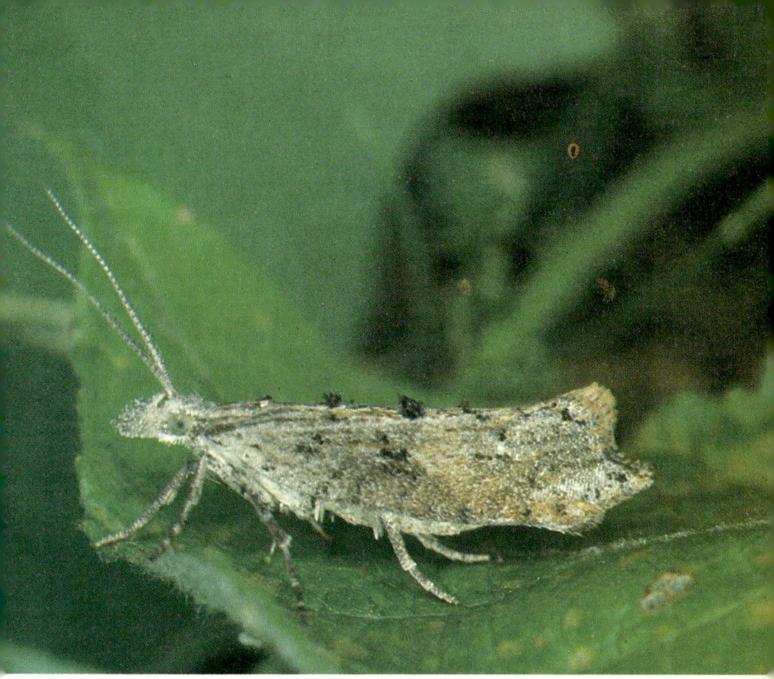

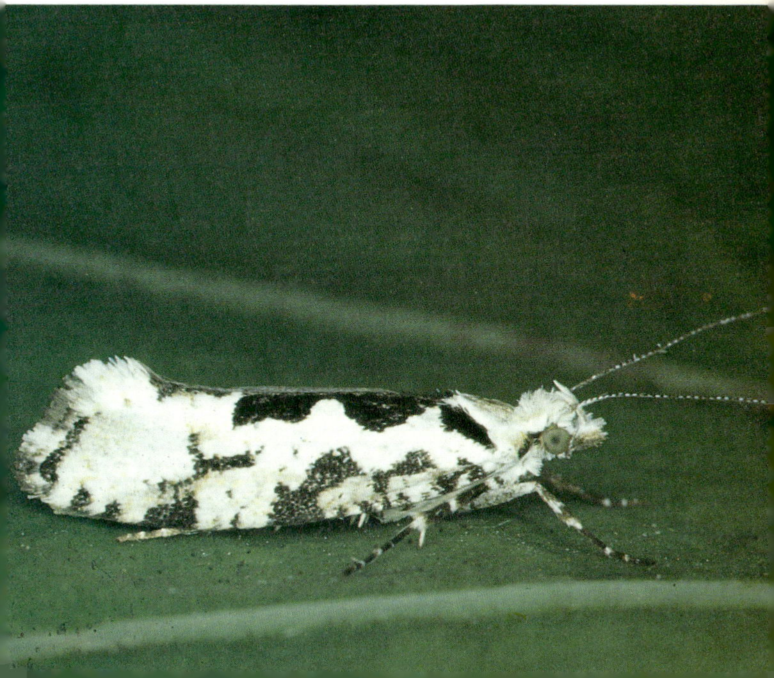

Familie Plutellidae
Unterfamilie Plutellinae – Schleiermotten

Die Plutellinae besitzen lange Labialpalpen, meist mit einem dichten, vorgestreckten Endbusch am Mittelglied und steil hochstehendem Endglied. Der Rüssel ist gut entwickelt, unbeschuppt. Ocellen sind teilweise vorhanden.

In Ruhe werden die Flügel steil dachförmig gehalten und die Fühler nach vorn gestreckt.

Die Raupen sind durch einen stark zurückgebildeten Nackenschild gekennzeichnet. Er ist nur noch als Wulst angedeutet. Die Bauchfüße sind stiftchenförmig mit einem einreihigen Hakenkranz auf den Sohlen.

In Mitteleuropa sind etwa sechs Arten heimisch.

Plutella xylostella (L. 1758) – Kohlmotte
(= **maculipennis** Curtis 1832 = **cruciferarum** Z. 1843)

Flügelspannweite: 12 bis 18 mm.

Die Grundfärbung ihrer Vorderflügel ist recht variabel: Von einfarbig braun über grau bis schwärzlich sind alle Übergänge denkbar. Die Hinterrandstrieme kann bei dunklen Tieren bräunlich übergossen sein.

Von April bis Oktober treten die Falter in zwei Generationen überall meist sehr häufig, gelegentlich sogar massenhaft auf. Früh im Jahr fliegende Tiere haben meist überwintert. Da die Kohlmotte ein Wanderfalter ist, werden gebietsweise schwächere Populationen oft durch Einwanderer verstärkt. Die Tiere sind sowohl tagsüber als auch nachts zu beobachten.

Die Raupe ist grün mit schwarzem Kopf. Von Juni bis Juli und in zweiter Generation wieder im August und September frißt sie in einem lockeren Gespinst an den Blättern und gelegentlich auch an den unreifen Samen von Kohl (*Brassica*) und zahlreichen anderen Cruciferen. An Kohlarten wird sie oft schädlich.

Die Verpuppung erfolgt im Juli und August bzw. von Oktober bis zum folgenden April in einem lockeren, netzartigen Gespinst an der Futterpflanze oder am Boden in der Streu.

Die Kohlmotte ist kosmopolitisch verbreitet.

Unterfamilie Acrolepiinae – Halbmotten

Die Halbmotten sind kleine, meist recht unscheinbare Falter. Die Schuppen ihres Nackens stehen aufrecht und bilden einen Schopf. Die Labialpalpen sind lang und stark nach oben gebogen, teilweise mit einem Schuppenbusch am Mittelglied. Der Rüssel ist gut entwickelt und unbeschuppt. Ocellen sind vorhanden. Die Flügel werden in Ruhe steil dachförmig gehalten. Die Raupen leben minierend an Köpfchenblütern, Liliengewächsen, Schmerwurzgewächsen und Nachtschattengewächsen. Oft sind sie mehr oder weniger monophag. Sie besitzen kurze Bauchfüße mit einreihigen Hakenkränzen auf den Sohlen.

In Mitteleuropa ist ein Dutzend Arten verbreitet.

Acrolepiopsis assectella (Z. 1839)
Lauchmotte, Zwiebelmotte
(= **vigeliella** Dup. 1843 = **porella** Raspail 1855)

Flügelspannweite: um 14 mm.

Die Vorderflügel der Lauchmotte sind graubraun bis schwarz mit einem typischen weißen Keilfleck am Hinterrand.

Sie fliegt von Mai bis Oktober in zwei Generationen, wobei die Falter der zweiten Generation überwintern und im Frühjahr wieder erscheinen. Man findet sie häufig auf Feldern und in Gärten. Ihre Aktivitätszeit liegt in der Dämmerung und in der Nacht, wobei sie sich oft vom Licht anlocken läßt.

Die Weibchen kleben die cremeweißen Eier mit einem transparenten Sekret an ein Blatt der Futterpflanze.

Die Raupen leben Ende Mai und im Juni und wieder von August bis Oktober minierend an Küchenzwiebel (*Allium cepa*), Porree (*A. porrum*) und anderen Laucharten. Sie fressen in den röhrenförmigen Blättern und Blütenstielen. Die Fraßstellen fallen nach außen als kleine weißliche Flecken und Streifen auf. Die Raupen sind weißlichgrün mit einer braunen Kopfkapsel.

Die Verpuppung erfolgt in einem grobmaschigen, grauen Gespinst, das an der Futterpflanze oder in der Nähe an der Streu befestigt wird.

Die Lauchmotte kann an Kulturen gelegentlich beträchtliche Schäden verursachen, besonders in Jahren mit heißem und trockenem Sommer.

Acrolepiopsis assectella, lateral
A. assectella, dorsal

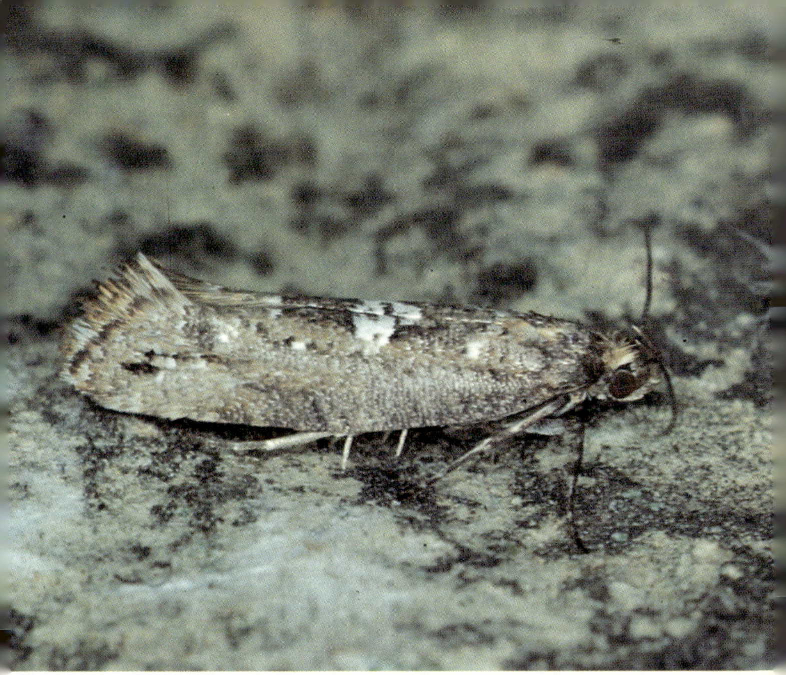
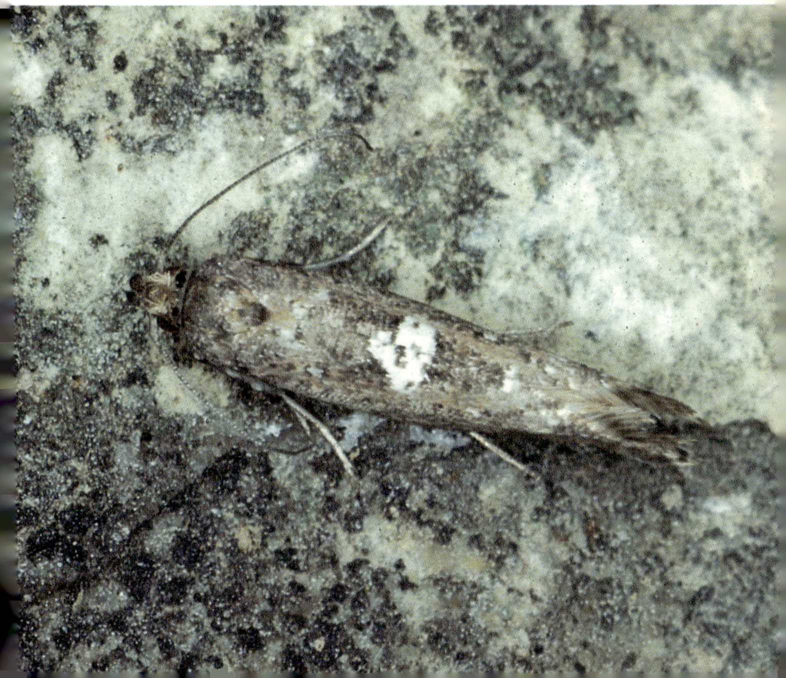

Familie Glyphipterigidae
Rundstirnmotten, Wippmotten

Der Kopf der Rundstirnmotten ist anliegend beschuppt, Ocellen sind normalerweise vorhanden. Der Rüssel ist meist gut entwickelt und unbeschuppt, in Einzelfällen ist er kurz oder fehlt. Die Hinterflügel sind schmaler als die Vorderflügel, oval bis langgestreckt oval, während die Vorderflügel mehr dreieckig sind. Die Fransen der Hinterflügel sind beinahe oder gerade so lang, wie die Hinterflügel breit sind.

Die Rundstirnmotten sind tagaktiv und fliegen zwischen Gräsern an feuchten Stellen. Gelegentlich besuchen sie auch Blüten. Haben sie sich niedergesetzt, so bewegen sie die Flügel in charakteristischer Weise auf und ab.

Die Raupen sind ziemlich gedrungen, mit gut entwickeltem Nakken- und Analschild. Sie leben meist in Blüten oder Fruchtständen von Süßgräsern, Binsengewächsen oder Sauergräsern. Einige Arten minieren auch in Stengeln und Blättern anderer Pflanzen.

Die Verpuppung erfolgt in einem dünnen, aber festen Seidenkokon. Die Puppe ist nicht bedornt und schiebt sich beim Ausschlüpfen des Falters deshalb nicht aus dem Kokon hervor.

Die Rundstirnmotten sind mit 330 bekannten Arten weltweit verbreitet. In der Palaearktis kommen 58 Arten vor, davon 16 in Mitteleuropa.

Glyphipterix forsterella (F. 1781)
(= **lucasella** Dup. 1840 = **albimaculella** Hein. 1877)

Flügelspannweite: 8 bis 11 mm.

Sehr ähnlich sind *G. simpliciella*, *G. schoenicolella*, *G. equitella* und *G. haworthana*. Sie alle unterscheiden sich von *G. forsterella* vor allem dadurch, daß ihr apikaler schwarzer Fleck keinen silbernen Kern besitzt.

Im Mai und Juni können die Falter am Tage in Laubwäldern und auf feuchten Wiesen häufig auf den Blüten von Seggen beobachtet werden.

Die Raupe lebt von August bis zum folgenden April an den Samen verschiedener Seggen-Arten. In einem weiblichen Samenährchen überwintert sie auch und verpuppt sich darin im April oder Mai.

Glyphipterix bergstraesserella (F. 1781)

(= **pietruskii** Nov. 1864 = **altiorella** Bauer 1923)

Flügelspannweite: 11 bis 14 mm.

Diese hübsche Art zeichnet sich durch goldbraune, glänzende Vorderflügel mit sechs am Vorderrand und vier am Hinterrand entspringenden, unterschiedlich langen, silberweißen Streifen aus. Teilweise sind sie blaumetallisch überlegt. Hinzu kommen einige ebenso gefärbte Fleckchen im äußeren Flügelbereich.

Die silberweiße, teilweise metallisch glänzende Zeichnung kann in unterschiedlichem Maße reduziert sein. In höhergelegenen Regionen treten regelmäßig dunkel bronzefarbene Tiere mit stark reduzierter und wenig metallisch glänzender Zeichnung auf, die als Form *pietruskii* bezeichnet werden.

Die Falter fliegen von Ende Mai bis Juli, in höheren Lagen jedoch erst im August und September. Tagsüber kann man die Tierchen in lichten Laubwäldern antreffen.

Ihre prachtvolle Färbung macht sie jedoch keineswegs auffällig. Die silbrigen, im Sonnenlicht manchmal kurz aufblinkenden Streifen lösen im Gegenteil die Konturen der Falter für das menschliche Auge schnell wieder auf. Vor dem gemusterten Hintergrund und unter den wechselnden Lichtverhältnissen eines lockeren Baumbestandes lassen sie sich deshalb nur schwer verfolgen.

Die Raupe ist blaßgelblich mit rötlichen Seiten und dunkelbraunen Pinacula. Kopf und Nackenschild sind gelbbraun. Sie lebt im Herbst im Stengel und gelegentlich an den Samen von Weißer Hainsimse (*Luzula albida*) und anderen Hainsimsen-Arten. Sie überwintert im Stengel nahe der Wurzel.

G. bergstraesserella ist in Europa weit verbreitet und kommt besonders in Mittel- und Hochgebirgslandschaften vor.

Familie Lyonetiidae – Langhorn-Blattminiermotten, Schlangenminiermotten

Der Kopf der kleinen, 6 bis 10 mm spannenden Falter ist gewöhnlich abstehend behaart. Ocellen können ausgebildet sein oder fehlen. Der Rüssel ist kurz und nackt. Die Antennen erreichen mindestens ⅔ der Vorderflügellänge. Zusammen mit der Lebensweise der Raupen brachten sie der Gruppe ihren deutschen Namen ein. Die Fühlerbasen sind durch Schuppen zu Augendeckeln erweitert. Die Vorderflügel sind lanzettlich, zuweilen mit gebogenem Apex. Die Hinterflügel sind lanzettlich bis linear mit langen Fransen.

Die Raupen besitzen im typischen Fall Brustbeine und fünf Paar Bauchfüße, die den jungen Larven auch fehlen können. Sie minieren während ihrer gesamten Entwicklung in Blättern oder Stengeln.

Die Verpuppung findet außerhalb der Mine in einem elliptischen Kokon statt.

Die Langhorn-Blattminiermotten sind mit zahlreichen Arten weltweit verbreitet. In Mitteleuropa kommen etwa zwölf Arten vor.

Leucoptera spartifoliella (Hbn. 1813)
(= punctaurella Hw. 1828)

Flügelspannweite: 7 bis 9 mm.
Sehr ähnlich sind die Arten *L. laburnella* und *L. wailesella*. Bei *L. laburnella* ist der am Hinterrand entspringende gelbliche Fleck nicht so ausgedehnt, und außerdem besitzt diese Art einen kleinen gelben Apikalfleck auf der Vorderflügelunterseite. *L. wailesella* besitzt dunklere Antennen und ist meist deutlich kleiner (Spannweite: 5 bis 7 mm).

Im Juni und Juli fliegen die Falter in der Dämmerung und den Abendstunden oft in großer Zahl um Büsche von Besenginster. Nachts kommen sie auch zum Licht.

Die ovalen Eier werden an einen einjährigen Zweig des Gemeinen Besenginsters (*Sarothamnus scoparius*) oder des Färberginsters (*Genista tinctoria*) gelegt.

Die Raupe miniert überwinternd von September bis April oder Mai in einem jungen Zweig ihrer Futterpflanze und verpuppt sich dann in einem charakteristischen weißen, ovalen Kokon, der an einem Stengel oder Blatt der Futterpflanze festgesponnen ist.

Leucoptera spartifoliella
L. spartifoliella, Kokon

Familie Oecophoridae – Faulholzmotten, Flachleibmotten

Die Oecophoridae sind kleine bis mittelgroße, häufig bunt gefärbte Falter. Die Vorderflügel sind schmal bis ziemlich breit, in der Regel mit gerundetem Außenrand; teilweise können sie auch eckig wirken. Die Hinterflügel sind lanzettlich bis breit mit gerundetem bis fast geradem Außenrand. Der Kopf ist anliegend beschuppt, die Labialpalpen sind lang und gewöhnlich sichelförmig nach oben gebogen, manchmal jedoch auch vorwärtsgestreckt oder leicht abwärtsgebogen. Die Maxillarpalpen sind gut entwickelt, der Rüssel ist an der Basis beschuppt. Die fadenförmigen Fühler sind mehr als halb so lang wie der Vorderflügel oder sogar länger als er. Ocellen sind nur teilweise vorhanden.

Wie bei allen Gelechioidea weisen die Vordertibien eine Epiphyse auf, die Mitteltibien tragen je ein Paar, die Hintertibien je zwei Paar Sporne. Zudem sind die Hinterschienen an ihrer dorsalen Oberfläche normalerweise mit zahlreichen langen Schuppen besetzt.

Wichtige Merkmale zur Unterscheidung von anderen Familien der Gelechioidea finden sich im Geäder und den Genitalstrukturen.

Die Faulholzmotten sind eine große, weltweit verbreitete Familie mit mehr als 4000 beschriebenen Arten (Hodges, 1974). Ihre größte Mannigfaltigkeit erreicht sie in Australien. In Mitteleuropa leben ca. 100 Arten.

Agonopterix kaekeritziana (L. 1767)
(= **liturella** D. u. S. 1775 = **flavella** Hbn. 1796)

Flügelspannweite: 17 bis 21 mm.

Die Falter fliegen ab Ende Mai bis August auf Wiesen sowie an Wald- und Wegrändern. Nachts werden sie vom Licht angelockt.

Die schwärzliche Raupe lebt im Mai oder Juni in eingerollten Blättern oder knäuelig versponnenen Endtrieben von Gemeiner und Großer Flockenblume (*Centaurea jacea* und *C. scabiosa*), Witwenblume (*Knautia*) und Johanniskraut (*Hypericum*).

Die Verpuppung erfolgt im Mai, Juni oder Juli in einem Kokon in der Erde.

Agonopterix kaekeritziana, dorsal
A. kaekeritziana, lateral

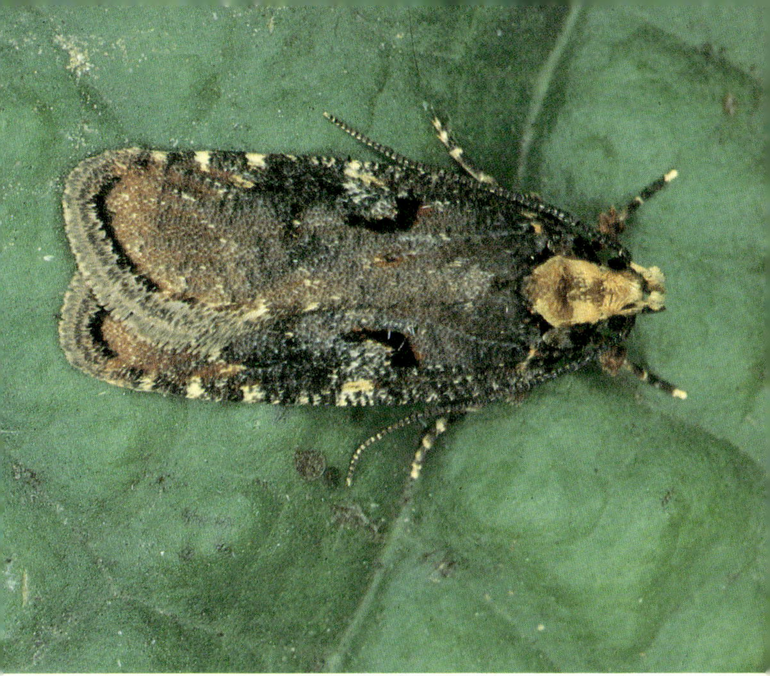

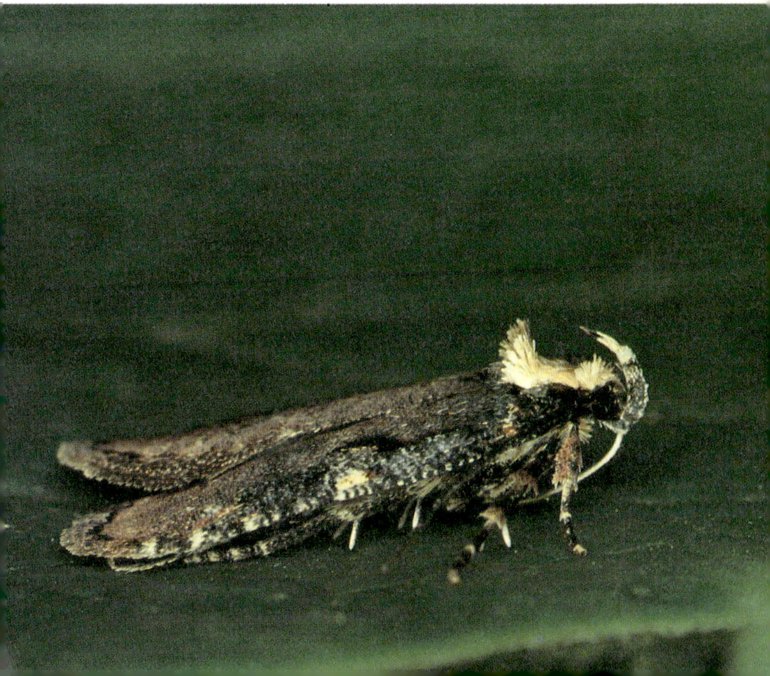

Ethmia dodecea (Hw. 1828)

(= **decemguttella** Hbn. 1810 nec. F. 1794)

Flügelspannweite: 17 bis 21 mm.

Der Kopf von *E. dodecea* ist bis auf den schwarzen Rand entlang der Augen weiß. Der Thorax ist ebenfalls weiß mit vier schwarzen Punkten. Die Vorderflügel sind weißgrau und tragen elf schwarze Flecke, die in ihrer Stärke variieren. Bei dem abgebildeten Exemplar sind die drei äußeren Flecke etwas abgerieben. Die Hinterflügel sind dunkel braungrau gefärbt.

Die Falter kommen von Mai bis August in offenen Laubwäldern und an deren Rändern vor, möglicherweise in zwei Generationen. Tagsüber ruhen sie an ihrer Futterpflanze, nachts kommen sie ans Licht.

Die Raupen leben von August bis Oktober unter einem leichten Gespinst einzeln oder gesellig an der Blattunterseite des Echten Steinsame. Sie sind gelb und weiß gefleckt, ihr Kopf ist grau.

Die Verpuppung erfolgt ab Oktober überwinternd bis zum folgenden Mai. Die Puppe liegt in einem weißen Kokon in der Laubstreu. Wie bei allen anderen Arten der Unterfamilie Ethmiinae zeichnet sie sich durch eine eigentümliche Gestaltung des Hinterendes aus, eine auffällige Höckerbildung des 9. Abdominalsegmentes.

Ethmia funerella (F. 1787)

(= **funerea** Hw. 1828 = **afflatella** Fuchs 1903)

Flügelspannweite: 15 bis 19 mm.

Die Falter sind durch die charakteristische Schwarz-Weiß-Zeichnung der Vorderflügel unverwechselbar gekennzeichnet. Sie fliegen von Mai bis Juli besonders in feuchten, offenen Laubwäldern. Zuweilen treten sie auch noch bis September auf. Sie ruhen gern auf ihren Futterpflanzen, nachts kommen sie ans Licht.

Die Raupen leben im Juni und Juli bzw. im September und Oktober auf der Unterseite eines Blattes unter einem leichten Gespinst an Gemeinem und Knolligem Beinwell, Echtem Lungenkraut, Echtem Steinsame und Vergißmeinnicht.

Die Verpuppung erfolgt im Oktober in einem weißen Kokon, der zwischen der Streu gesponnen wird.

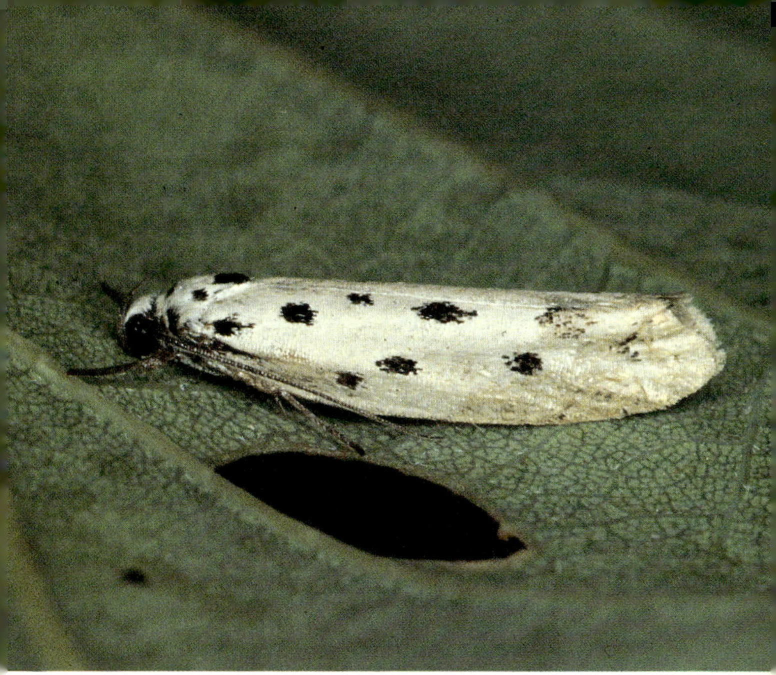

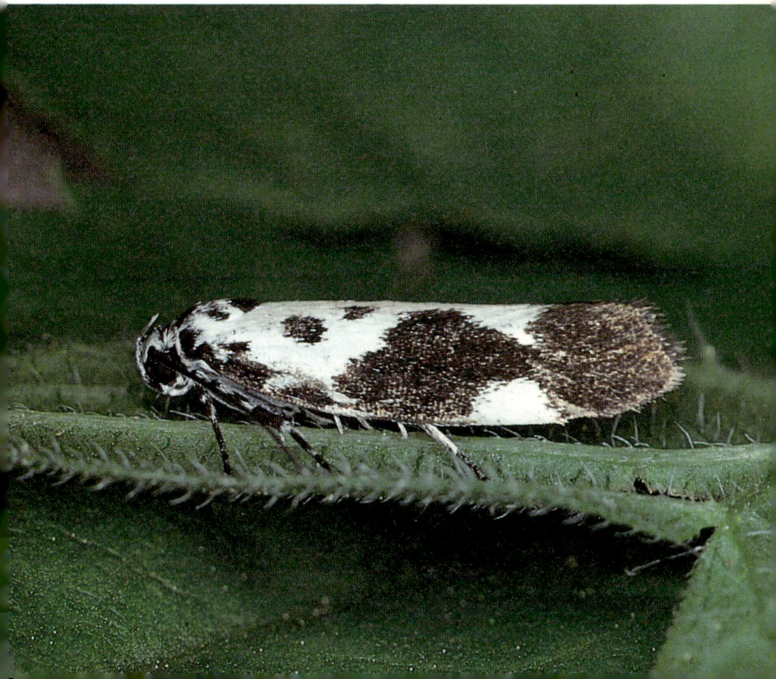

Batia unitella (Hbn. 1796)

(= **fuscoaurella** Hw. 1828 = **arietella** Z. 1839)

Flügelspannweite: 12 bis 16 mm.
Die Falter fliegen von Mai bis August in Laubwäldern und auf Streuobstwiesen. Nachts kommen sie zum Licht.
Die Raupe ist dunkelbraun mit weißlichen Linien und einem rotbraunen Kopf. Sie lebt von Oktober bis zum folgenden Mai unter der Rinde abgestorbener Bäume wie Ulmen (*Ulmus*), Eichen (*Quercus*), Apfelbäumen (*Malus*) und Robinien (*Robinia*) sowie in Flechten und Moosen an Baumstämmen.
Die ockergelbe Puppe findet man im Mai/Juni am Fraßort der Raupe.

Batia lunaris (Hw. 1828)

(= **metznerella** Tr. 1835 = **clavella** H.-S. 1854)

Flügelspannweite: 7 bis 10 mm.
Sehr ähnlich sind *B. lambdella* und *B. internella,* die jedoch meist deutlich größer sind (Spannweite 11 bis 17 mm bzw. 9 bis 12 mm). Für eine sichere Unterscheidung dieser Arten ist eine Untersuchung des Genitalapparates erforderlich (JÄCKH, 1972).
Von Juni bis August trifft man die Falter in Laubwäldern. Nachts fliegen sie zum Licht.
Die Raupe lebt von Oktober überwinternd bis April des folgenden Jahres unter abgestorbener Rinde von Apfelbäumen (*Malus*), Weißdorn (*Crataegus*), Robinie (*Robinia*) und anderen Bäumen. Außerdem wurde sie auch schon im toten Holz von Pfählen gefunden und soll auch an Moosen und Flechten leben.
Die Verpuppung erfolgt im Mai oder Juni am Fraßort der Raupe.

Dafa formosella (D. u. S.) 1775

Flügelspannweite: 11 bis 15 mm.
Die Falter erscheinen im Juli und August und halten sich bevorzugt auf Streuobstwiesen auf. Tagsüber ruhen sie an Zäunen und Baumstämmen, nachts fliegen sie ans Licht.
Die Raupe lebt von September bis zum folgenden Frühjahr an morschem Holz unter Rinde, besonders von Apfelbäumen (*Malus*). Sie ist hellgrau mit hell kastanienbraunem Kopf und Nackenschild.
Die Verpuppung findet im Mai oder Juni statt.

Metalampra cinnamomea (Z. 1839)

Flügelspannweite: 12 bis 14 mm.
Ab Juni bis in den August hinein fliegen die Falter in Wäldern. Sie lassen sich nachts vom Licht anlocken.
Die Raupe besitzt einen glasig erscheinenden, weißlichen Körper mit gelbbraunem Kopf und honiggelbem Nackenschild. Sie lebt bis zum folgenden Mai in faulem Holz.

Oecophora bractella (L. 1758)
(= **sulphurella** F. 1777)

Flügelspannweite: 13 bis 18 mm.
O. bractella ist sicherlich einer der prachtvollsten einheimischen Kleinschmetterlinge. Die Vorderflügel sind innen leuchtend gelb mit einer metallisch blau schillernden Strieme am Vorderrand. Außen sind sie schwarzbraun mit einem kräftigen, gelben Vorderrandfleck und zwei blaumetallisch glänzenden Querbinden, von denen die äußere nur unvollständig ausgebildet ist. Die Hinterflügel sind auch bei dieser Art schlicht graubraun.
Die Falter fliegen von Mai bis Anfang August in Laubwäldern, Parks und gelegentlich in Gärten. Sie sind in der Dämmerung aktiv und kommen nachts zum Licht.
Die Raupe ist bräunlichgrau, Kopf und Nackenschild sind blaß braun. Sie lebt bis April an moderndem Holz von Baumstümpfen und unter loser Rinde von Laubbäumen, besonders an gefällten Stämmen. Auch in Holzschwämmen ist sie zu finden.
Die Verpuppung erfolgt im Mai oder Juni.

Harpella forficella (Sc. 1763)
(= **flavella** F. 1775 = **majorella** D. u. S. 1775)

Flügelspannweite: 20 bis 27 mm.
Die Vorderflügel von *H. forficella* sind charakteristisch zimtbraun und gelb gefärbt. Die Hinterflügel sind dunkel graubraun. Die Falter trifft man von Juni bis August häufig in Laubwäldern an.
Die Raupe lebt, wie diejenigen zahlreicher verwandter Arten, überwinternd in moderndem Laubbaumstümpfen. Hin und wieder wird sie auch in Buchenschwämmen gefunden.
Ihr Körper ist hellgrau mit aschfarbenen Flecken und dunkel behaarten Warzen. Kopf und Nackenschild sind braun.

Carcina quercana (F. 1775)

(= **fagana** D. u. S. 1775 = **purpurana** Mill. 1876)

Flügelspannweite: 16 bis 22 mm.

Besonders ins Auge fallen bei dieser Art die für die Familie ungewöhnlich langen Fühler; sie sind länger als die Vorderflügel. In der Ruhestellung sind sie jedoch unter den Flügeln verborgen.

Die Falter fliegen von Ende Juni bis Anfang Oktober häufig in Laubwäldern, besonders um Eichen. Man trifft sie auch in Gärten und auf Streuobstwiesen. Während die meisten anderen Arten dieser Familie ihre Flügel steil dachförmig über dem Körper schließen, hält sie *C. quercana* in Ruhe flach. Nachts kommen die Falter ans Licht.

Die Raupe lebt von Mai bis Juni unter einem weißen Gespinst auf der Blattunterseite von Eiche (*Quercus*), Rotbuche (*Fagus sylvatica*), Edelkastanie (*Castanea sativa*), Apfelbaum (*Malus*), Bergahorn (*Acer pseudo-platanus*), Linde (*Tilia*) und anderen Bäumen. Sie ist hellgrün mit gelbgrünen Längslinien, der Kopf ist gelbgrau. Die Verpuppung findet im Juni oder Juli auf der Blattunterseite unter einem elliptischen, weißen oder glasigen Gespinst statt.

Hofmannophila pseudospretella (Stt. 1849)
Samenmotte

(= **punctipinguinella** Brd. 1856)

Flügelspannweite: 15 bis 26 mm.

Die Falter kommen überall häufig vor, besonders oft sind sie in Wohnungen anzutreffen. Sie fliegen von Ende April bis September in mehreren Generationen. Nachts lassen sie sich vom Licht anlocken.

Die Raupe ist schmutzigweiß mit hellgrauen Längsstreifen. Kopf und Nackenschild sind gelbbraun. Sie lebt in einem Sack an Samen, getrockneten Pflanzen, Wolle, Häuten, toten Insekten, Kot, Büchern und anderen organischen Substraten. Durch ihre Fraßtätigkeit kann sie im Hinblick auf ihr großes Nahrungsspektrum zum Vorratsschädling werden. Allerdings richtet die Art meist nur geringen Schaden an. Im Freiland lebt sie auch in Vogelnestern.

Die Verpuppung erfolgt am Fraßort der Raupe in einem Seidenkokon, der mit Fraßresten vermischt ist.

Stathmopoda pedella (L. 1761)
(= **cylindrella** F. 1777 = **fastuosella** O. G. Costa 1834)

Flügelspannweite: 12 bis 15 mm.
Die Hintertibien dieser Art sind besonders auf der Oberseite stark behaart. In der Nähe der Sporne und an den distalen Enden der basalen Tarsenglieder finden sich Borsten in büscheliger Anordnung.
Bei der typischen Ruhehaltung strecken die Falter ihre gelben, schwärzlichbraun gezeichneten Hinterbeine schräg vom Körper ab in die Höhe. Ende Juni bis August kann man sie in Erlen sitzend finden. Nachts fliegen sie zum Licht.
Die Raupe lebt im September in den noch grünen weiblichen Kätzchen von Erlen (*Alnus*).
Im Oktober verwandelt sie sich in einem Kokon in der Laubstreu am Boden zur Puppe und überwintert in diesem Stadium.

Diurnea fagella (D. u. S. 1775)
Buchenmotte, Sängerin
(= **dormoyella** Dup. 1838 = **nolckenella** Mill. 1881)

Flügelspannweite: 24 bis 30 mm (Männchen). Die Weibchen sind flugunfähig. Ihre reduzierten Flügel spannen zwischen 19 und 22 mm. Gelegentlich treten Tiere mit verdunkelten Vorderflügeln auf (Form *dormoyella*).
Die Falter gehören zu den ersten Frühlingsboten. Bereits ab Februar und bis Mai kann man sie häufig in Laubwäldern beobachten. Tagsüber ruhen die Männchen bevorzugt an Stämmen der Rotbuche (*Fagus sylvatica*). Die Weibchen findet man gelegentlich bei Einbruch der Dunkelheit knapp über dem Boden an Stämmen sitzend. Die Männchen fliegen nachts gern zum Licht.
Die Raupe von *D. fagella* ist graugrün mit gelbgrauem Kopf. Von Juni bis Oktober lebt sie zwischen zwei leicht zusammengesponnenen Blättern oder einem gefalteten Blatt an Laubbäumen, wie Rotbuche, Eiche, Birke und Weide. Vor allem abends und nachts frißt sie an benachbarten Blättern. Durch rasche Bewegungen ist sie in der Lage, zirpende Töne zu erzeugen.
Die Verpuppung erfolgt von November bis Februar oder März in der zu Boden gefallenen Raupenwohnung in der Laubstreu. Die Puppe ruht in einem lockeren, weißen Gespinst.

Stathmopoda pedella
Diurnea fagella, ♂
D. fagella, ♀

Familie Elachistidae – Grasminiermotten

Die Grasminiermotten sind kleine, unscheinbare Falter mit anliegend beschupptem Kopf und Nackenbüscheln, die sich über den Kopf erheben. Chaetosemata und Ocellen fehlen. Die Fühler sind meist etwa ¾ so lang wie die Vorderflügel und werden in Ruhe nach hinten entlang des Vorderrandes an die dachförmig gehaltenen Flügel angelegt. Der Rüssel ist an der Basis beschuppt.
Die Vorderflügel sind schmal, die Hinterflügel lanzettlich mit Fransen, die länger sind als die Breite der Hinterflügel.
Die Falter sind meistens nachtaktiv und verstecken sich tagsüber in der niedrigen Vegetation oder ruhen an Baumstämmen. Nahezu alle Arten fliegen auch in der Dämmerung in niedriger Höhe über grasigen Stellen.
Die Raupen sind spindelförmig mit starken Segmenteinschnitten. Ihr Kopf ist stark chitinisiert und abgeflacht mit nach vorn gerichteten Mundwerkzeugen. Brust- und Bauchbeine sind ausgebildet.
Die Raupen minieren meist in den Blättern von Süß- oder Sauergräsern oder in Binsengewächsen. Die Minen sind zunächst gangförmig und erweitern sich später zu einem Platz. Ein Wechsel der Mine während der Entwicklung kommt bei zahlreichen Arten vor.
Die Verpuppung findet normalerweise außerhalb der Mine statt. Meist fertigt die Raupe hierzu eine Gespinstunterlage auf einer Blattoberfläche an, auf der später die Puppe mit dem Kremaster und einem Gespinstgürtel befestigt wird.
Die Grasminiermotten sind mit zahlreichen Arten weltweit verbreitet. In Mitteleuropa kommen etwa 80 Arten vor.

Elachista megerlella (Hbn. 1810)
(= albinella L. 1758 sensu Hw. 1828 = obliquella Stt. 1854)

Flügelspannweite: 8 bis 10 mm.
Sehr ähnlich ist E. revinctella, bei der jedoch Kopf und Nackenbüschel blaß weißlichocker sind. Bei E. megerlella ist lediglich die Stirn blaß gelblich, die Nackenbüschel sind graubraun.
Die Falter fliegen von Mai bis Mitte Juli und in einer zweiten Generation im August an Waldrändern und auf Lichtungen.
Die Raupe lebt ab Herbst bis Mai des folgenden Jahres minierend in verschiedenen Gräsern. Im Juli kann sich eine zweite Generation entwickeln.
Die Verpuppung findet frei an einem Blatt oder Stengel statt.

Familie Coleophoridae – Sackträgermotten

Die Sackträgermotten sind durch eine Reihe von Merkmalen gut charakterisiert. Ihr Kopf ist rundlich und mit schmalen, glatt anliegenden Schuppen bedeckt, er trägt keine Ocellen. Die Antennen sind stets länger als der halbe Vorderflügel, erreichen jedoch niemals den Apex. Das Basalglied trägt häufig einen Haarschuppenbusch. Außerdem können die Fühler im ersten Drittel durch abstehende Schuppen verdickt sein.

Die Vorderflügel sind schmal lanzettlich, der Apex ist zuweilen sichelförmig gebogen. Der Hinterrand trägt einen feinen Fransensaum, der in der apikalen Hälfte stark ausgeprägt ist.

Die Hinterflügel sind sehr schmal und ebenfalls lanzettlich. Auch sie besitzen einen sehr ausgeprägten Fransensaum, wobei die Fransen länger als die Hinterflügel breit sind.

Charakteristisch ist auch die Ruhehaltung der Falter, bei der sie ihre Fühler nahezu parallel nach vorne ausstrecken.

Der Hinterleib trägt auf jedem Tergit zwei meist schuppenfreie, stark sklerotisierte Scheiben, die mit feinen Dornen besetzt sind.

Die Raupen sind überwiegend Minierer in Blättern oder Samen. Anders als andere minierende Kleinschmetterlingsraupen leben sie jedoch nicht ständig in ihrer Mine, sondern verlassen diese und bewegen sich auf der Futterpflanze, um immer wieder neue Minen auszufressen. Dabei tragen sie ein schützendes, sackförmiges Gehäuse mit sich herum, das der ganzen Familie ihren Namen verlieh. Diese Raupensäcke werden aus Blattmaterial oder Gespinst gefertigt oder sie können aus einer ausgefressenen Samenkapsel bestehen.

Man unterscheidet mehrere Bautypen von Säcken, die ihrerseits von den verschiedenen Arten in vielen Abwandlungen angefertigt werden. Meist sind die Raupensäcke so charakteristisch, daß man daran die verschiedenen Arten erkennen kann. Das Vorderende des Sackes wird am Blatt oder Samen festgesponnen, und die Raupe bohrt sich dann von hier aus ein. Der Kot wird durch das Analende des Sackes ausgeworfen. Die verlassenen platzartigen Minen sind deshalb kotlos und außerdem durch das runde Einstiegsloch der Raupe leicht zu erkennen.

Die Verpuppung erfolgt im festgesponnenen Sack; der Falter schlüpft durch das reusenartige Hinterende aus.

Die Sackträgermotten bilden eine große Familie mit weit über 1000 Arten. In Mitteleuropa sind über 150 Arten heimisch.

Coleophora deauratella, ♀
C. serratella, Raupensack

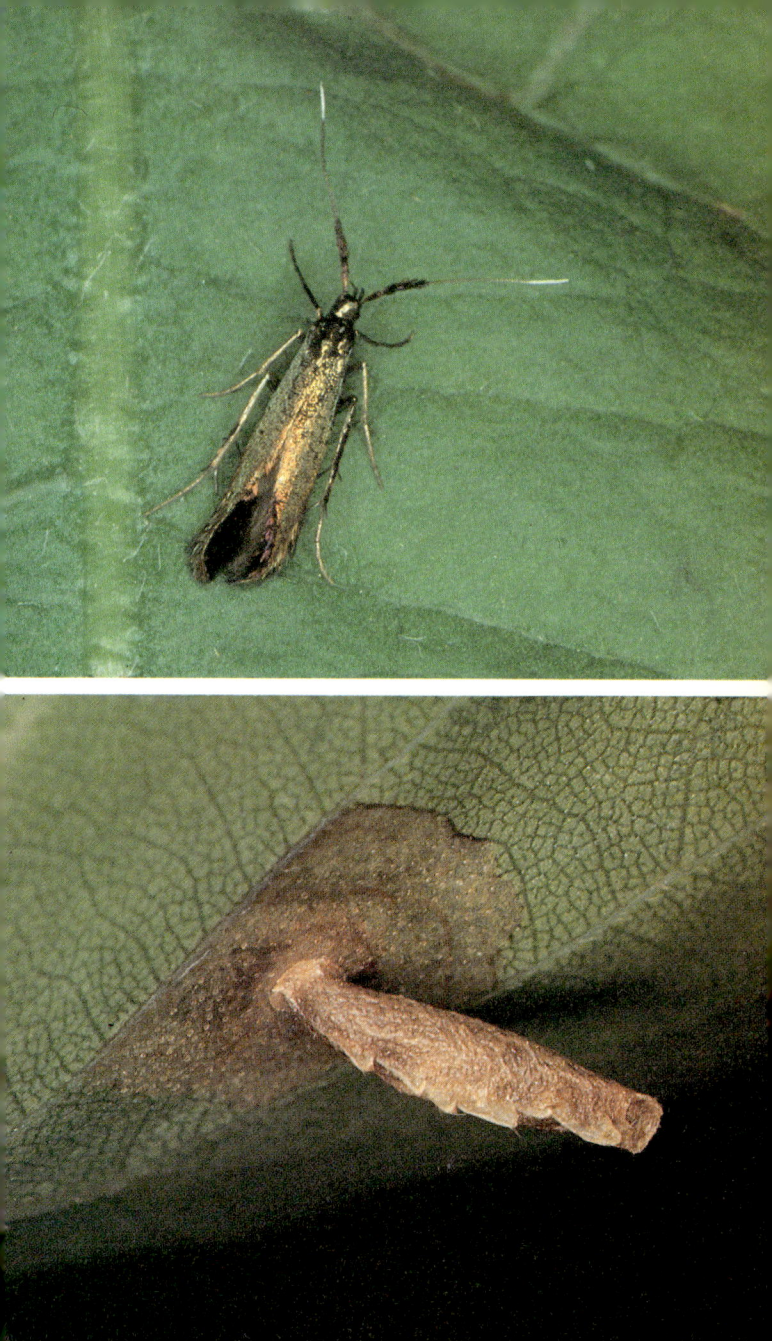

Metriotes lutarea (Hw. 1828)

(= **modestella** Dup. 1839 = **splendidella** Lien. u. Z. 1846)

Flügelspannweite: 10 bis 14 mm.

Schon zeitig im Frühjahr, etwa ab Ende April bis Ende Mai, fliegen diese Falter an allen Standorten der Großen Sternmiere (*Stellaria holostea*), also an Laubwaldrändern, auf Lichtungen und in offenen Baumbeständen. Die Tiere fliegen am Tag und saugen den Nektar dieser Pflanze. Normalerweise findet auch die Kopulation auf den Blüten der Großen Sternmiere statt. Über die Biologie dieser Art existieren bislang nur ungenaue Kenntnisse.

Die Raupe lebt im Juni vermutlich in den Samenkapseln der Großen Sternmiere. Im Juli fertigt sich die erwachsene Raupe dann aus einer ausgefressenen Samenkapsel einen Sack mit einer dreiklappigen Reusenöffnung am Analende an. In diesem Samensack findet wahrscheinlich die Verpuppung statt. Nach PATZAK (1974) soll die Raupe auch am Bayrischen Leinblatt (*Thesium bavarum*) leben.

Coleophora coracipennella (Hbn. 1796)
Obstbaumsackmotte

(= **nigricella** Steph. 1834 = **varii** Patzak 1969)

Flügelspannweite: 8 bis 12 mm.

Diese sehr unscheinbare Sackträgermotte ist äußerlich kaum von den nahe verwandten Arten *C. prunifoliae*, *C. spinella* und *C. serratella* zu unterscheiden. Da auch die Raupensäcke sehr ähnlich gestaltet sind und die Arten zum Teil an einigen Futterpflanzen gemeinsam auftreten können, ist eine sichere Bestimmung oft nur nach genitalmorphologischen Merkmalen möglich.

Ende Juni und im Juli fliegen die Falter tagsüber in Laubwäldern und auf Streuobstwiesen.

Die Raupe lebt vom Herbst ab bis Anfang Juni des folgenden Jahres in einem Röhrensack an den Blättern und jungen Früchten von Kirschen (*Prunus*, einschließlich *Cerasus*). An Blättern entstehen dabei die für die Coleophoridae typischen Platzminen, an jungen grünen Früchten werden einfach kleine Löcher ausgefressen. Der Röhrensack ist 5 bis 7 mm lang, dunkelbraun und trägt am Rücken oft deutliche Blattzähne, die von einem Stück Blattrand der Futterpflanze herrühren, aus welchem der Sack gefertigt wird.

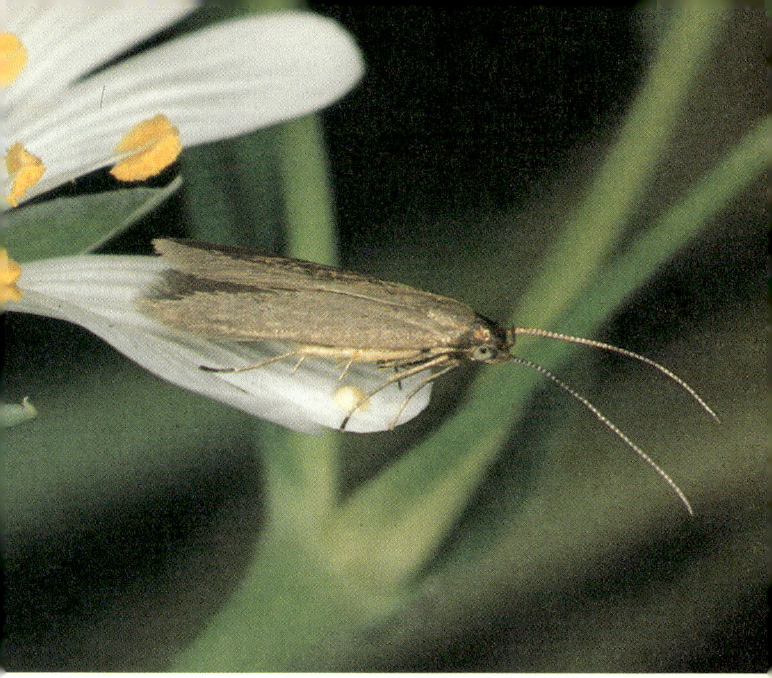
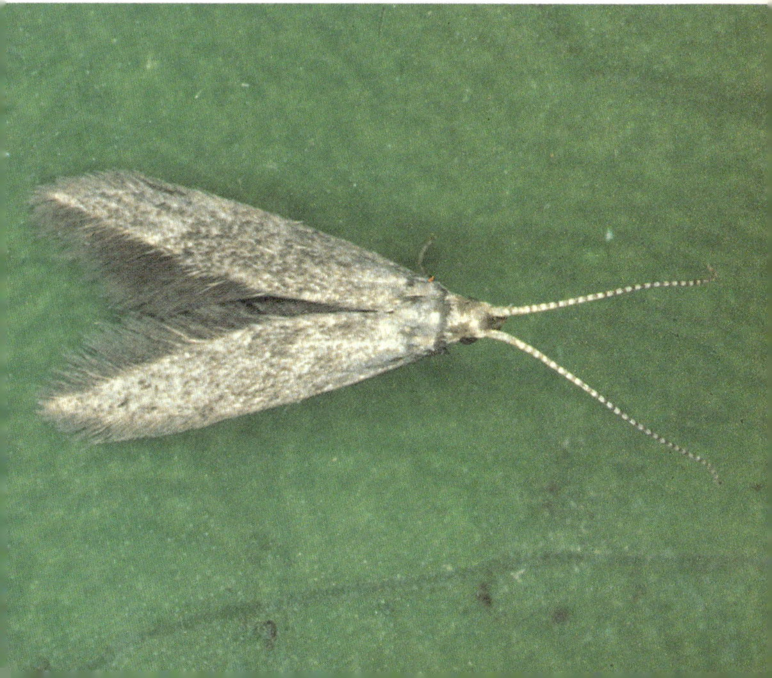

Coleophora deauratella (Lien. u. Z. 1846)

Flügelspannweite: 11 bis 14 mm.
Die Vorderflügel dieser hübschen Sackträgermotte sind messingfarben bis grüngolden und besitzen einen intensiven Metallglanz. Dabei ist der apikale Bereich violett übergossen. Der basale Teil der Fühler ist durch abstehende Schuppen verdickt.
Sehr ähnlich ist *C. mayrella*, bei der jedoch der nicht durch Schuppen verdickte Teil der Fühler deutlich braun und weiß geringelt ist.
Die Falter kann man von Mai bis Juli tagsüber auf Wiesen beim Blütenbesuch beobachten.
Die Raupe lebt überwinternd ab August bis zum folgenden April in den Blüten an den unreifen Samen der Flockenblume (*Centaurea*) und anderen Köpfchenblütlern (Compositae). Auch am Wiesenklee (*Trifolium pratense*) findet man sie bisweilen. Im vierten Stadium fertigt die Raupe einen ca. 6 mm langen Röhrensack an.
Die Verpuppung erfolgt im Samenköpfchen der Futterpflanze oder am Boden.

Coleophora hemerobiella (Sc. 1763)
Obstblattmotte

Flügelspannweite: 11 bis 15 mm.
Die Obstblattmotte ist schon durch ihre äußeren Merkmale leicht von allen anderen heimischen Coleophoriden zu unterscheiden.
Die Falter fliegen von Ende Juni bis August am Tage in Laubwäldern und auf Streuobstwiesen.
Die Raupe macht von September bis zum Mai des übernächsten Jahres eine zweijährige Entwicklung durch. Sie miniert in der für die gesamte Gruppe typischen Weise an den Bättern aller Holzgewächse der Rosaceen, wie z. B. an Zwergmispel (*Cotoneaster*), Quitte (*Cydonia*), Birnbaum (*Pyrus*), Apfelbaum (*Malus*), Elsbeere (*Sorbus*), Weißdorn (*Crataegus*), Kirsche (*Prunus*). Zuweilen kann man beobachten, daß auch junge Früchte der Futterpflanzen befallen werden.
Im ersten Jahr fertigt sich die Raupe einen hornförmig gebogenen Jugendsack an. Nach der Überwinterung stellt sie dann im zweiten Frühjahr ihren endgültigen, röhrenförmigen, bis 18 mm langen, dunkelbraunen bis schwärzlichen Sack her.

Coleophora deauratella, ♂
C. hemerobiella

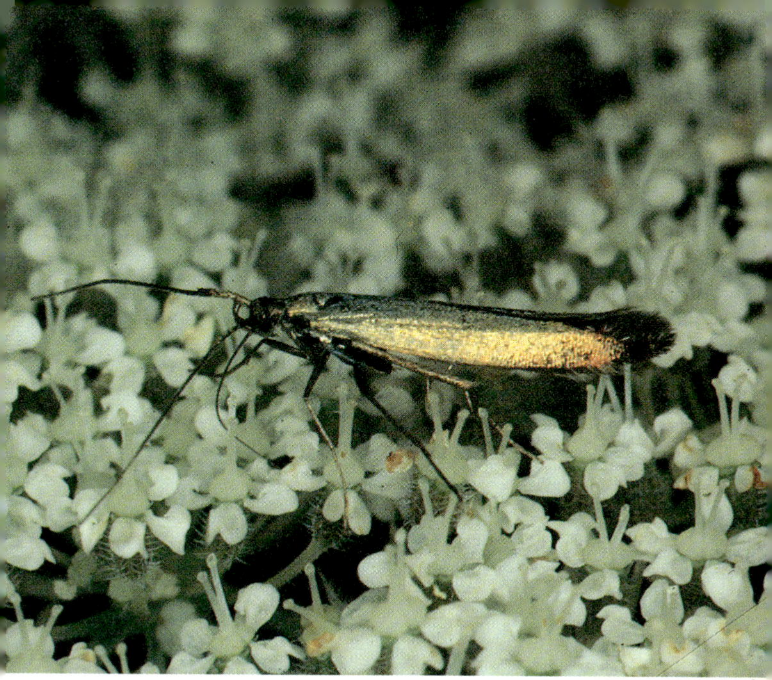

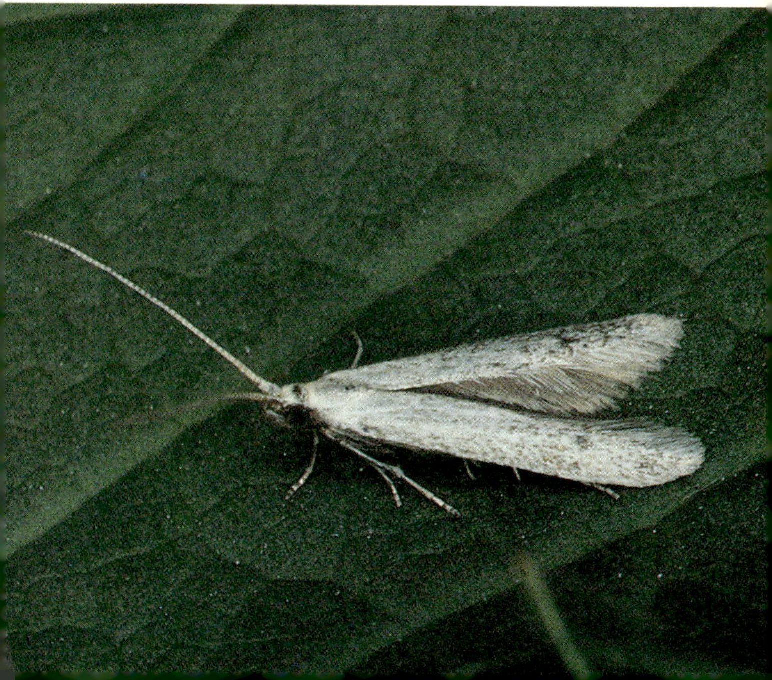

Familie Scythrididae – Ziermotten

Die kleinen Falter der Familie Scythrididae zeichnen sich durch folgende Merkmale aus: Der Kopf ist anliegend beschuppt, manchmal im Nacken mit Büscheln versehen. Ocellen können vorhanden sein. Chaetosemata fehlen. Die Maxillarpalpen sind sehr klein und abwärts gerichtet. Die langen, schlanken Labialpalpen sind anliegend beschuppt und aufwärts gebogen. Der Rüssel ist beschuppt. Die Fühler sind etwas kürzer als die langgestreckten, breit lanzettlichen Vorderflügel. Die Hinterflügel sind schmaler als die Vorderflügel und besitzen Fransen, die etwas länger als sie selbst breit sind. Die Vordertibien tragen eine lange Epiphyse, die Mitteltibien ein Paar, die Hintertibien zwei Paar Sporne.

Von einigen Ausnahmen abgesehen sind die europäischen Arten tagfliegend. Dennoch sind sie nur sehr selten zu sehen. Sie sitzen gerne in Blüten oder an der niederen Vegetation und fliegen nur selten. Bei Störungen springen sie meistens zu Boden und bleiben regungslos liegen.

Die Raupen leben normalerweise verborgen, oft in leichten Gespinsten am Boden oder an einem Blatt oder Stengel der Futterpflanze. Sie fressen an Blättern, Knospen oder Blüten. Einige Arten leben gesellig.

Die Verpuppung erfolgt in einem dünnen Kokon. Die Puppen sind langgestreckt, etwas abgeflacht und besitzen keine dorsalen Dornen am Abdomen. Beim Ausschlüpfen des Falters schiebt sich die Puppe nicht aus dem Kokon hervor.

Die Ziermotten sind weltweit verbreitet. In Mitteleuropa sind wenig mehr als 30 Arten bekannt.

Scythris limbella (F. 1775)
(= **variella** D. u. S. 1775 = **tristella** Hbn. 1796)

Flügelspannweite: 14 bis 16 mm.
Die Falter fliegen von Ende Mai bis September. Man beobachtet sie besonders an Zäunen, Pfählen und Wänden sitzend.
Die Raupen sind olivgrün mit feinen cremefarbenen Längslinien. Von April oder Mai bis August kann man sie gesellig in Gespinsten an Blättern, in Blüten oder Knospen von Gänsefuß (*Chenopodium*) und Melde (*Atriplex*) finden.

Familie Blastobasidae

Wie einige andere Familien der Gelechioidea sind auch die Blastobasidae von verwandten Familien nur unter Berücksichtigung des Flügelgeäders und Merkmalen der Genitalapparate einwandfrei abzugrenzen.

Wie alle Gelechioidea besitzen sie einen anliegend beschuppten Kopf, nach oben gebogene Labialpalpen, gut entwickelte Maxillarpalpen und einen basal beschuppten Rüssel. Weder Chaetosemata noch Tympanalorgane sind ausgebildet, Ocellen fehlen ebenfalls. Die Vordertibien besitzen eine Epiphyse, die Mitteltibien je ein Paar und die Hintertibien je zwei Paar Sporne.

Die Raupen der Blastobasiden leben häufig an totem oder verrottendem pflanzlichem Material.

Die Verbreitungsschwerpunkte dieser Familie sind die Neue Welt und die mediterrane Region mit ihren Randgebieten.

In Mitteleuropa sind nur wenige Arten vorhanden.

Holcocera binotella (Thnbg. 1794)

Flügelspannweite: 19 bis 24 mm.

Von Mitte Juni bis August kann man diese Art in Nadelholzbeständen finden. Nachts lassen sich die Falter vom Licht anlocken.

Über die Ersten Stände und ihre Lebensweise ist kaum etwas bekannt. Nach PRÖSE (1979) wurde die Raupe an abgefallenen Fichtenzapfen (*Picea*) gefunden.

Oegoconia quadripuncta (Hw. 1828)

(= **bifasciella** sensu Steph. 1834 = **deauratella** H.-S. 1854, partim)

Flügelspannweite: 11 bis 17 mm.

Von Mitte Juni bis Anfang September kommen die Falter häufig an Waldrändern und Hecken, in Parks und Gärten, ja gelegentlich sogar in Gewächshäusern vor. Nachts fliegen sie gern ans Licht.

Die Raupe lebt im Mai und Juni an verrottendem pflanzlichem Material.

Die Verpuppung erfolgt im Juni und Juli zwischen dem Nahrungssubstrat.

Familie Gelechiidae – Palpenmotten, Tastermotten

Die meist kleinen und unscheinbar gefärbten Palpenmotten weisen wie alle Gelechioidea einen anliegend beschuppten Kopf, nach oben gebogene Labialpalpen, gut entwickelte Maxillarpalpen und einen basal beschuppten Rüssel auf. Chaetosemata und Tympanalorgane fehlen. Die Vordertibien besitzen eine Epiphyse, die Mitteltibien je ein Paar und die Hintertibien je zwei Paar Sporne. Zudem sind die Hinterschienen an ihrer dorsalen Oberfläche normalerweise mit zahlreichen langen Schuppen besetzt.

Eine genaue Charakterisierung und sichere Abgrenzung gegenüber verwandten Familien ist nur unter Berücksichtigung der Genitalmorphologie und Merkmalen des Flügelgeäders möglich.

Auch die Unterscheidung der Arten innerhalb der Familie ist oft nur durch eine Untersuchung der Genitalapparate zu erreichen.

Die Palpenmotten sind mit zahlreichen Arten weltweit verbreitet. In Mitteleuropa gibt es mehr als 200 Arten.

Isophrictis striatella (D. u. S. 1775)
(= **tanacetella** Schrank 1802)

Flügelspannweite: 11 bis 14 mm.

Das gesamte Erscheinungsbild des Falters – insbesondere die Flügelzeichnung – erinnert stark an eine Miniermotte (Gracillariidae). Die langen, säbelförmig nach oben gebogenen Palpen weisen das Tier jedoch einwandfrei als Vertreter der Gelechioidea aus.

Nach äußeren Merkmalen nur schwer zu unterscheiden ist *I. anthemidella* (KARSHOLT und NIELSEN, 1978).

I. striatella fliegt von Mitte Juni bis August häufig in Laubwäldern und um Hecken. Nachts kommen die Tiere zum Licht.

Die Raupe lebt von Oktober bis zum folgenden Mai in Stengel und Fruchtboden von Rainfarn (*Chrysanthemum vulgare*) und Sumpfschafgarbe (*Achillea ptarmica*). STEUER (1984) fand die Raupen in den Wurzelstöcken der Doldigen Wucherblume (*Chrysanthemum corymbosum*). Ihre Färbung ist gelblich mit schwarzem Kopf und hellgrauem Nackenschild.

Die Verpuppung erfolgt im Juni oder Juli in einem abgestorbenen Stengel der Futterpflanze.

Argolamprotes micella (D. u. S. 1775)
Himbeermarkmotte

Flügelspannweite: 12 bis 14 mm.

A. micella ist durch ihre goldbraun glänzenden Vorderflügel, die mit zahlreichen silberweißen Fleckchen übersät sind, eindeutig charakterisiert.

Die Falter sind von Mai bis Anfang August an Waldrändern, Hecken und in Gärten häufig. Am Tage halten sie sich bevorzugt in Himbeersträuchern auf. Nachts fliegen sie gern ans Licht.

Die Raupe lebt in Trieben von Himbeere (*Rubus idaeus*) und Ackerbrombeere (*R. caesius*). Sie ist hell gelbgrau oder rötlich gestreift. Kopf und Nackenschild sind schwarz.

Teleiodes luculella (Hbn. 1813)
(= **luctuella** Steph. 1834)

Flügelspannweite: 10 bis 13 mm.

Die Falter fliegen von Mai bis Anfang Juli in Laubwäldern. Am Tage sitzen sie gerne an Baumstämmen. Nachts lassen sie sich von Licht anlocken.

Die blaßgrüne, schwarzgefleckte Raupe lebt im Herbst zwischen zusammengesponnenen Blättern an Eichen (*Quercus*) und Rotbuchen (*Fagus sylvatica*). Ihr Kopf ist gelbbraun, der Nackenschild gleichfarbig und schwarz gezeichnet.

Die Verpuppung erfolgt überwinternd unter Rinde, in Moos oder am Boden in einem lockeren Kokon.

Dichomeris marginella (F. 1781)
(= **striatella** Hbn. 1796 nec. D. u .S. 1775 = **clarella** Tr. 1833)

Flügelspannweite: 13 bis 17 mm.

Von Juni bis August kommen die Falter in Wäldern um Wacholderbüsche vor, in denen sie sich tagsüber bevorzugt aufhalten. Nachts fliegen sie zum Licht.

Die Raupe ist rostbraun mit dunkler Rückenlinie und schwarzen Warzen. Im Mai und Juni lebt sie in einem Gespinst zwischen den Nadeln von Wacholder (*Juniperus*).

Die Verpuppung findet im Juni oder Juli im Gespinst statt.

In Nordamerika wurde die Art in der Vergangenheit gelegentlich schädlich.

Familie Cossidae – Holzbohrer

Die Holzbohrer sind große, kräftig gebaute Schmetterlinge mit langem Hinterleib. Die Fühler sind bei den Männchen gewöhnlich gekämmt, bei den Weibchen einfach. Ocellen und ein Chaetosema sind nicht vorhanden. Der Saugrüssel ist zurückgebildet und fehlt oft völlig. Die Palpen sind ebenfalls reduziert.
Die ausschließlich nachts fliegenden Tiere wirken sehr robust.
Die glatten, dünnschaligen Eier liegen oder sind aufgerichtet.
Die Raupen sind nackt und zeichnen sich durch kräftige Mandibeln und einen großen, sklerotisierten Nackenschild aus. Sie leben im Innern von Stämmen und anderen Baumteilen. Auch in Schilfrohr kommen sie vor. Von der bohrenden Lebensweise leitet sich ihr deutscher Name ab.
Meist überwintern die Raupen mehrmals bis die Verpuppung im Fraßgang nahe der Rinde oder in einem Gespinst am Boden erfolgt.
Die langen, zylindrischen Puppen besitzen am Hinterleib Dornenreihen, mit deren Hilfe sie sich beim Schlüpfen des Falters aus dem Bohrloch schieben. Außerdem besitzt die Puppe einen charakteristischen Stirnvorsprung.
Die Cossiden sind mit etwa 600 Arten weltweit verbreitet, nur sechs davon kommen in Mitteleuropa vor.

Cossus cossus (L. 1758) – Weidenbohrer
(= **unguiculatus** F. 1793 = **ligniperda** F. 1794)

Flügelspannweite: Männchen: 68 bis 84 mm, Weibchen: 88 bis 96 mm.
Der Weidenbohrer ist der größte Kleinschmetterling Mitteleuropas.
Er fliegt von Ende Mai bis Anfang September an recht unterschiedlichen Stellen wie Mischwälder, um isolierte Bäume, entlang von Gewässern oder Straßen und in Gärten.
Die Raupe frißt ab August mehrere Jahre lang im lebenden Holz von zahlreichen Baumarten, am häufigsten Weiden, Birken, Ulmen und Eschen. Kranke Bäume werden bevorzugt befallen. Die Raupe sondert einen intensiven Geruch nach Holzessig ab.
Die Verpuppung erfolgt im Mai im Fraßgang oder außerhalb knapp unter der Erdoberfläche in einem mit Holz- oder Erdpartikeln durchsetzten Kokon.
Der Weidenbohrer kann zuweilen auch Schäden verursachen.

Zeuzera pyrina (L. 1761) – Blausieb, Kastanienbohrer

(= aesculi L. 1767)

Flügelspannweite: 40 bis 78 mm.

Die Falter fliegen von Juni bis August in der Nacht und werden von Licht angelockt. Man kann sie in Gärten, Obstanlagen und Alleen ebenso finden wie in Mischwäldern.

Die rötlichen Eier werden einzeln oder in kleinen Haufen an die Rinde der Futterpflanze abgelegt.

Die walzenförmige Raupe ist gelblich- oder bräunlichweiß mit zahlreichen, schwärzlichbraunen Punktwarzen. Kopf und Nackenschild sind schwärzlichbraun. Sie lebt zwei- bis dreijährig bohrend in verschiedensten Laubbäumen und in Büschen.

Die Verpuppung erfolgt ohne Kokon im Fraßgang.

In Obstkulturen kann die Art gelegentlich Schaden anrichten.

Familie Limacodidae – Schildmotten, Schneckenspinner, Asselspinner

Ein kräftiger und ziemlich kurzer, dicht behaarter Körper mit breiten Flügeln kennzeichnet die Schildmotten. Die Fühler sind beim Männchen gesägt, beim Weibchen fadenförmig. Der Rüssel ist zurückgebildet. Ocellen fehlen.

Die Falter sind überwiegend Waldtiere und meist nachtaktiv.

Die Raupen sind sehr ungewöhnlich gestaltet und haben der Familie ihre verschiedenen deutschen Namen gegeben. Mit ihrer stark gewölbten Oberseite, der abgeflachten Unterseite, den reduzierten Brustbeinen und fehlenden Bauchfüßen wirken sie schneckenartig. Am Abdomen finden sich ventral saugnapfähnliche Strukturen oder seitliche Wülste. Mit Hilfe dieser Gebilde sitzen sie sehr fest auf den Blättern ihrer Futterpflanzen. Der Kopf ist einziehbar.

Die Verpuppung erfolgt in einem ovalen oder birnenförmigen, papierenen Kokon mit aufklappbarem Deckel an einem Ende, der sich beim Schlüpfen des Falters öffnet.

Die Puppe besitzt fast freie Gliedmaßen.

Die Schildmotten sind mit ca. 1000 Arten weltweit verbreitet, besonders in den tropischen Regionen. Nur zwei Arten sind in Mitteleuropa beheimatet.

Zeuzera pyrina, dorsal
Z. pyrina, lateral
Apoda limacodes, ♂

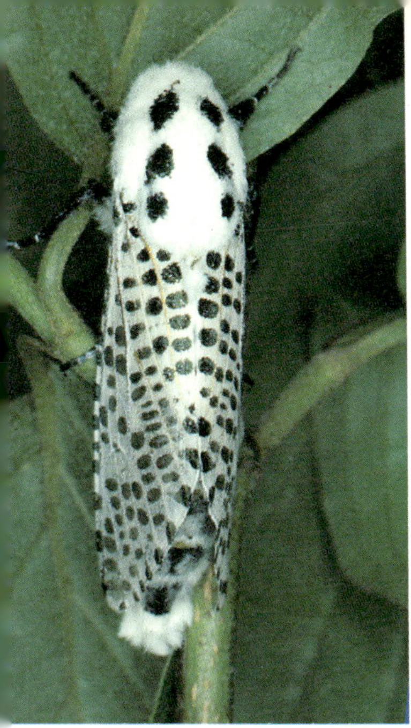
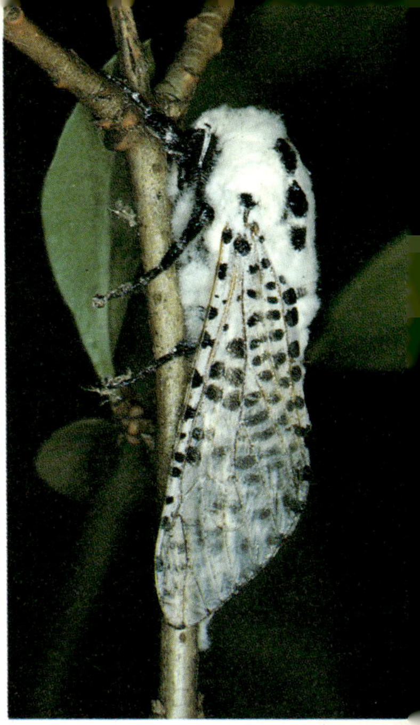
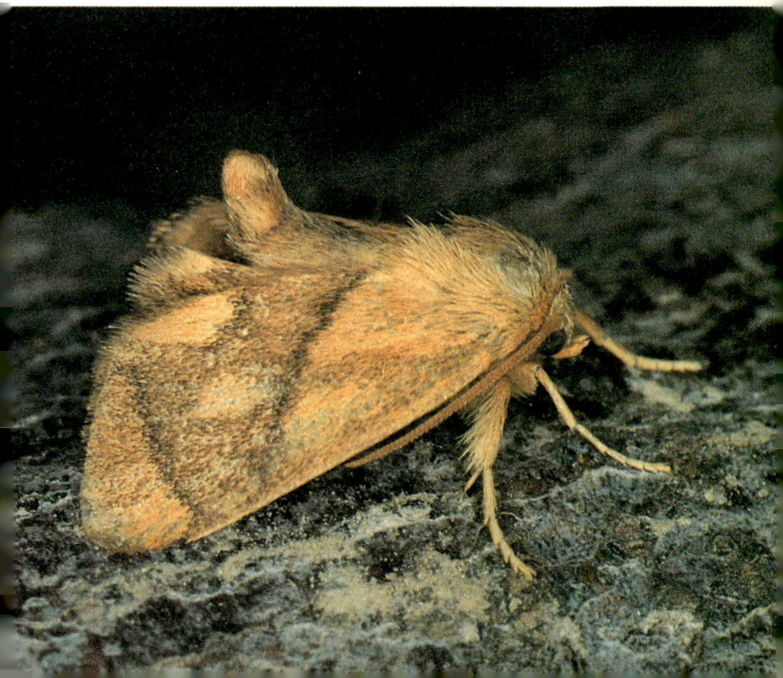

Apoda limacodes (Hfn. 1766)
Große Schildmotte
(= **testudo** D. u. S. 1775 = **funalis** Don. 1794)

Flügelspannweite: Männchen: 24 bis 28 mm, Weibchen: 27 bis 32 mm.

Die Männchen der Großen Schildmotte besitzen ockerbraune Vorderflügel, die stellenweise dunkler überlegt sind, mit zwei dunkelbraunen Querlinien. Die Hinterflügel sind violettbraun. Die Fühler sind leicht gekämmt.

Bei den Weibchen sind die Fühler einfach, Vorder- und Hinterflügel blaß ockerbraun. Die Vorderflügel tragen jedoch die gleichen dunkelbraunen Querlinien wie die der Männchen.

Gelegentlich treten auch Männchen mit der blassen Färbung der Weibchen auf (forma *ochracea*), oder solche mit etwas (forma *suffusa*) oder stark (forma *assella*) verdunkelten Flügeln.

In Laubmischwäldern und an deren Rändern sind die Falter von Ende Mai bis in den Juli hinein nicht selten. Beide Geschlechter fliegen im Sonnenschein, gewöhnlich hoch um Rotbuchen und Eichen. Bei kühler Witterung kann man sie gelegentlich auch an den unteren Ästen dieser Bäume finden. Nachts kommen die Falter ans Licht.

Die Eier sind abgeflacht oval, transparent, blaßgelb. Sie werden in einem Blattaderwinkel auf der Unterseite eines Blattes von Rotbuche (*Fagus sylvatica*) oder Eiche (*Quercus*) abgelegt.

Die Raupe ist hellgrün, auf dem Rücken und an den Seiten mit kleinen, gelblichen Punkten bedeckt. Außerdem besitzt sie seitlich zwei blaßgelbe Linien, die von violetten Fleckchen begrenzt werden. Die Bauchfüße sind zu einer Art ansaugender Kriechsohle umgewandelt.

Sie frißt von Juli bis Anfang Oktober an den Blättern ihrer Futterpflanze. Dann fertigt sie auf einem Blatt einen tönnchenförmigen, rötlichbraunen Seidenkokon an, der von seidigem Gespinst umgeben ist und später mit dem welken Blatt zu Boden fällt.

Nach der Überwinterung verpuppt sie sich darin.

Die Puppe ist dick und gedrungen, cremeweiß mit hellbraun überzogenem Kopf und Thorax sowie je einer breiten, gelblichen Querbinde dorsal auf den Abdominalsegmenten.

Apoda limacodes, ♂, dunkle Form

Familie Tortricidae – Wickler, Blattroller

Die kleinen bis mittelgroßen Wickler besitzen einen Kopf mit locker anliegenden oder aufgerichteten Schuppen, oft mit abstehenden Seitenbüscheln. Die Fühler messen weniger als ⅔ der Vorderflügellänge. Ocellen und Chaetosemata sind vorhanden. Der Rüssel ist unterschiedlich entwickelt, nicht beschuppt. Die Labialpalpen weisen drei Segmente auf, von denen das mittlere gewöhnlich mehr oder weniger abstehend beschuppt ist. Das Endglied ist im allgemeinen kurz und anliegend beschuppt.

Der Thorax trägt gelegentlich einen Schopf aufgerichteter Schuppen.

Vorder- und Hinterflügel sind sehr breit, kurz befranst. Bei den Männchen ist manchmal der basale Teil des Vorderrandes der Vorderflügel vergrößert und umgeschlagen (Costalfalte). Meist zeigen die Vorderflügel ein Muster aus mehreren Querbinden, die in vielfältiger Weise reduziert oder modifiziert sein können. Die Hinterflügel sind dagegen mehr oder weniger einfarbig. In der Ruhe halten die Wickler ihre Flügel dachförmig.

Die Eier sind abgeflacht, schuppenartig oder linsenförmig. Sie werden einzeln, in Paaren oder Haufen abgelegt und vom Weibchen gewöhnlich mit Sekret und bei einigen Arten zusätzlich mit Schuppen vom Afterbusch oder den Flügeln bedeckt.

Die Raupen sind teilweise schlank (frei fressend) und teilweise ziemlich gedrungen (in Pflanzenteilen fressend). Sie besitzen drei Paar Brustbeine und mit dem sogenannten Nachschieber fünf Paar Bauchfüße.

Die Verpuppung erfolgt normalerweise am Fraßort der Raupe, der zu einem Kokon umgestaltet wird. Die Puppen besitzen dorsal auf dem Abdomen Querreihen von Dornen, mit deren Hilfe sie sich beim Ausschlüpfen des Falters aus dem Kokon hervorschieben.

Die Tortricidae sind mit sehr vielen Arten weltweit verbreitet. Einige von ihnen besitzen als Pflanzenschädlinge wirtschaftliche Bedeutung.

In Mitteleuropa sind über 500 Arten beheimatet.

Archips podana, ♂
A. podana, ♀

Unterfamilie Tortricinae

Die Raupen der Tortricinae leben verborgen in eingerollten oder zusammengesponnenen Blättern und Blüten oder bohren in Stengeln und Wurzeln. Oft ist die Konstruktion des Schutzgehäuses für die einzelnen Arten charakteristisch. Die frühen Raupenstadien leben teilweise minierend in Knospen, in der Basis von Blättern oder in Zweigen.

Archips oporana (L. 1758) – Nadelholzwickler
(= piceana L. 1758 = hermanniana D. u. S. 1775)

Flügelspannweite: 19 bis 21 mm (Männchen) bzw. 22 bis 28 mm (Weibchen). Die Vorderflügel der Weibchen sind violettocker mit kastanienbrauner Zeichnung, der Apex springt etwas vor.
In Misch- und Nadelwäldern trifft man die Falter im Juni und Juli. Vom Nachmittag bis zum frühen Abend und während der Dämmerung fliegen sie um Nadelbäume.
Die Raupe lebt von September bis Anfang Juni an Nadeln und Trieben von Weißtanne (*Abies alba*), Waldkiefer (*Pinus sylvestris*), Fichte (*Picea*), Lärche (*Larix*) und Wacholder (*Juniperus*).
Die Verpuppung findet im Juni oder Juli am Fraßort der Raupe statt. Gelegentlich verursacht der Nadelholzwickler wirtschaftliche Schäden in Kiefernwäldern.

Archips podana (Sc. 1763)
Bräunlicher Obstbaumwickler
(= fulvana D. u. S. 1775 = amerinana Dup. 1834)

Flügelspannweite: 19 bis 23 mm (Männchen) bzw. 20 bis 28 mm (Weibchen). Die Falter sind im Juni und Juli besonders in Gärten und Obstplantagen sehr häufig. Tagsüber sitzen sie auf Blättern von Bäumen oder Büschen. Vom späten Nachmittag an fliegen sie umher und kommen nach Einbruch der Dunkelheit gern zum Licht.
Die Raupe ist polyphag und lebt vom Juli bis zum folgenden Mai an zahlreichen Laubbäumen und Büschen, gelegentlich sogar an Nadelhölzern. Besonders häufig findet man die Raupen an Obstbäumen. An Apfelbäumen (*Malus*) werden sie bisweilen schädlich. Die Raupe frißt zuerst an der Oberfläche von Blättern und Früchten und nach der Überwinterung bis zur Verpuppung (Juni, Juli) an jungen Knospen und in zusammengesponnenen Blättern.

Archips oporana, ♂
A. podana

Archips xylosteana (L. 1758)
Braunfleckiger Wickler
(= **westriniana** Thnbg. 1784 = **characterana** Hbn. 1793)

Flügelspannweite: 15 bis 23 mm. Die Weibchen sind meist etwas größer als die Männchen.

Sehr ähnlich ist *A. crataegana*, von der sich *A. xylosteana* jedoch durch die geringere Größe und das deutlich scheckigere Erscheinungsbild unterscheidet.

Die Falter kommen von Juni bis August an bewaldeten Stellen und in Gärten vor. Tagsüber ruhen sie im Laubwerk von Bäumen und Büschen und fliegen bei Störung schnell in ein anderes Versteck. In der Dämmerung fliegen die Tiere besonders an Hecken.

Die Raupe ist weißgrau bis dunkelblaugrau. Der Kopf ist schwarz und der Nackenschild dunkelbraun bis schwarz. Von Mai bis Juni lebt sie in einem zusammengerollten Blatt polyphag an Laubbäumen und Büschen, besonders an Eiche, Ulme, Linde, Hasel, Ahorn, Esche und Obstbäumen.

Die Verpuppung erfolgt im Juni in der Raupenwohnung.

Pandemis corylana (F. 1794)
(= **textana** Hbn. 1799)

Flügelspannweite: 18 bis 21 mm (Männchen) bzw. 18 bis 24 mm (Weibchen).

Von der ähnlichen *P. cerasana* unterscheiden sich die Tiere vor allem durch die deutliche Netzzeichnung der Vorderflügel.

Von Juli bis September kommen die Falter sehr häufig in offenen Wäldern, auf Lichtungen und an Waldrändern vor. Tagsüber verbergen sie sich im Laubwerk, können hier aber leicht aufgestöbert werden. Sie fliegen in der Dämmerung und kommen später häufig zum Licht, gelegentlich auch zu zuckerhaltigem Köder.

Die Raupen leben von Mai bis Juli am Blutroten Hartriegel, an Hasel, Esche, Kirsche, Himbeere, Eiche und verschiedenen anderen Bäumen und Büschen. Sie spinnen mehrere Blätter zusammen oder falten ein Blatt in Längsrichtung ein. Sie sind grün und ziemlich schlank.

Die hellbraune Puppe findet man im Juni oder Juli in der Raupenwohnung.

Pandemis cinnamomeana (Tr. 1830)

Flügelspannweite: 18 bis 24 mm.
Die Falter sind *P. dumetana* sehr ähnlich, allerdings ist ein netzartiges Muster kaum ausgebildet. Am Außenrandfleck entspringt keine Linie, und die Hinterflügel sind graubraun gefärbt. Der basale Fleck und die Mittelbinde werden zudem durch eine schmale helle Linie begrenzt. Das Männchen von *P. cinnamomeana* besitzt außerdem eine weiße Stirn und Labialpalpen, die oberseits und innen ebenfalls weiß sind.
Im Juni und Juli lassen sich die Falter tagsüber leicht aus dem Blattwerk von Bäumen oder aus Farnkrautbeständen aufscheuchen. Sie verbergen sich dann mit einem raschen Zickzackflug am Boden. Nachts kommen sie zum Licht.
Im Mai und Juni lebt die Raupe zwischen zusammengesponnenen Blättern polyphag an Ahorn (*Acer*), Birke (*Betula*), Kirsche (*Prunus*), Eberesche (*Sorbus aucuparia*) und anderen Pflanzen.
Die Verpuppung findet im Juni oder Juli in der Raupenwohnung statt.

Pandemis heparana (D. u. S. 1775)
Rostfarbener Buchen-Breitflügelwickler

Flügelspannweite: 16 bis 24 mm.
Das typische Unterscheidungsmerkmal gegenüber den anderen *Pandemis*-Arten ist die deutliche Ausbuchtung am inneren Rand der Mittelbinde. Sie fehlt nur in seltenen Ausnahmefällen.
Die Falter fliegen von Juni bis August fast überall häufig in der Dämmerung. Am Tage lassen sie sich leicht von ihren Ruheplätzen im Laubwerk von Bäumen und Büschen aufscheuchen. Nachts fliegen sie ans Licht.
Die Raupen überwintern in einem frühen Stadium bis zum folgenden Frühjahr und leben dann im Mai und Juni in einem zusammengerollten Blatt polyphag an einer Reihe von Bäumen und Büschen, besonders an Kirsche (*Prunus*), Apfelbaum (*Malus*), Weide (*Salix*), Birke (*Betula*), Johannisbeere (*Ribes*) und Heidelbeere (*Vaccinium*). Gelegentlich sind sie an den Blüten von Obstbäumen schädlich. Auch an der Oberfläche der Früchte können sie Schaden anrichten. Die Verpuppung findet im Juni und Juli statt.

Pandemis cinnamomeana, ♂
P. heparana

Pandemis dumetana (Tr. 1835)

Flügelspannweite: 18 bis 22 mm.

Von ähnlichen Arten unterscheidet sich *P. dumetana* u. a. durch die weißgrau gefärbten Hinterflügel.

Von Juli bis August kann man diesen Wickler an Hecken, Waldrändern und auf Feldern finden. Er fliegt vom Sonnenuntergang an und wird nachts von Licht angelockt.

Die Raupe ist grün, manchmal mit helleren oder dunkleren Längslinien. Sie frißt von September bis zum folgenden Juli polyphag an zahlreichen krautigen und anderen Pflanzen, so z. B. an Erdbeere (*Fragaria*), Gilbweiderich (*Lysimachia*), Flockenblume (*Centaurea*), Minze (*Mentha*), Sumpfblatterbse (*Lathyrus palustris*), Himbeere (*Rubus*), Brennessel (*Urtica*), Wiesenraute (*Thalictrum*), Eiche (*Quercus*) und Efeu (*Hedera helix*). Meist lebt die Raupe in einem zusammengerollten Blatt, gelegentlich aber auch in den Blütenköpfchen. Zur Überwinterung fertigt sie sich ein seidenes Hibernakulum in einer Blattfalte an.

Die Verwandlung zur schwarzbraunen Puppe erfolgt im Juni oder Juli in der Raupenwohnung.

Ptycholomoides aeriferana (H.-S. 1851)

Flügelspannweite: 17 bis 21 mm.

Die Falter fliegen von Juni bis August an Lärchen-Standorten. Nur gelegentlich kann man sie am Tage beobachten. Nachts kommen sie jedoch regelmäßig zum Licht. Die Tiere wandern gerne, weshalb man sie auch außerhalb von Lärchen-Standorten finden kann.

Die Raupe ist grün, schwach gekörnt. Der Kopf ist hellbraun mit dunkler Sprenkelung, der Nackenschild gelbbraun und schwärzlich. Im Mai und Juni lebt sie zwischen zusammengesponnenen Lärchennadeln.

Die Verpuppung erfolgt im Juni in der Raupenbehausung.

Cnephasia incertana (Tr. 1835)

(= **subjectana** Gn. 1845 = **minorana** H.-S. 1851)

Flügelspannweite: 14 bis 18 mm.
Die ähnliche Art C. *interjectana* unterscheidet sich durch stärkere graubraune Einmischungen, wodurch der Vorderflügel erheblich dunkler erscheint.
Im Juni und Juli findet man die Tiere sehr häufig an Hecken, Wegrändern und in Wäldern. Tagsüber kann man sie oft in größerer Zahl in der Vegetation aufstöbern. Manchmal ruhen sie auch an Baumstämmen und Zaunpfählen.
Die Raupe ist polyphag und frißt von September bis zum folgenden Juni unter anderem an Wucherblume (*Chrysanthemum*), Wegerich (*Plantago*), Ampfer (*Rumex*) und an Kulturpflanzen wie Erdbeere (*Fragaria magna*), Bohne (*Phaseolus*), Erbse (*Pisum sativum*), Klee (*Trifolium*), Weinrebe (*Vitis*) oder Apfelbaum (*Malus*). Insgesamt wurden über 200 verschiedene Futterpflanzen nachgewiesen.
Im ersten Stadium lebt die Raupe minierend, wobei sie kurze, unregelmäßige Platzminen anlegt. Später lebt sie dann in zusammengesponnenen Blättern. Zur Überwinterung spinnt sie sich ein Hibernakulum.
Die Verpuppung findet im Juni in einem gefalteten Blatt oder am Boden statt. Die Puppe ist schwarz.

Croesia forsskaleana (L. 1758) – Ahornwickler

Flügelspannweite: 12 bis 17 mm.
Die Falter fliegen im Juli und August sehr häufig in Wäldern, Gärten und Parkanlagen. Tagsüber ruhen sie auf Ahornblättern, nachts werden sie vom Licht angezogen.
Die Raupe frißt bis zum Herbst in Samen von Feldahorn (*Acer campestre*) und Bergahorn (*Acer pseudo-platanus*). Nach der Überwinterung frißt sie in zusammengesponnenen Blättern und Blüten und später bis Juni in einem zusammengerollten Blatt.
Die Verpuppung findet im Juni und Juli in einem weißen Seidenkokon statt, der in einem gefalteten Blatt angefertigt wird.

Tortrix viridana (L. 1758) – Eichenwickler

Flügelspannweite: 16 bis 24 mm.

Die Falter fliegen von Juni bis August sehr häufig in Eichenwäldern und offenen Waldlandschaften. Tagsüber lassen sie sich leicht von ihren Ruheplätzen im Laubwerk von Eichen und anderen Bäumen aufscheuchen. Nachts kommen sie ans Licht.

Die Raupe schlüpft nach der Überwinterung im April. Sie ist grün und stark gekörnt. Ihr Kopf ist schwarzbraun oder schwarz, der Nackenschild grünlichbraun bis grün mit einigen Zeichnungselementen.

Bis Juni frißt sie bevorzugt an Eiche (*Quercus*), zuweilen aber auch an Rotbuche (*Fagus*), Ahorn (*Acer*), Pappel (*Populus*), Weide (*Salix*), Hainbuche (*Carpinus*), Heidelbeere (*Vaccinium*), Brennnessel (*Urtica*) und anderen Pflanzen.

Zunächst lebt die Raupe an den Knospen, später in einem zusammengerollten oder gefalteten Blatt. In manchen Jahren tritt der Eichenwickler lokal so zahlreich auf, daß seine Raupen Kahlfraß in Eichenwäldern anrichten können und so einen enormen wirtschaftlichen Schaden verursachen. Von Forstleuten wird er deshalb gefürchtet, und häufig war er schon die Ursache für umfangreiche Pflanzenschutzmaßnahmen. Unzweifelhaft gehört er zu den schädlichsten Schmetterlingen überhaupt.

Die Verpuppung erfolgt im Juni in einem gefalteten Blatt. Die Puppe ist braun bis schwarz gefärbt.

Agapeta hamana (L. 1758)
(= **diversana** Hbn. 1793)

Flügelspannweite: 15 bis 24 mm.

Die Falter findet man von Mai bis September in zwei Generationen sehr häufig auf Feldern, an Waldrändern und an Ruderalplätzen. Tagsüber sind sie leicht aus der Vegetation aufzuscheuchen, wobei sie sofort nach einem neuen Ruheplatz suchen. Sie fliegen am Abend und kommen nachts zum Licht.

Die Entwicklung von *A. hamana* ist nur ungenau bekannt. Die Raupe frißt in den Wurzeln von Disteln (*Carduus*) und wahrscheinlich auch von Kratzdistel (*Cirsium*), Färberscharte (*Serratula tinctoria*) und Klee (*Trifolium*).

Die Verpuppung erfolgt in einem weißen Seidenkokon in der Erde.

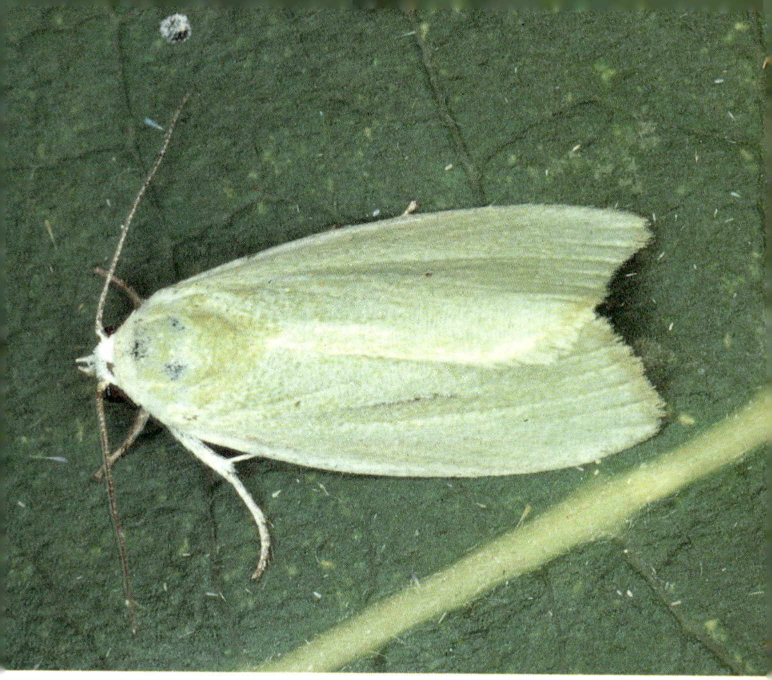

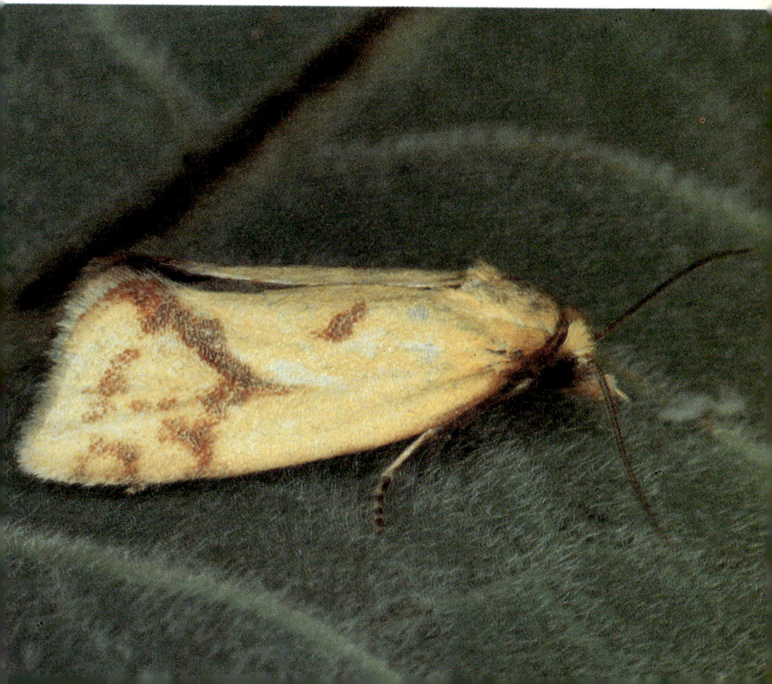

Agapeta zoegana (L. 1767)

(= ferrugana Hw. 1811)

Flügelspannweite: 15 bis 25 mm.

Die Falter fliegen von Mai bis August und bilden wahrscheinlich zwei Generationen aus. Man trifft sie oft recht häufig auf Wiesen und Feldern an. Tagsüber halten sie sich gut in der niederen Vegetation versteckt. Von Sonnenuntergang bis zum Einbruch der Dunkelheit unternehmen die Tiere kurze Flüge in ihrem Habitat. Nachts fliegen sie gelegentlich zum Licht.

Die Raupe lebt von September an überwinternd – und wahrscheinlich auch im Sommer (2. Generation) – in einem weißlichen Gespinstsack an den Wurzeln von Tauben-Grindkraut (*Scabiosa columbaria*), Ackerwitwenblume (*Knautia arvensis*), Flockenblume (*Centaurea*), Bisamdistel (*Jurinea*) und Scharte (*Serratula*).

Die Puppe ist ziemlich schlank und braun gefärbt. Sie liegt in einem Kokon am Fraßort der Raupe.

Aethes smeathmanniana (F. 1781)

(= fabriciana Hbn. 1799 = stachydana H.-S. 1851)

Flügelspannweite: 12 bis 19 mm.

Von den ähnlichen Arten *A. cnicana* und *A. rubigana* unterscheidet sie sich durch die relativ deutlich ausgeprägte äußere Binde und die schmalere und nicht so nah an den Vorderrand heranreichende innere Binde der Vorderflügel.

Von Mai bis August fliegen die Falter in zwei Generationen an Ruderalstandorten, Abhängen, Bahndämmen und ähnlichen Stellen. Ihre Flugzeit liegt in den frühen Abendstunden. Bei warmem und sonnigem Wetter können sie jedoch tagsüber von krautigen Pflanzen, an denen sie sich gerne verbergen, aufgescheucht werden.

Die Raupe ist dunkelgrün mit schwarzbraunem oder schwarzem Kopf und dunkelbraunem Nackenschild. Sie lebt von September bis April und dann wieder von Juni bis Juli in den versponnenen Blüten und Samen der Gemeinen Schafgarbe (*Achillea millefolium*), der Acker- und Stinkenden Hundskamille (*Anthemis arvensis* und *A. cotula*), der Schwarzen Flockenblume (*Centaurea nigra*), des Garten-Lattichs (*Lactuca sativa*) und anderen Kompositen.

Die Verpuppung findet in einem Gespinst am Boden statt.

Aethes tesserana (D. u. S. 1775)

(= **heiseana** F. 1787 = **groendaliana** Thnbg. 1791)

Flügelspannweite: 11 bis 20 mm. Die Weibchen sind meist etwas größer als die Männchen.

Die gelbe Grundfarbe und die orange- bis rostroten Flecke geben den Vorderflügeln ihr typisches kariertes Aussehen. Die rötlichen Flecke sind größtenteils bleimetallisch gesäumt. Zuweilen treten Tiere mit verkleinerten oder solche mit vergrößerten Flecken auf, die sich dann über die gesamte hintere Flügelhälfte ausdehnen können. Selten kann man auch grüngelb gefärbte Tiere finden.

Die Falter fliegen in zwei Generationen im Mai und Juni und wieder im Juli und August. Sie bevorzugen Ruderalstellen, Feldränder, Bahndämme, Steinbrüche und andere Plätze mit spärlicher Vegetation und fliegen gerne im Sonnenschein.

Die Raupe ist gelblich bis bräunlichweiß mit gelbbraunem oder schwarzem Kopf und gelbem Nackenschild. Sie lebt von September bis April (und die nächste Generation dann wieder im Juni und Juli) in den Wurzeln von Wurmlattich (*Picris echioides*), vom Gemeinen Bitterkraut (*P. hieracioides*), von Pippau (*Crepis*), Habichtskraut (*Hieracium*) und Dürrwurz (*Inula conyza*).

Aethes hartmanniana (Cl. 1759)

(= **baumanniana** D. u. S. 1775 = **avellana** Hbn. 1822)

Flügelspannweite: 11 bis 17 mm.

Von der nächstverwandten *A. piercei* ist eine sichere Unterscheidung nach äußeren Merkmalen nicht möglich. *A. hartmanniana* ist jedoch meist kleiner, und die Färbung der Vorderflügel erscheint heller, mehr gelblich.

Die Falter fliegen im Mai und Juni und wieder im Juli und August in einer zweiten Generation. Ihr Habitat sind trockene Wiesen, Wegränder und ähnliche Plätze. Sie fliegen bevorzugt in der Dämmerung, lassen sich aber tagsüber leicht aufscheuchen.

Die Raupen leben wahrscheinlich im Wurzelstock von Ackerwitwenblume (*Knautia arvensis*) und Tauben- oder Gelbem Grindkraut (*Scabiosa columbaria* bzw. *S. ochroleuca*).

Unterfamilie Olethreutinae

Viele Vertreter dieser Unterfamilie können sofort durch das Vorhandensein eines augenähnlichen Zeichnungsmusters am äußeren Hinterrand der Vorderflügel erkannt werden, das oft metallisch schillernde Schuppen aufweist. Eine Anzahl Arten besitzt eine kryptische Schwarzweißfärbung, die die Falter in Ruhe wie Vogelkot erscheinen läßt (Vogelkotmimese). Bei *Hedya dimidioalba* hat sich diese Eigenschaft in der volkstümlichen Bezeichnung „Spatzendreckchen" niedergeschlagen.

Die Raupen der Olethreutinae ernähren sich auf sehr verschiedenartige Weise. Sie fressen in eingerollten oder zusammengesponnenen Blättern und Trieben, bohren in Stengeln, Wurzeln, Früchten, Samen und Samenkapseln und gelegentlich sogar in Rinde und Gallen. Viele von ihnen sind mono- bis oligophag.

Celypha striana (D. u. S. 1775)
(= **biliturana** Don. 1806 = **fasciolana** Hbn. 1817)

Flügelspannweite: 16 bis 22 mm. Die Weibchen sind meist etwas kleiner als die Männchen.

Die Falter fliegen Ende Mai bis August häufig auf Wiesen, Weiden, Feldern und anderen grasigen Plätzen. Tagsüber verstecken sie sich in der Vegetation. Bei sonnigem Wetter sind die Männchen allerdings aktiv und fliegen in geringer Höhe umher. Die Hauptflugperiode beginnt für beide Geschlechter mit der Dämmerung. Nachts werden sie von Lichtquellen angelockt.

Die Raupe besitzt einen hellbraunen Kopf, einen gelbbraunen Nackenschild und einen gelblichweißen Körper.

Von September bis zum folgenden Mai lebt sie zunächst in einem leichten Gespinst auf und später in den Wurzeln von Löwenzahn (*Taraxacum officinale*) und Spitzwegerich (*Plantago lanceolata*). Die Pflanzen können dabei absterben.

Die Verpuppung findet im Mai und Juni in einem Kokon aus Seide und Erdkrumen nahe oder in der ausgehöhlten Wurzel statt.

Olethreutes arcuella (Cl. 1759)

(= arcuana L. 1761)

Flügelspannweite: 14 bis 18 mm.
Die Falter fliegen tagsüber von Mai bis August. Sie bevorzugen offene, aber geschützte Standorte wie Waldlichtungen und Schneisen oder Heiden mit Holzgewächsen. Oft ruhen sie auf den Blättern von Büschen oder auf Farnwedeln, um sich in der Sonne zu wärmen. Durch ihre metallischen Schuppen sind sie dabei sehr auffällig. Im Flug verliert man sie jedoch schnell aus den Augen.
Die Raupe lebt vom Spätsommer bis zum folgenden April an welken Blättern niedrig wachsender Pflanzen und an verrottendem Laub von Bäumen und Büschen. Ihr Kopf ist gelblichbraun, der Nackenschild dunkelbraun bis schwarz, der Körper dunkelviolettgrau bis dunkelbraun. Sie überwintert am Boden unter Fallaub.
Die Verpuppung erfolgt im April und Mai in einem Kokon in der Laubstreu.

Hedya pruniana (Hbn. 1799)
Pflaumenknospenwickler

Flügelspannweite: 15 bis 18 mm.
Die Gattung *Hedya* umfaßt in Europa mehrere sehr ähnlich gezeichnete Arten. Der Außenrand des dunklen Flügelteils besitzt bei *H. pruniana* in der Mitte einen deutlichen Vorsprung. In Richtung Flügelaußenrand befinden sich neben ihm zwei oft sehr kleine schwärzliche Punkte. Bei *H. dimidioalba* befinden sich diese über dem Vorsprung in Richtung Vorderrand.
Die Falter erscheinen im Mai und fliegen dann bis Juli vom späten Abend an häufig in Gärten, Obstplantagen, an Hecken und Gebüschen. Tagsüber verbergen sie sich im Laubwerk, nachts werden sie von Licht angelockt.
Die Raupe ist grün mit schwarzem Kopf und Nackenschild. Im April und Mai frißt sie vor allem an Schlehdorn (*Prunus spinosa*), Pflaume (*P. domestica*) und Süßkirsche (*P. avium*).
Zunächst lebt die Raupe an den jungen Trieben, später dann in einem gefalteten Blatt oder zwischen zwei zusammengesponnenen Blättern.
Die Verpuppung erfolgt im Mai oder Juni.

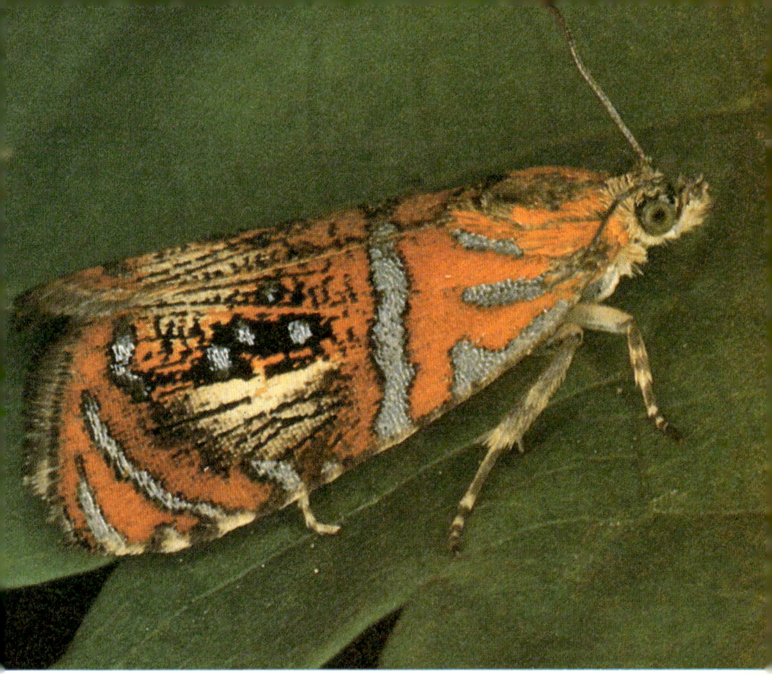

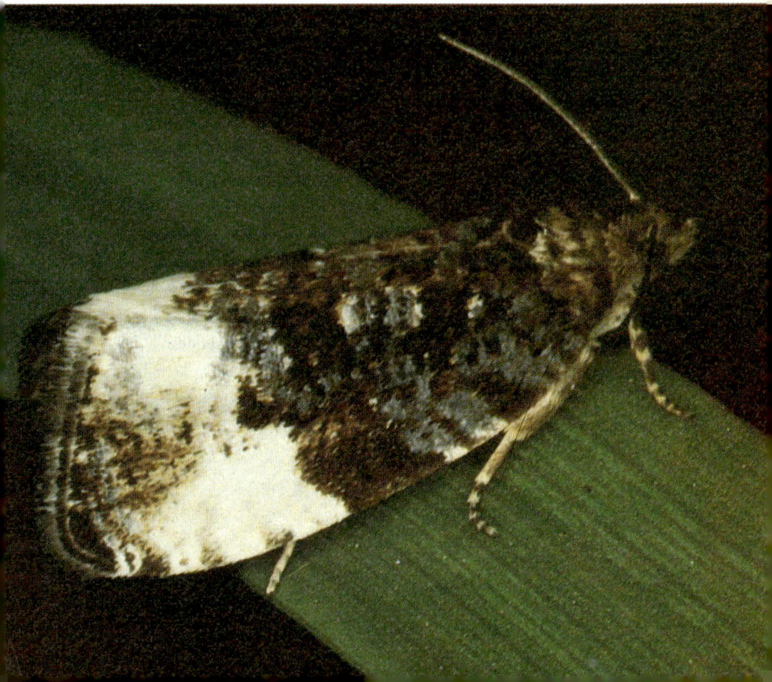

Hedya dimidioalba (Retz. 1783)
Grauer Knospenwickler, Spatzendreckchen
(= **variegana** Hbn. 1799 nec. D. u. S. 1775)

Flügelspannweite: 15 bis 21 mm.
Der Außenrand des dunklen Flügelteils besitzt im mittleren Bereich einen Vorsprung, über dem sich in Richtung Flügelvorderrand zwei schwärzliche Punkte befinden. Der obere ist gewöhnlich größer und langgestreckt. Bei *H. pruniana* befinden sich die beiden Punkte neben dem Vorsprung in Richtung Außenrand.
Im Juni und Juli sind die Falter in Gärten, an Waldrändern, an Hecken und moorigen Stellen häufig. Am Tage ruhen sie im Laubwerk von Bäumen und Büschen. Vom späten Abend an sind sie aktiv und kommen in der Nacht oft ans Licht.
Die Raupe frißt von August bis Mai polyphag in zusammengesponnenen Blüten, Blättern und Trieben besonders von Weißdorn (*Crataegus*), Schlehdorn (*P. spinosa*) und Süßkirsche (*P. avium*). Die Überwinterung erfolgt in einem seidenen Hibernakulum, das in einer Rindenspalte festgesponnen wird. Die Raupe ist graugrün bis olivgrün mit schwarzem Kopf und Nackenschild.
Die schwarze Puppe findet man im Mai und Juni in der Raupenwohnung oder zwischen zwei frisch zusammengesponnenen Blättern.

Hedya atropunctana (Zett. 1839)
(= **ochromelana** Gn. 1845)

Flügelspannweite: 14 bis 16 mm.
Charakteristisch für diese Art ist die rosa Tönung im äußeren Flügeldrittel und der große schwarze Punkt neben dem dunklen Flügelbereich.
Die Falter kommen von Mai bis August in zwei Generationen auf nassen Heiden und moosigen Stellen, in feuchten, offenen Wäldern, besonders aber an deren Rändern und an Hecken vor. Am Tage verbergen sich die Falter in Bodennähe im Blattwerk ihrer Futterpflanzen und fliegen erst abends umher.
Die Raupe ist grau bis schwarzgrau. Kopf und Nackenschild sind schwarz. Sie lebt von August bis Oktober bzw. im Juli an Heide-Gagelstrauch, Weide, Birke, Linde, Rotbuche, Erle und Weißdorn. Die Verpuppung erfolgt von November überwinternd bis April bzw. im Sommer in einem Kokon in der Laubstreu.

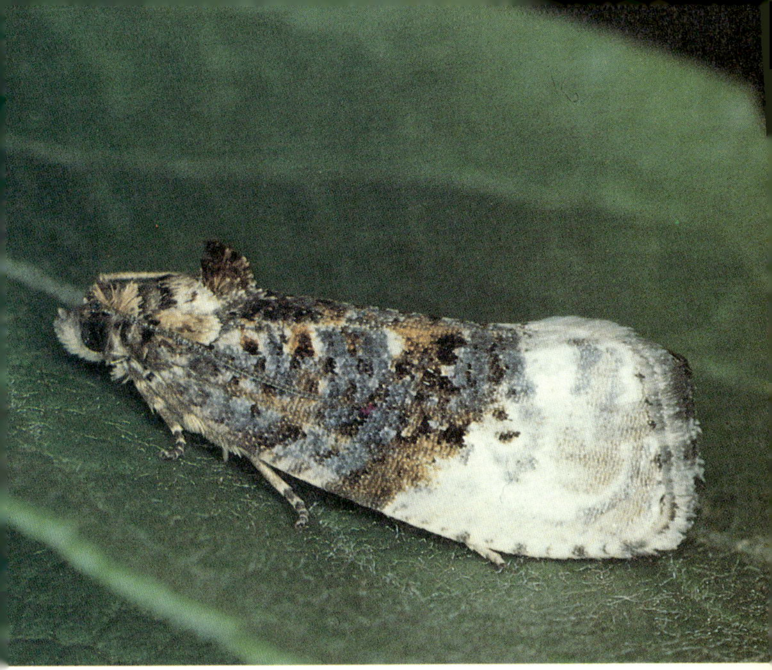

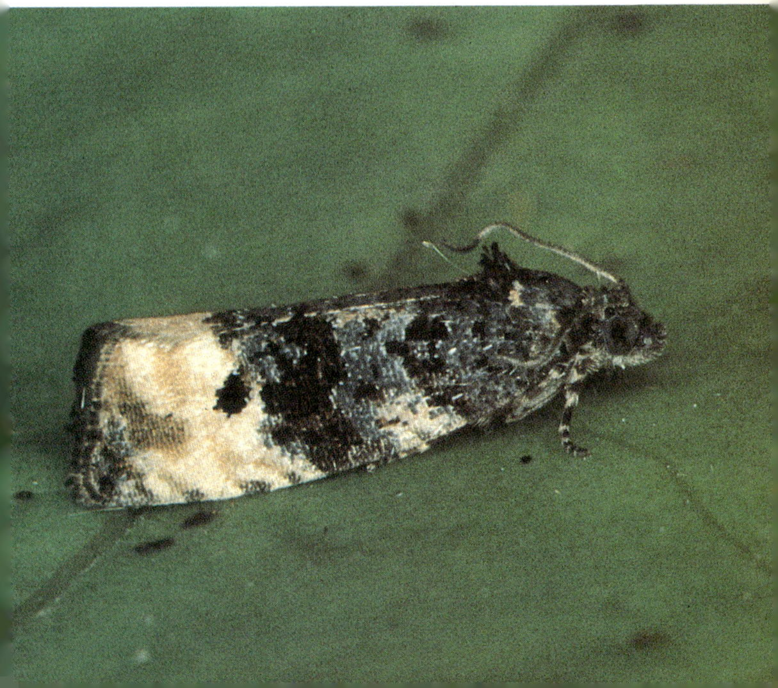

Apotomis turbidana (Hbn. 1825)

(= **corticana** sensu Hbn. 1799)

Flügelspannweite: 19 bis 22 mm.
Die Falter fliegen im Juni und Juli in offenen Wäldern, an Waldrändern und auf Heiden. Sie sind ziemlich häufig. Tagsüber sitzen sie gerne an Blättern und Stämmen von Birken und anderen Bäumen, wobei sie besonders auf der Rinde wegen ihrer Färbung nur sehr schwer zu entdecken sind. Ihre Flugaktivität beginnt mit einsetzender Dämmerung. Nachts werden sie von Licht angelockt.
Die Raupe lebt im Mai in zusammengesponnenen Blättern von Birke (*Betula*), Weide (*Salix*), Pappel (*Populus*) und Eiche (*Quercus*). Sie ist hell- bis graugrün mit grünlichem oder hellbraunem, schwarz gesprenkeltem Kopf und Nackenschild.
Die Verpuppung findet im Juni in der Raupenwohnung oder einem frisch zusammengesponnenen Blatt statt. Die Puppe ist rötlichbraun.

Ancylis mitterbacheriana (D. u. S. 1775)

(= **subuncana** Hw. 1811)

Flügelspannweite: 12 bis 16 mm.
Typisch für diese schön gezeichnete Art ist der große, eckige, dunkelbraune Fleck am Hinterrand der Vorderflügel. Bei den ähnlich aussehenden Arten der näheren Verwandtschaft ist er deutlich gerundet.
Im Mai und Juni kommen die Falter in Wäldern mit Eichen- und Rotbuchenbeständen vor. Tagsüber ruhen sie im Laubwerk, von wo sie leicht aufzuscheuchen sind. Am frühen Abend fliegen sie relativ hoch um die Bäume, nachts werden sie gelegentlich von Licht angelockt.
Die Raupe lebt von Juli bis September an Eiche (*Quercus*) und Rotbuche (*Fagus*). Sie spinnt ein Blatt zu einem schützenden Gehäuse zusammen und frißt das Parenchym, indem sie die innere Blattoberfläche aufritzt. Der Kot verbleibt im Gehäuse. Die Überwinterung findet in einem Kokon statt.
Im April oder Mai vollzieht sich dann die Verpuppung im Kokon, der seit dem Herbst im abgefallenen Gehäuse oder in der Laubstreu ruht. Die Puppe ist rötlichbraun.

Epinotia nisella (Cl. 1759)
Pappelkätzchenwickler
(= cuspidana Hw. 1811 = cinereana Hw. 1811)

Flügelspannweite: 12 bis 17 mm.
E. nisella weist eine extrem variable Flügelzeichnung und -färbung auf, dies gilt besonders für den großen, länglichen Fleck am hinteren Rand der Vorderflügel.
Im Juli und August kann man die Tiere allgemein häufig in Laubwäldern, Parks und Gärten, aber auch an sumpfigen Stellen und Ufern mit Beständen alter Weiden finden.
Tagsüber ruhen die Falter im Blattwerk oder zwischen Flechten an Baumstämmen. Bei Störung suchen sie sofort einen neuen Ruheplatz auf. Mit einbrechender Dunkelheit beginnen sie zu fliegen. Gelegentlich kommen sie ans Licht.
Die Raupe lebt von April bis Juni auf Weide, meist Grau- oder Salweide sowie auf Espe, Schwarz- und Graupappel. Sie frißt in den Kätzchen oder zwischen zwei flach zusammengesponnenen Blättern.
Die Verpuppung erfolgt im Juni/Juli im Raupengespinst oder am Boden in der Laubstreu in einem zarten, bräunlichen Kokon.

Epiblema uddmanniana (L. 1758)
Brombeertriebwickler
(= rubiana Sc. 1763)

Flügelspannweite: 15 bis 20 mm.
Diese Schmetterlinge fliegen Ende Juni und im Juli häufig an Brombeerhecken, Waldrändern und in verwilderten Gärten. Tagsüber verstecken sie sich im Blattwerk der Brombeerranken oder zwischen anderen Pflanzen. Gewöhnlich sitzen sie auf der Blattunterseite, bei sonnigem Wetter jedoch teilweise auch oberseits. Bei Störung fliegen sie rasch auf und suchen sofort einen neuen Ruheplatz in der Nähe. Die Flugaktivität beginnt mit Eintritt der Dämmerung und erreicht ihr Maximum kurz vor Mitternacht, wobei die Falter gerne Lichtquellen anfliegen.
Die Raupe lebt von Juli bis zum kommenden Mai an verschiedenen Rubus-Arten, besonders an Brom- und Himbeere.
Die rotbraune bis schwarze Puppe findet man im Mai und Juni in einem weißlichen Seidenkokon am Fraßort der Raupe in einem zusammengesponnenen Blatt oder zwischen Moos.

Epiblema roborana (D. u. S. 1775)
Weißbindiger Rosenwickler
(= **aquana** Hbn. 1799)

Flügelspannweite: 16 bis 22 mm.
Ähnlich gezeichnet sind *E. rosaecolana* und *E. trimaculana*, die sich nur in geringfügigen Details von *E. roborana* unterscheiden.
Von Juni bis August sind die Falter an Hecken, in offenen Wäldern und an Waldrändern häufig. Tagsüber ruhen sie meist in Rosenbüschen und sind von dort leicht aufzuscheuchen. Abends werden sie aktiv und kommen nachts oft zum Licht.
Die Raupe ist durchscheinend rötlich- oder dunkelbraun. Der Kopf ist gelbbraun, der Nackenschild schwarzbraun bis schwarz. Von Mai bis Juni frißt sie in eng zusammengesponnenen Blättern und Trieben von kultivierten oder wilden Rosen (*Rosa*). Manchmal werden auch Blütenknospen befressen. Außer an Rosen lebt die Art auch an Himbeere (*Rubus*), Schlehdorn (*Prunus spinosa*), Weißdorn (*Crataegus*), Gagelstrauch (*Myrica gale*) und Eiche (*Quercus*).
Die hellbraune Puppe findet man im Juni im Raupengespinst.

Epiblema foenella (L. 1758)
(= **hochenwartiana** Sc. 1772 = **pflugiana** F. 1787)

Flügelspannweite: 17 bis 26 mm.
Der sichelförmige weiße Fleck der Vorderflügel kann in seiner Gestalt etwas variieren, gelegentlich ist er auch grau übergossen, und im Extremfall fehlt er ganz.
Die Falter fliegen im Juli vom späten Nachmittag an häufig an Ruderalstandorten, Wegrändern, an Ufern und felsigen Küsten. Nachts werden sie von Licht angelockt. Tagsüber halten sie sich in der Vegetation versteckt, besonders zwischen Beifuß.
Die Raupe frißt von August bis Oktober in den Wurzeln des Gemeinen Beifuß (*Artemisia vulgaris*) und der Eberraute (*A. abrotanum*). Sie ernährt sich vom Mark und treibt ihren Fraßgang aufwärts bis in den Stengel hinein. Die erwachsene Raupe fertigt sich im Herbst ein Puppengehäuse aus Gespinst und Fraßresten. Einige Zentimeter über dem Wurzelstock präpariert sie ein Ausschlupfloch für den Falter, wobei sie eine dünne Epidermisschicht stehenläßt. Die Raupe überwintert in diesem Puppengehäuse und verwandelt sich erst im Frühjahr.

Epiblema roborana
E. foenella, lateral
E. foenella, dorsal

Epiblema sticticana (F. 1794)

(= **melstediana** Larsen 1927 = **farfarae** Fl. 1938)

Flügelspannweite: 15 bis 22 mm. Die Weibchen sind normalerweise größer als die Männchen.

Sehr selten tritt eine Form mit ockergelben, fast zeichnungslosen Vorderflügeln ohne weißen Fleck auf. Bei der ähnlichen *E. scutulana* ist der weiße Fleck nicht zum Apex hin gebogen und die Vorderflügel sind dunkler gefärbt.

Im Mai und Juni findet man die Falter fast überall auf Ruderalstandorten, an Wegrändern, Böschungen, Dämmen und an Küsten. Vom Nachmittag an fliegen sie im Sonnenschein bis zur Dunkelheit, wobei sie sich häufig auf Huflattich niederlassen.

Die Raupe lebt von Juli bis zum kommenden April an Huflattich (*Tussilago farfara*) oder gelegentlich an Pestwurz (*Petasites*) und Klette (*Arctium*). Zunächst frißt sie in den Wurzeln oder dem Wurzelstock. Im Frühling wechselt sie jedoch in den Blütenstengel über.

Die Verpuppung findet im April und Mai statt. Die Puppe ist zwischen den Wurzeln der Futterpflanze festgesponnen.

Thiodia citrana (Hbn. 1799)

Flügelspannweite: 16 bis 21 mm.

Die Falter fliegen im Juli an Ruderalstandorten. Tagsüber verbergen sie sich zwischen Gräsern und Kräutern. An sonnigen Nachmittagen sitzen sie jedoch gelegentlich auf den Blüten ihrer Futterpflanzen. Die Flugzeit beginnt mit einsetzender Dämmerung. Nachts kommen sie zum Licht.

Die Raupe frißt im August und September in den Blütenköpfen der Färber-Hundskamille (*Anthemis tinctoria*), der Stinkenden Hundskamille (*A. cotula*), Gemeinen Schafgarbe (*Achillea millefolium*), des Gemeinen Beifuß (*Artemisia vulgaris*), Feldbeifuß (*A. campestris*) und des Rainfarns (*Chrysanthemum vulgare*), wobei oft zwei oder drei Blüten zusammengesponnen werden.

Der Körper der Raupe ist gelblichweiß und stark gekörnt, Kopf und Nackenschild sind braun oder schwarz. Im Herbst ist sie ausgewachsen und fertigt sich in der Laubstreu am Boden einen Kokon zur Überwinterung an, in dem sie sich im folgenden Juni verpuppt.

Spilonota ocellana (D. u. S. 1775)
Knospenwickler

Flügelspannweite: 12 bis 17 mm.
Die Falter sind von Juni bis August sehr häufig. Mit Beginn der Dämmerung nehmen sie ihre Flugaktivität auf und schwärmen in Lärchenschonungen, an Waldrändern, in Gärten und um Hecken. Sie kommen gerne zum Licht.
Die Raupe ist dunkel rötlichbraun und fein gekörnt. Sie lebt von August bis zum folgenden Juni polyphag an zahlreichen Bäumen, Büschen und krautigen Pflanzen, besonders an Rosaceen wie Apfelbaum, Quitte, Birnbaum, Weißdorn, Elsbeere, Himbeere und Kirsche.
Die Raupe der Form laricana ist in der Regel blaßgraubraun, sie lebt an Lärchen (Larix). Die Falter dieser Form sind normal gezeichnet, jedoch relativ dunkel.

Rhyacionia buoliana (D. u. S. 1775)
Kieferntriebwickler
(= **gemmana** Hbn. 1819)

Flügelspannweite: 16 bis 24 mm.
Die Vorderflügel von R. buoliana sind leuchtend rostorange mit silberweißen Binden und Flecken, die in Verlauf, Ausdehnung und Intensität variieren.
Eine ähnliche Art ist R. pinicolana, bei der jedoch am äußeren Hinterrand der Vorderflügel durch die silberweißen Binden ein oben gerundeter, dreieckiger Fleck abgegrenzt wird.
Die Falter fliegen von Juni bis August sehr häufig in Kiefernwäldern und -schonungen. Vom späten Abend an sind sie aktiv und kommen auch zum Licht. Tagsüber ruhen sie gern in Kiefern. Zuweilen werden so hohe Populationsdichten erreicht, daß es zu Schäden in Kiefernbeständen kommt.
Die rötliche Raupe lebt an zahlreichen Kiefer-Arten (Pinus) von September bis zum folgenden Juni in den Trieben. Der größte Schaden entsteht, wenn ein Haupttrieb angegriffen wird. In diesem Fall bildet sich eine charakteristische posthornartige Deformation, die eine permanente Krümmung des Hauptstammes zur Folge hat. Die braune Puppe findet man im Juni und Juli in einem Seidenkokon am Fraßort der Raupe.

Enarmonia formosana (Sc. 1763)
Obstbaumrindenwickler
(= **woeberiana** D. u. S. 1775)

Flügelspannweite: 15 bis 19 mm.

Dieser hübsche Wickler ist durch seine kontrastreiche schwärzliche und orangene bis rostfarbene Vorderflügelfärbung ausgezeichnet. Besonders auffallend sind der Augenfleck am Außenrand und die weißen Streifen im apikalen Bereich.

Im Juni und Juli, zuweilen auch noch später, sind die Falter bevorzugt in Parks, Gärten und Obstplantagen anzutreffen. Bis zum Nachmittag ruhen sie meist an Baumstämmen. Dann werden sie allmählich aktiv und fliegen bis in die Abendstunden hinein um Baumäste. Nachts kommen sie gelegentlich zum Licht.

Die Raupe ist durchscheinend grau mit braunem Kopf und Nackenschild. Sie frißt von September bis zum folgenden Mai in der Rinde verschiedener Rosaceen, besonders an Süßkirsche (*Prunus avium*), Pflaume (*P. domestica*), Holzapfelbaum (*Malus sylvestris*), Gartenbirnbaum (*Pyrus communis*) und gelegentlich an Aprikose (*P. armeniaca*), Pfirsich (*P. persica*) und Eberesche (*Sorbus*). Meist findet man die Raupe in älteren Bäumen mit dicker Rinde. Ausgeworfener Kot an Rissen in der Rinde deutet auf sie hin.

Die Verpuppung erfolgt im Mai und Juni. Die gelbbraune Puppe ist am Fraßplatz festgesponnen.

Pammene aurantiana (Stdgr. 1871)

Flügelspannweite: 14 bis 15 mm.

Die orange- bis rostrote Grundfärbung der Vorderflügel sowie der blasse, orange, zum Außenrand hin gebogene Fleck sind Charakteristika von *P. aurantiana*.

Im Juli und August kann man die Falter in Wäldern und Parks antreffen, wo Bergahorn wächst. Sie fliegen nachmittags, wobei sie sich meist hoch oben im Kronenbereich aufhalten. Nachts lassen sie sich von Licht anlocken.

Die Raupe besitzt einen durchscheinend grauweißen Körper, Kopf und Nackenschild sind braun. Im August und September frißt sie in den Samen von Bergahorn (*Acer pseudo-platanus*).

Die Verpuppung findet in einem Kokon statt.

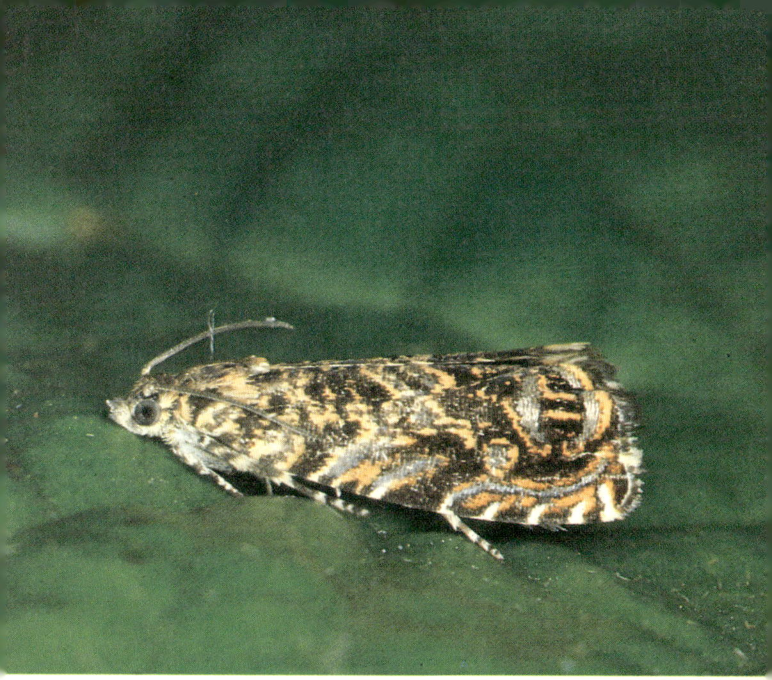

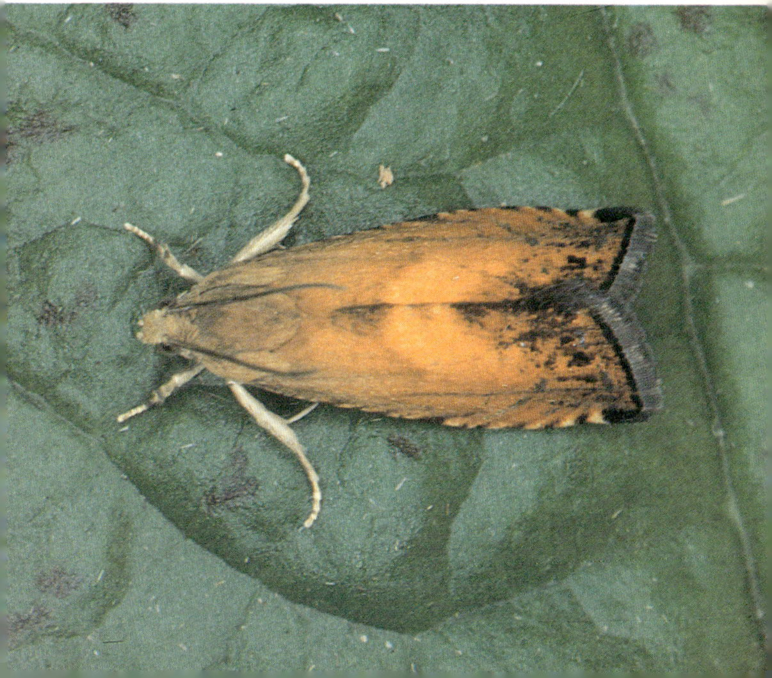

Cydia fagiglandana (Z. 1841) – Buchelnwickler

(= **grossana** Hw. 1811, nec. Thnbg. 1791 = **nimbana** sensu Pie. u. Metc. 1922)

Flügelspannweite: 13 bis 19 mm.

Ähnlich erscheint *C. splendana*, bei der die Vorderflügel jedoch nicht so eintönig grau erscheinen. Außerdem ist bei dieser Art der Augenfleck deutlicher und enthält eine dunkelviolette Färbung.

Im Juni und Juli sind die Falter in Buchenwäldern häufig. Am Abend fliegen sie meist ziemlich hoch um die Kronen der Bäume, später kommen sie zum Licht. Tagsüber leben sie versteckt im Laubwerk.

Die Raupe ist gelblichweiß mit undeutlichen, rötlichen Längsstreifen. Von August bis Oktober frißt sie in den Früchten der Rotbuche.

Cydia pomonella (L. 1758) – Apfelwickler

(= **pomona** F. 1775 = **aeneana** de Vill. 1789)

Flügelspannweite: 14 bis 22 mm.

Die Falter fliegen von Mai bis Oktober in zwei Generationen. In Obstgärten und auf Streuobstwiesen sind sie ausgesprochen häufig. Die klimatischen Bedingungen eines Jahres haben einen großen Einfluß auf die Populationsdichte und damit auf das Ausmaß des Schadens, der jedoch kaum eine wirtschaftlich relevante Größenordnung erreicht.

Tagsüber ruhen die Tiere im Blattwerk und an Stämmen. Gegen Abend fliegen sie umher, und nachts kommen sie zum Licht.

Die Raupe ist gelblichweiß, stark gekörnt. Ab Juni und wieder von August bis Oktober lebt sie in den Früchten von Apfelbaum (*Malus*), Quitte (*Cydonia oblonga*), Birnbaum (*Pyrus*), Kirsch- und Pfirsichbaum (*Prunus*), Edelkastanie (*Castanea sativa*), Echter Walnuß (*Juglans regia*) und Feige (*Ficus carica*). Sie ernährt sich vom Fruchtfleisch und den Samen. An der Mehlbeere (*Sorbus aria*) lebt sie zwischen den Beeren.

Die Verpuppung erfolgt in einem Kokon unter der Rinde, am Boden oder auch in Ecken von Apfelkisten oder an Regalen, in denen Äpfel gelagert werden. Die Puppe ist braun.

Durch den Handel wurde der Apfelwickler weltweit verschleppt und ist heute in den meisten gemäßigten Gebieten der Erde beheimatet, in denen Äpfel angebaut werden.

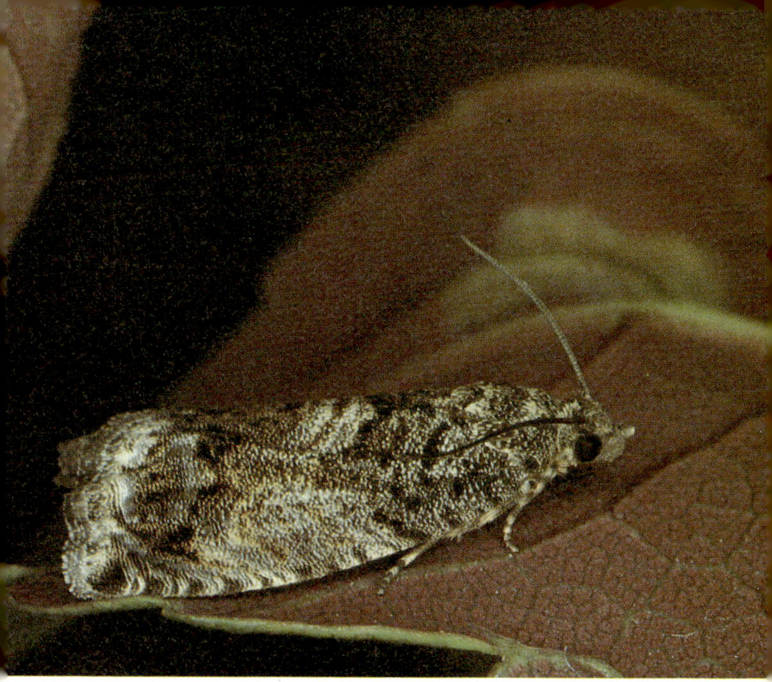

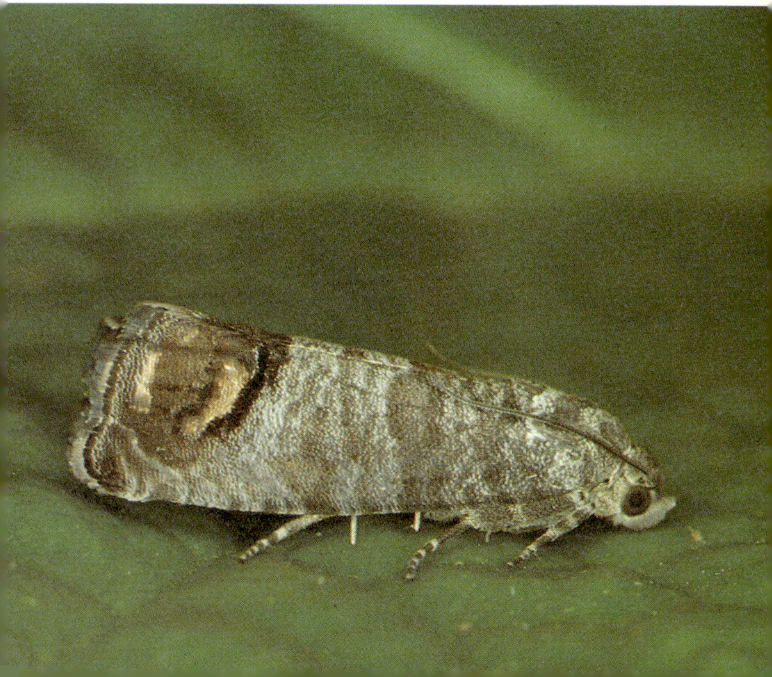

Familie Choreutidae

Die Choreutiden besitzen einen anliegend beschuppten Kopf. Ocellen sind vorhanden. Der Rüssel ist gut entwickelt und an der Basis beschuppt. Beide Flügelpaare, besonders die Hinterflügel, sind sehr breit, die Fransen kurz.

Die Falter sind tagaktiv und besuchen gerne Blüten. Wenn sie sich niedergelassen haben, laufen sie häufig mit kurzen, ruckartigen Bewegungen.

Sehr charakteristisch ist die Ruhehaltung der Tiere. Sie halten ihre Flügel leicht horizontal abgespreizt und in Längsrichtung mehr oder weniger stark gewellt. Eine Ausnahme bildet hier die Gattung *Tebenna*, deren Vertreter die Flügel dicht geschlossen halten.

Die Eier sind abgeflacht, napfförmig.

Die Raupen leben in einem leichten Gespinst an den Blättern verschiedener Blütenpflanzen.

Die Verpuppung erfolgt in der Regel in einem dichten Seidenkokon, aus dem sich die Puppe mit Hilfe von abdominalen Dornen vor dem Schlüpfen des Falters hervorschiebt.

Die Choreutidae sind mit zahlreichen Arten weltweit verbreitet, wobei der Verbreitungsschwerpunkt in den tropischen Regionen liegt. Elf Arten sind in Mitteleuropa verbreitet.

Anthophila fabriciana (L. 1767)
(= **dentana** Hbn. 1799 = **urticana** D. u. S. 1775)

Flügelspannweite: 10 bis 15 mm.

Die Falter erscheinen in zwei, manchmal sogar drei Generationen im Mai/Juni und wieder ab Juli. Ein Teil der Tiere überwintert. Die Falter fliegen tagsüber im Sonnenschein und sind oft in großer Anzahl an Brennnesselbeständen zu finden.

Die Eier werden an Stengel und Blätter von Brennessel (*Urtica*), gelegentlich auch Glaskraut (*Parietaria*) und Beinwell (*Symphytum*) abgelegt.

Die Raupen sind blaß gelblichgrün mit großen dunkelbraunen Flecken, aus denen lange weißliche Haare entspringen. Sie leben im Juni und Juli und wieder ab August überwinternd bis zum folgenden Mai in einem leichten Gespinst an den Blüten ihrer Futterpflanzen.

Prochoreutis sehestediana (F. 1776)

(= **punctosa** Hw. 1811 = **philonyma** Meyr. 1912)

Flügelspannweite: 9 bis 12 mm.

Sehr ähnlich ist *P. myllerana*. Bei dieser ist jedoch der Bereich mit eingestreuten silberweißen und blaumetallischen Schuppen deutlich kleiner und im äußeren Flügelfeld ist keine hellbraune Querbinde ausgebildet.

In Laubwäldern und an sumpfigen Stellen kann man die Falter von Mai bis August in zwei Generationen oft in großer Anzahl beobachten. Sie saugen gerne an den Blüten von Wasserdost (*Eupatorium cannabinum*) und anderen Korbblütlern (Compositae).

Die Raupe lebt im Juni und wieder von Juli bis August in einem lockeren Gespinst an den Blättern von Helmkraut (*Scutellaria*).

Familie Sesiidae – Glasflügler

Die Vertreter der Glasflügler sind als solche sehr leicht zu erkennen. Sie sind mittelgroß bis klein mit schmalen Flügeln (besonders die Vorderflügel), die in großen Bereichen schuppenlos und somit glasig durchsichtig sind (Name!). Die Fühler sind spindel- oder fadenförmig und tragen am Ende oft einen Haarpinsel. Ocellen sind ausgebildet. Der Thorax ist kräftig, das Abdomen schlank und mit einem gut entwickelten Afterbusch versehen.

Die sonnenliebenden Falter sind durch ihre teilweise durchsichtigen Flügel und den schnellen Flug leicht zu übersehen. Gelegentlich kann man sie jedoch beim Blütenbesuch beobachten.

Die abgeflacht ovalen Eier werden in Rindenritzen, Astgabeln, an Blättern oder in den Boden nahe der Wurzel der Futterpflanze abgelegt.

Die Raupen sind durchscheinend weißlich oder weißlichgelb und nackt. Sie bohren im Holz von Bäumen bzw. in Stengeln oder Wurzelstöcken von krautigen Pflanzen.

Die Puppen besitzen einen Stirnfortsatz, um den Kokon oder das vorbereitete Schlupfloch aufzureißen. Dornenreihen auf dem Hinterleib ermöglichen es der Puppe, sich vor dem Schlüpfen des Falters aus dem Bohrloch hervorzuschieben.

Mit etwa 1000 Arten sind die Glasflügler weltweit verbreitet. In Mitteleuropa sind über 40 Arten bekannt.

Prochoreutis sehestediana
Larve von Sesia apiformis

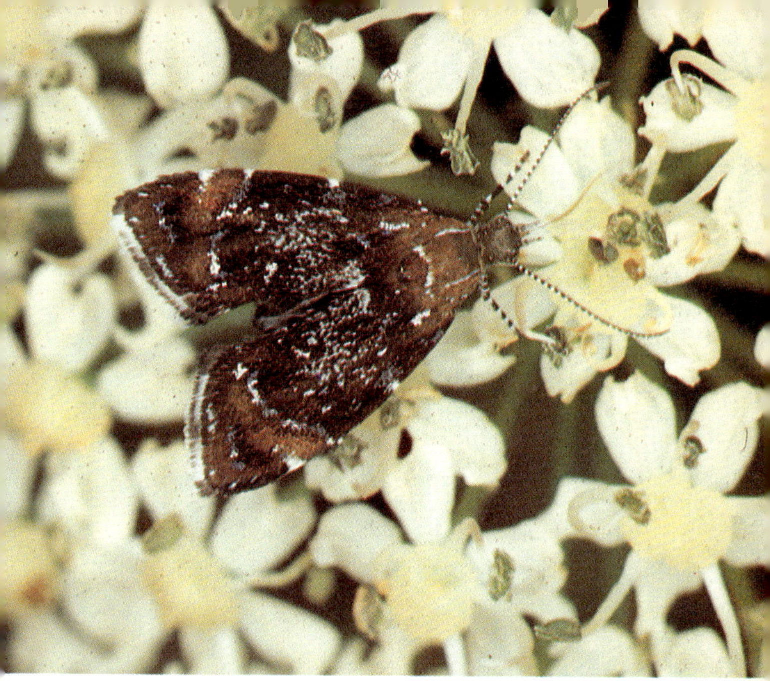

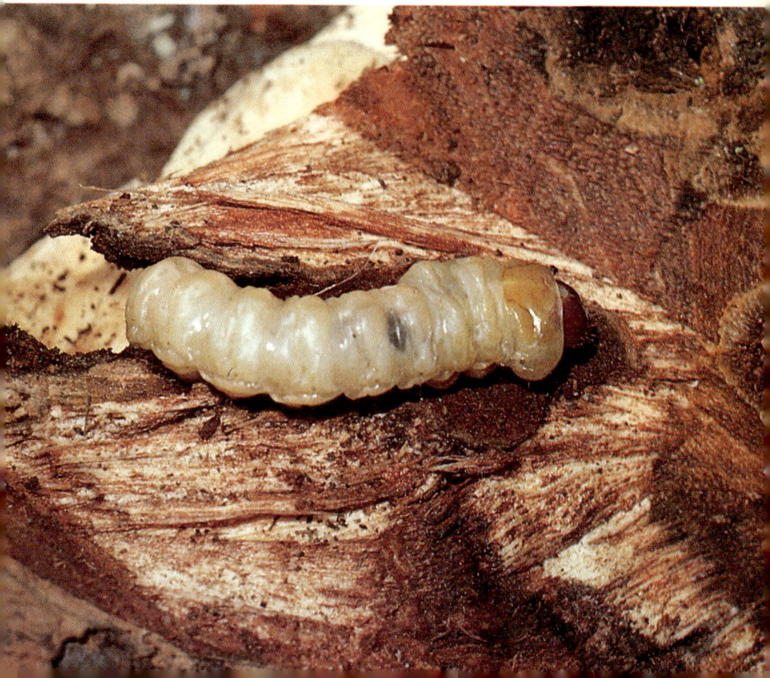

Sesia apiformis (Cl. 1759) – Hornissenglasflügler, Bienenglasflügler

(= **vespiformis** Hfn. 1766 nec L. 1758 = **crabroniformis** D. u. S. 1775)

Flügelspannweite: 33 bis 46 mm.

Der Hornissenglasflügler erscheint von Ende Mai bis Ende Juli oder Anfang August in Pappelbeständen. Vormittags sitzen die Falter gern an den Stämmen ihrer Futterpflanzen.

Die Raupen leben ab August zweimal überwinternd in Pappeln (*Populus*) und gelegentlich auch in Salweide (*Salix caprea*). Sie legen im unteren Teil eines Stammes und in den Wurzeln ausgedehnte Bohrgänge zwischen Rinde und Holz an, die manchmal das Absterben des Baumes zur Folge haben können. Sie sind gelblichweiß mit braun gerandeten Stigmen und kastanienbraunem Kopf. Im Herbst des zweiten Jahres wird meist unter der Rinde ein länglichrunder, mit Holzspänen durchwobener Kokon angefertigt, in dem nach der zweiten Überwinterung im April die Verpuppung stattfindet. Bei gehäuftem Auftreten kann die Art gelegentlich schädlich werden.

Synanthedon tipuliformis (Cl. 1759) Johannisbeerglasflügler

(= **salmachus** L. 1758 = **tipula** Retz. 1783)

Flügelspannweite: 17 bis 20 mm.

Ähnlich ist *S. cephiformis* (Tannenwald-Glasflügler), der am Metathorax jedoch einen gelben Querfleck, beim Weibchen einen am Ende gelben Afterbusch und beim Männchen einen unterseits gelb gemischten Afterbusch besitzt. *S. spuleri* ist nach äußeren Merkmalen nicht von *S. tipuliformis* zu unterscheiden.

Ab Mitte Mai bis Anfang August erscheinen die Falter in Gärten und an Waldrändern. Sie fliegen sehr schnell im Sonnenschein und sind kaum zu verfolgen. Am besten kann man sie von den späten Vormittagsstunden an bis zum Nachmittag beobachten, wenn sie sich gelegentlich auf die Blätter von Johannisbeerbüschen setzen.

Von August bis April oder Mai bohrt die Raupe in den Haupt- und Seitentrieben von Johannisbeere (*Ribes*) oder gelegentlich auch anderen Pflanzen. Bei starkem Auftreten kann es zu Schäden in Johannisbeerkulturen kommen.

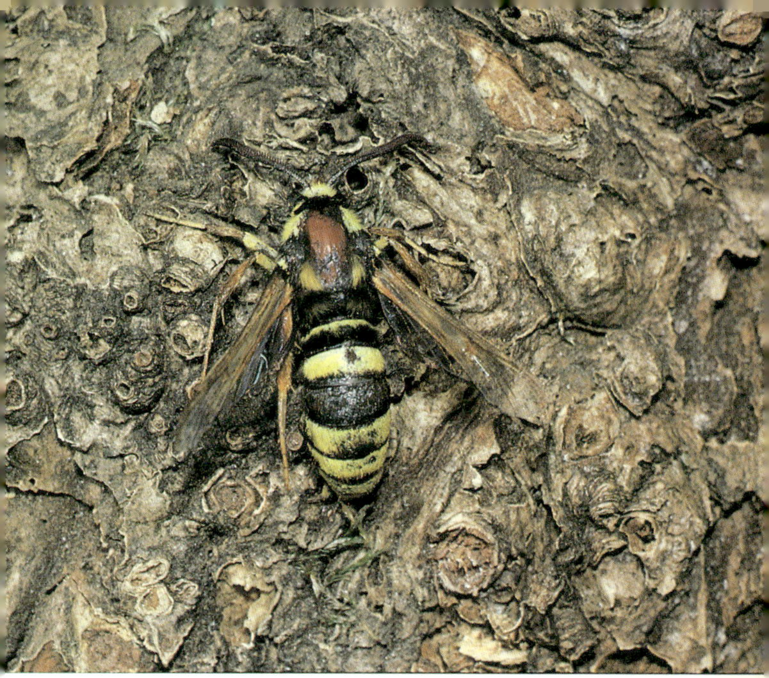

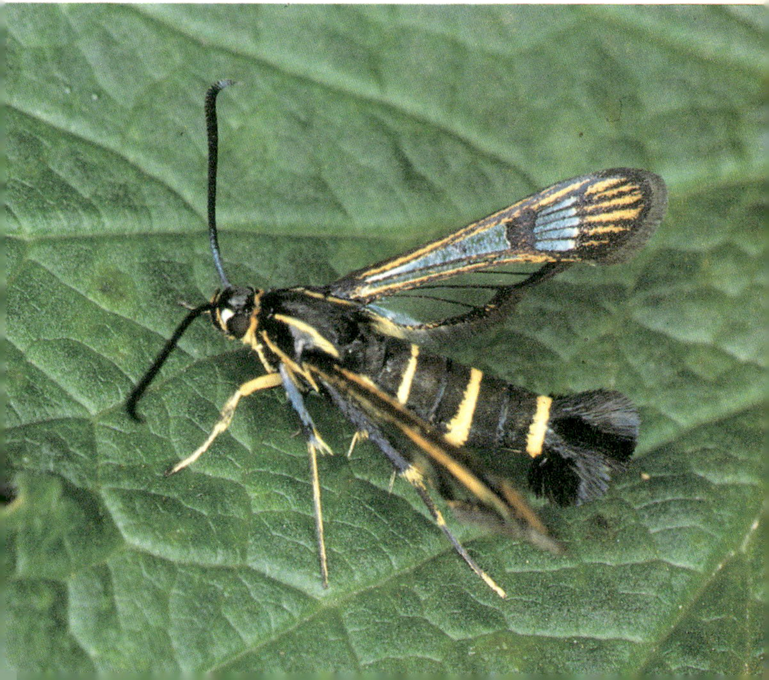

Familie Alucitidae – Geistchen

Auf den ersten Blick weisen die kleinen und zarten Geistchen eine große Ähnlichkeit mit den Federmotten (Pterophoridae) auf, mit denen sie jedoch nicht verwandt sind. Ihre Flügel sind zwar auch federartig aufgespalten, allerdings gleichmäßiger als bei den Pterophoriden. Vorder- und Hinterflügel sind in jeweils sechs Federn unterteilt. Der Kopf ist anliegend beschuppt und besitzt Ocellen.
Die Raupen leben in Blüten und Stengelgallen verschiedener Pflanzen.
Die Verpuppung erfolgt in einem Kokon am Boden oder am Stamm der Futterpflanze.
Mit etwa 100 Arten sind die Geistchen eine kleine Familie. In Mitteleuropa sind nur wenige Arten verbreitet.

Alucita hexadactyla (L. 1758)
Geißblattgeistchen
(= **polydactyla** Hbn. 1813)

Flügelspannweite: 14 bis 16 mm.
Das bizarr anmutende Geißblattgeistchen besitzt gelbbraun marmorierte, in einzelne „Federchen" aufgegliederte Flügel. Auf den Vorderflügeln treten zwei breite, stark geschwungene, graubraune bis schwärzlichbraune Querbinden hervor, von welchen die äußere nicht den Hinterrand erreicht.
Die zarten Falter fliegen von Ende März bis in den Herbst, möglicherweise in zwei Generationen. Die Herbstfalter überwintern in Schuppen und an anderen geschützten Orten. Bevorzugte Lebensräume sind Laubwälder und ihre Ränder. Man kann die Falter sowohl tagsüber, als auch in der Dämmerung oder nachts am Licht antreffen.
Die gelbe Raupe lebt in Blütenknospen von Geißblatt (*Lonicera*) und miniert auch in den Blättern.
Die Verpuppung erfolgt in einem festen Kokon an oder unter der Erdoberfläche.

Alucita hexadactyla

Familie Pterophoridae – Federmotten

Die Federmotten sind durch ihr charakteristisches Erscheinungsbild sofort ohne Schwierigkeiten von allen anderen Schmetterlingsfamilien zu unterscheiden.

Die langen, schmalen Vorderflügel sind meist durch einen tiefen Einschnitt in zwei federartige, mit langen Fransen versehene Zipfel aufgespalten. Die Hinterflügel sind in jeweils drei derartige Federn geteilt. Diese Aufspaltung der Flügelmembran fehlt lediglich bei der Unterfamilie Agdistinae.

Der Hinterleib ist lang und schlank. Die Beine sind auffallend lang und tragen große Sporne. Die fadenförmigen Fühler erreichen normalerweise ⅔ der Vorderflügellänge. Ocellen fehlen, der Rüssel ist gut entwickelt.

Die Ruhehaltung der Falter ist sehr typisch, schnakenartig. Die Vorderflügel werden horizontal und oft rechtwinkelig vom Körper abgespreizt. Vorder- und Hinterflügel sind bei vielen Arten auf verschiedene Weise zusammengerollt oder gefaltet, wobei die Hinterflügel häufig vollständig verdeckt sind. Die Vorderbeine werden nach vorne, die Mittelbeine etwas nach hinten und die Hinterbeine parallel zum Körper nach hinten gestreckt. Die Hintertarsen sind oft leicht nach oben gebogen oder werden über dem Hinterleib gekreuzt.

Die Eier sind glatt, glänzend, länglich oder walzenförmig und oft etwas abgeplattet.

Die Raupen besitzen unterschiedliche Formen und Hautbekleidung. Häufig sind sie kurz und dick mit kleinem einziehbarem Kopf. Andere sind sehr flach mit einer regelrechten Seitenkante, und wieder andere besitzen keines dieser Merkmale. Sie tragen Warzen und meist sehr kurze Härchen oder Borsten, die mit einem Knötchen enden. Die *Pterophoriden*-Raupen sind allgemein träge und bewegen sich nur sehr langsam. Sie leben frei an Blättern, Blüten und Samenkapseln oder bohren in Blütenböden und Stengeln krautiger Pflanzen.

Die Puppen sind meist lang und schlank mit stumpfem Kopfende und zugespitztem Hinterende. Sie sind lediglich mit dem Hinterende auf einem kleinen Gespinstpolster befestigt und liegen entweder horizontal oder hängen mit dem Kopf nach unten.

Die Federmotten sind weltweit mit über 500 Arten verbreitet, etwa 60 kommen in Mitteleuropa vor.

Stenoptilia bipunctidactyla, lateral

Platyptilia gonodactyla (D. u. S. 1775)

(= **megadactyla** D. u. S. 1775 = **trigonodactyla** Hw. 1811)

Flügelspannweite: 20 bis 30 mm.

Die Falter fliegen im Mai und Juni (1. Generation) und wieder von Juli bis Anfang Oktober (2. Generation) häufig auf feuchten Ruderalstellen, Äckern und an Ufern. Die Flugaktivität beginnt in der Dämmerung. Nachts kommen die Falter zum Licht.

Die Eier werden einzeln an der Blattunterseite von Huflattich (*Tussilago farfara*) und gelegentlich auch an Pestwurz (*Petasites*) abgelegt.

Die Sommerraupen minieren zuerst in den Blättern und fressen dann frei an deren Unterseite. Die Herbstraupen minieren auch zunächst in Blättern und bohren sich dann in einen Stengel ein, um dort zu überwintern. Im Frühjahr fressen sie die Knospen, Blüten und Samen oder sie höhlen den Blütenstengel dicht über dem Boden aus. Eine befallene Pflanze ist dann an der verkümmerten Blüte und dem ausgestoßenen schwarzen Kot zu erkennen.

Die Verpuppung erfolgt im Frühjahr in der Blüte und im Sommer an der Blattunterseite oder am Stengel.

Stenoptilia bipunctidactyla (Sc. 1763)
Skabiosenfedermotte

(= **mictodactyla** D. u. S. 1775 = **aridus** Z. 1847)

Flügelspannweite: 14 bis 24 mm.

Die Falter erscheinen im April und fliegen bis Oktober in zwei bis drei sich überschneidenden Generationen häufig auf trockenen krautreichen Stellen. Sie fliegen von der Dämmerung bis in die Nacht hinein, wobei sie auch ans Licht kommen. Tagsüber lassen sie sich leicht aus der Krautvegetation aufscheuchen.

Die Raupe frißt im Sommer und Herbst an den Blüten oder im Inneren des hohlen Fruchtbodens von Tauben-Grindkraut (*Scabiosa columbaria*), Teufelsabbiß (*Succisa*) und Witwenblume (*Knautia*). Überwinterte Raupen leben in jungen Trieben und Blattknospen, die sie mit Kot anfüllen oder sie fressen von außen Löcher in die Blüten.

Die Verpuppung erfolgt an der Futterpflanze oder an benachbarten Pflanzen. Die Puppe ist gelbgrün und schlank.

Platyptilia gonodactyla
Stenoptilia bipunctidactyla, dorsal

Pterophorus pentadactyla (L. 1758)
Winden-Federmotte
(= **tridactyla** Sc. 1763 nec L. 1758)

Flügelspannweite: 26 bis 34 mm.
Die Falter sind von Mai bis September teilweise in zwei Generationen an grasreichen Stellen mit Gebüsch, auf Äckern und in Gärten sowie auf Ruderalstellen sehr häufig. Die Flugaktivität wird mit Einbruch der Dämmerung aufgenommen. Nachts kommen die Falter ans Licht. Tagsüber leben sie in der Vegetation versteckt, sind jedoch leicht aufzuscheuchen.
Die Raupe ist blaßgrün mit weißen Haaren. Die Rückenwarzen sind mit bräunlichen Haaren besetzt. Von August bis Mai lebt sie an Ackerwinde und Gemeiner Zaunwinde. Nach der Überwinterung werden junge Blätter und Blüten gefressen, wobei sich die Raupe bevorzugt an der Blattunterseite und am Pflanzenstengel aufhält. An den unterseits benagten Blättern entstehen braune Flecken.
Die Verpuppung erfolgt ebenfalls unter einem Blatt im Mai oder Juni. Die Puppe ist grünlich oder schmutzigweiß mit langen weißen Borsten auf den Warzen.
Ein Teil der frühen Raupen wächst schnell heran und bringt im September eine zweite Faltergeneration hervor.

Leioptilus scarodactyla (Hbn. 1813)
(= **icarodactyla** Tr. 1833)

Flügelspannweite: ca. 10 mm.
Die Falter kommen von Mai bis August in zwei Generationen auf Ruderalplätzen, Magerrasen und Sandtrockenrasen vor. Tagsüber kann man sie ebenso beobachten wie nachts am Licht.
Die Raupe lebt in den Blütenböden von Waldhabichtskraut und Doldenhabichtskraut. Sie ist kurz und dick, bräunlichgrau und dicht mit dunkelbraunen Punkten besetzt. Jedes Segment zeigt auf dem Rücken einen fast viereckigen Fleck, der sich aus dichtstehenden feinen schwarzbraunen Punkten zusammensetzt. Der Kopf ist glänzend gelb bis braun. Die Herbstraupen überwintern in den ausgefressenen Blütenböden unter einem Gespinst. Im Februar oder März verlassen sie dieses Versteck, um sich zwischen Blättern zur Verpuppung einzuspinnen. Die Puppe ist gelblichweiß.

Familie Pyralidae – Zünsler

Die Zünsler sind eine sehr große Gruppe von meist kleinen bis mittelgroßen Schmetterlingen, die in gewisser Weise ein Bindeglied zwischen den sog. Klein- und Großschmetterlingen darstellen.

An der Basis des Abdomens, also am ersten Hinterleibssegment, befindet sich ventral ein paarig angelegtes Tympanalorgan, das die Pyralidae von allen anderen Schmetterlingsgruppen mit Ausnahme der Geometroidea unterscheidet.

Dieses paarige Hörorgan dient der Wahrnehmung des Ortungslautes von Fledermäusen, so daß ein Entkommen möglich ist. Außerdem dient es der Geschlechterfindung.

Die Antennen sind nackt oder bewimpert und hinter der Basis oft mit Schuppenwülsten versehen, die Sinnesorgane umkleiden. Die Maxillarpalpen sind ebenso wie die Ocellen normalerweise vorhanden. Wenn ein Rüssel ausgebildet ist, ist dieser an der Basis stark beschuppt. Chaetosemata sind vorhanden oder fehlen.

Die Vorderbeine besitzen eine gut entwickelte Epiphyse, die Mitteltibien ein Paar, die Hintertibien zwei Paar Sporne. Weitere Merkmale finden sich im Flügelgeäder.

In Ruhe halten die Falter ihre Flügel mehr oder weniger steil dachförmig, oder die Vorderflügel werden nahezu horizontal übereinander geschoben.

Die Falter fliegen am Tage, während der Dämmerung oder nachts.

Die Eier sind dünnschalig und nur schwach skulpturiert. Oft sind sie abgeflacht und linsenförmig.

Die Raupen haben meist eine zylindrische Form mit normalem Kopf und gut entwickelten Brust- und Bauchbeinen. Ihre Lebensweise ist sehr verschiedenartig. Eine ganze Reihe von Arten haben als Pflanzen- oder Vorratsschädlinge wirtschafliche Bedeutung.

Die Puppen zeichnen sich durch eine zweizipfelige Spitze des Labrums aus.

Die in allen Regionen der Erde verbreiteten Zünsler bilden weltweit betrachtet nach den Noctuoidea wahrscheinlich die größte Schmetterlingsgruppe. Ihre Anzahl kann man nur schätzen. Nach MUNROE (1972) könnten es 30000 (!) Arten sein, wovon die meisten in den Tropen vorkommen.

In Mitteleuropa kommen über 300 Arten vor.

Galleria mellonella

Unterfamilie Galleriinae – Wachsmotten

Die Wachsmotten weisen sich unter anderem durch einen Geschlechtsdimorphismus im Bau der Labialpalpen aus. Bei den Männchen sind sie klein und verborgen, bei den Weibchen deutlich größer, vorgestreckt oder hängend. Die Maxillarpalpen sind klein und vorgestreckt. Ocellen sind nicht ausgebildet. Chaetosemata sind vorhanden, der Rüssel ist in der Regel schwach entwickelt.

Die Raupen leben häufig in Bienen- und Hummelnestern oder an verschiedenen trockenen Früchten, wodurch diese Arten eine gewisse wirtschaftliche Bedeutung erlangen.

In Mitteleuropa sind acht Arten bekannt.

Galleria mellonella (L. 1758)
Große Wachsmotte

(= **cereana** L. 1767 = **austrinia** Felder 1874)

Flügelspannweite: 20 bis 30 mm.

Als Schädling in Bienenstöcken ist die Große Wachsmotte sehr bekannt. Die Falter fliegen von Mai bis Oktober in mehreren Generationen. Während des Tages ruhen sie oft unter Bienenstöcken. Sie fliegen in der Dämmerung und sind auch nachts aktiv. Manchmal lassen sie sich durch Licht oder zuckerhaltigen Köder anlocken. Die Weibchen dringen in der Dämmerung zur Eiablage in die Bienenstöcke ein.

Die Raupe lebt in langen Gespinstgängen an den Waben und ernährt sich von den Pollenresten im Wachs und von verdaubaren Anteilen im Wachs selbst.

Die Verpuppung erfolgt in einem weißen, spindelförmigen Kokon in der Wabe, manchmal gesellig.

Aphomia sociella (L. 1758) – Hummelmotte

(= **colonella** L. 1758 = **tribunella** D. u. S. 1775)

Flügelspannweite: 18 bis 44 mm.

Die Falter fliegen von Juni bis September in der Dämmerung. In der Nacht werden sie vom Licht angelockt.

Die Raupe lebt ab August gesellig in Gespinströhren in Hummel- und Wespennestern. Dort ernährt sie sich von alten Zellen, Abfällen, Brut und Waben. Manchmal findet man sie auch in Holzstapeln oder in Vogelnistkästen.

Die Verpuppung erfolgt im Februar in einem Kokon im Nest.

Galleria mellonella
Aphomia sociella, ♀
A. sociella, ♂

Unterfamilie Phycitinae – Fruchtzünsler

Bei der großen Gruppe der Phycitinen handelt es sich um Falter mit relativ schmalen Flügeln. Bei den Männchen besitzen die Fühler hinter der Basis häufig einen Schuppenwulst, der ein Sinnesorgan umschließt. Derartige Tiere bezeichnet man als knotenhornig. Die Labialpalpen zeigen eine große Formenmannigfaltigkeit. Die Maxillarpalpen sind meist gut entwickelt, Chaetosemata sind vorhanden. Ocellen können ebenfalls ausgebildet sein. Der Rüssel ist nur selten reduziert oder überhaupt nicht vorhanden.

Bei der Ruhehaltung werden die Flügel abwärts geneigt und mehr oder weniger um den Körper geschlagen.

Eine Reihe von *Phycitinen*-Arten sind Schädlinge mit teilweise erheblicher wirtschaftlicher Bedeutung. Viele Arten können nur durch Untersuchung der Genitalapparate sicher voneinander unterschieden werden.

In Mitteleuropa kommen fast 100 Arten vor.

Oncocera semirubella (Sc. 1763)
(= **carnella** L. 1767 = **sanguinella** Hbn. 1796)

Flügelspannweite: 17 bis 29 mm.

An trockenen gras- und kräuterreichen Stellen kann man die Falter von Mai bis September antreffen. Stellenweise kommt eine zumindest partielle zweite Generation vor. Tagsüber halten sich die Falter an den Pflanzen verborgen, können aber leicht aufgescheucht werden. Sie fliegen während der Dämmerung und kommen nachts zum Licht oder an zuckerhaltige Köder.

Die Raupe lebt von August bis Juni des folgenden Jahres in röhrenartigen Gespinsten an den Blüten und Blättern von Gemeinem Hornklee (*Lotus corniculatus*), Weißklee (*Trifolium repens*), Schopf-Hufeisenklee (*Hippocrepis comosa*), Hauhechel (*Ononis*) und Luzerne (*Medicago sativa*), manchmal gesellig.

Die Verpuppung erfolgt im Juni oder Juli in einem Seidenkokon an der Futterpflanze zwischen zusammengesponnenen Blättern oder an der Erdoberfläche.

Obwohl *O. semirubella* an manchen Stellen häufig vorkommt, muß sie wegen der drohenden Zerstörung ihrer Lebensstätten vielerorts als potentiell gefährdet angesehen werden (ROESLER, 1980).

Numonia advenella (Zincken 1818)

Flügelspannweite: 18 bis 24 mm.
Die Vorderflügel der Falter sind rötlichbraun mit grauer Einmischung und zwei weißen Querlinien.
N. advenella kommt von Juni bis August an sonnenexponierten Weißdornbüschen vor, in denen sie sich tagsüber versteckt hält. Bei Störungen lassen sich die Tiere zu Boden fallen. Von der Dämmerung an sind sie flugaktiv und werden auch von Licht und zuckerhaltigem Köder angelockt.
Die Raupen sind hellgrün mit breiten, rotbraunen Streifen. Ihr Kopf ist ebenfalls rotbraun. Im Mai und Juni findet man sie zwischen zusammengesponnenen Knospen, Blüten oder Blättern von Weißdorn (*Crataegus*), Eberesche und Mehlbeere (*Sorbus aucuparia* bzw. *S. aria*).
Die Verpuppung erfolgt in einem leichten Gespinst an oder in der Erde.

Sciota hostilis (Steph. 1834)

Flügelspannweite: 20 bis 26 mm.
Die Falter sind durch graue, leicht rötlichbraun bestäubte Vorderflügel mit zwei weißlichen, gezackten, schwarz und rötlich gerandeten Querstreifen charakterisiert. Sehr ähnlich ist *S. rhenella* (Zincken), bei der jedoch die innere Querbinde deutlich schmäler und die äußere im Vorderrandbereich weniger gezackt ist. Außerdem besitzt diese am Hinterrand zwischen den beiden Querbinden einen ausgedehnten, dunkel beschuppten Bereich.
Im Mai und Juni trifft man die Falter beider Arten in lichten Laubwäldern mit Pappelbeständen an. Sie sind nachtaktiv und kommen gerne ans Licht.
Die Raupe von *S. hostilis* ist braun mit undeutlichen graugelben Linien und schwarzem Kopf. Sie lebt von Juli bis September an Espe (*Populus tremula*). Dort spinnt sie in typischer Weise je ein totes und ein lebendes Blatt zu einem Gehäuse zusammen, in dem sie mit bis zu zwei weiteren Raupen vergesellschaftet lebt, jede in einer eigenen Gespinströhre.
Die Puppe überwintert in einem derben Kokon.

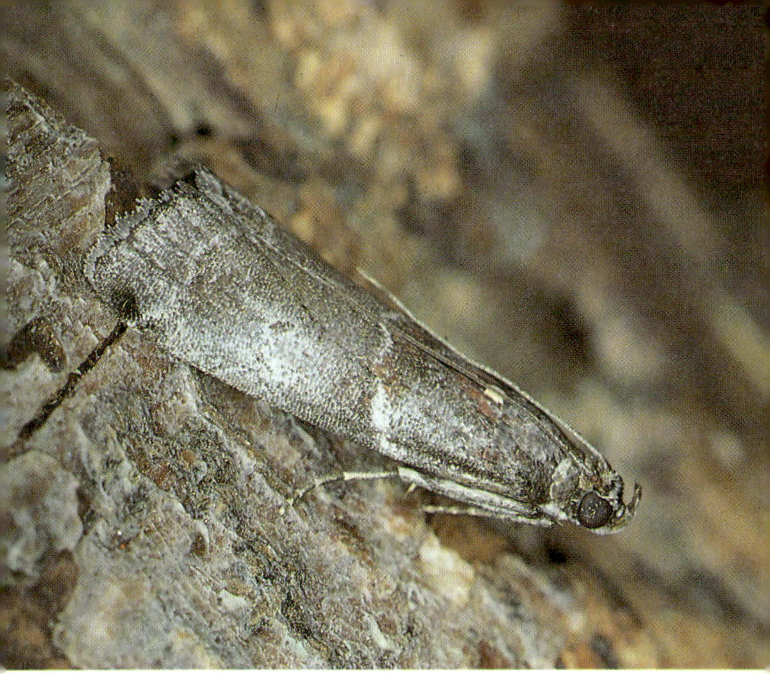
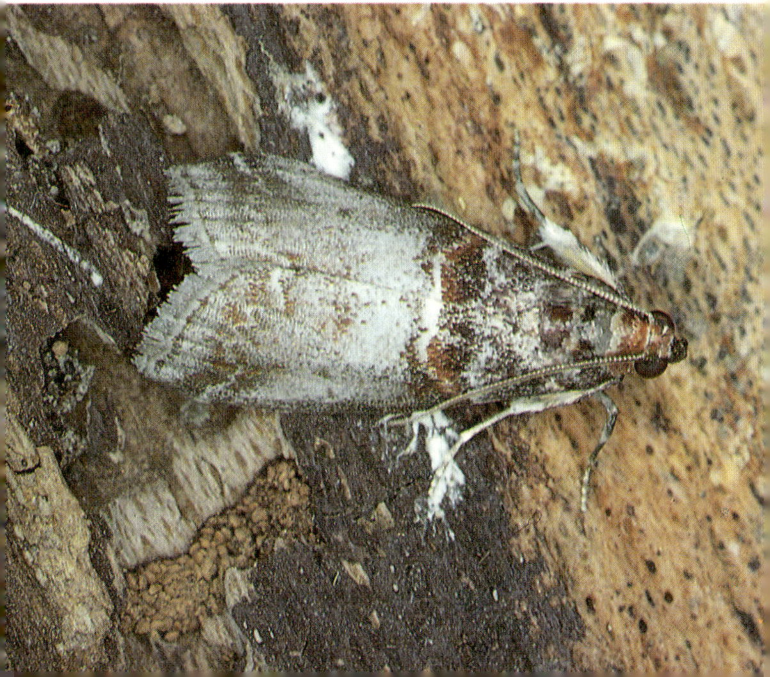

Dioryctria abietella (D. u. S. 1775)
Fichtenzapfenzünsler
(= **decuriella** Hbn. 1796)

Flügelspannweite: 26 bis 32 mm.
Sehr ähnlich sind *Dioryctria schuetzeella und D. splendidella*. Die
erstere besitzt jedoch breitere und hellere Querstreifen, die letztere
reichlicher weiß bestäubte Vorderflügel mit blaßerer Zeichnung und
weniger gezacktem äußerem Querstreifen. *D. mutalella* schließlich
ist mit 20 bis 27 mm Spannweite meist deutlich kleiner als *D.
abietella* und besitzt eine ziemlich verwaschene Zeichnung.
D. abietella kommt von Juni bis September in ein oder zwei
Generationen häufig in Nadelwäldern vor. Tagsüber sitzen die
Falter gern an Nadelblättern. Sie fliegen in der Dämmerung und
lassen sich nachts von Licht anlocken.
Die Raupe frißt von Juli bis Oktober die Samen in den Zapfen von
Tanne, Lärche, Fichte, Kiefer und Douglasie. Die befallenen Zapfen
verkümmern und fallen vorzeitig ab. Außer in den Zapfen kommt
die Raupe auch minierend in Wipfeltrieben vor oder an pilzkranken
Stellen des Baumes.
Die Verpuppung findet im Frühjahr in vermoderndem Holz oder in
der Streu statt. Bei hohen Populationsdichten kann der Fichten-
zapfenzünsler wirtschaftlich bedeutsame Schäden anrichten.

Nephopterix angustella (Hbn. 1796)
(= **gracilalis** Hbn. 1796)

Flügelspannweite: 18 bis 24 mm.
Von Mai bis September findet man die Falter in zwei Generationen.
Meist halten sie sich in der Nähe des Pfaffenhütchens, der Futter-
pflanze ihrer Raupen, auf. Tagsüber halten sie sich dort im Laub-
werk verborgen. Nachts kommen sie ans Licht.
Die erste Generation der Raupen lebt im Juli und August zwischen
den Blättern oder Blüten, die zweite von August bis Oktober in den
Früchten des Pfaffenhütchens. Nach ROESLER (1982) lebt die
Raupe auch in den Früchten der Eßkastanie.
Die Verpuppung erfolgt in einem länglichen, weißen Kokon in der
Erde, in vermoderndem Holz oder zwischen den Früchten. In
günstigen Jahren können die Falter der zweiten Generation sogar
noch im Herbst schlüpfen.

Eurhodope rosella (Sc. 1786)
(= **pudorella** Hbn. 1796)

Flügelspannweite: 14 bis 20 mm.
Die Falter kann man im Juni und Juli auf sonnigen Wiesen antreffen.
Tagsüber sind sie im Gras verborgen und fliegen nur auf, wenn sie
gestört werden. Ihre Aktivitätszeit liegt in der Dämmerung. Nachts
kommen sie zum Licht.
Die Raupe ist rötlich, schwach gestreift, mit weißlichen Punkten.
Ihr Kopf ist dunkelbraun. Im August und September lebt sie in den
Blüten und Samenköpfen von Tauben-Grindkraut (*Scabiosa columbaria*). Sie überwintert in einem festen Kokon in der Erde und
verpuppt sich im Mai oder Juni des folgenden Jahres in einem
länglichen Gespinst.

Plodia interpunctella (Hbn. 1813)
Kupferrote Dörrobstmotte, Kakaomotte
(= **zeae** Fitch 1856 = **latercula** Hmp. 1901)

Flügelspannweite: 13 bis 20 mm.
Von Mai bis Oktober begegnet man der Dörrobstmotte sehr häufig
in Lagern, Speichern, Warenhäusern und Wohnungen. Tagsüber
sitzen die Falter versteckt an Wänden und Decken. Nachts fliegen
sie umher.
In nördlicheren Gegenden entwickelt sich im Freiland meist nur eine
Generation, in wärmeren Regionen und in beheizten Räumen
hingegen kann es zu einer raschen Generationsfolge kommen.
Die Raupe ist weißlich bis fleischfarben mit gelblichbraunem Nak-
kenschild und rötlichbraunem Kopf. Sie frißt an Getreide, getrockneten Früchten, Sämereien, trockenen Pflanzenteilen, Nüssen,
Schokoladeprodukten und vielerlei anderen pflanzlichen Materialien sowie gelegentlich auch an getrockneten Insekten. Dabei wird
das Nahrungssubstrat mit einem zähen Gespinst durchwoben. Die
Verpuppung findet in einem feinen seidenartigen Gespinst zwischen
der Nahrung statt. Der eigentliche Schaden wird dadurch verursacht, daß die Vorräte und Nahrungsmittel durch die Gespinstfäden
unbrauchbar und ungenießbar gemacht werden.
Als Vorratsschädling wurde die Kakaomotte über die Handelswege
verschleppt und weist heute eine kosmopolitische Verbreitung auf.

Unterfamilie Pyralinae – Echte Zünsler

Die Pyralinae sind meist kräftige Falter mit relativ breiten, dicht beschuppten Flügeln, die in der Regel eine deutliche Zeichnung aufweisen. Die Maxillarpalpen sind gut entwickelt, pinselförmig bis buschig. Rüssel und Ocellen können vorhanden sein oder fehlen.

Die Falter kommen besonders in Stallungen, Speichern und Lagern vor. Sie fliegen abends.

Die Raupen ernähren sich häufig von Vorräten und pflanzlichen oder tierischen Abfällen.

In Mitteleuropa sind etwa zwölf Arten verbreitet.

Hypsopygia costalis (F. 1775) – Heuzünsler
(= fimbrialis D. u. S. 1775)

Flügelspannweite: 16 bis 23 mm.

Ein gelber Kopf, bräunlich violette Vorderflügel mit zwei schmalen gelblichen Querlinien, die sich am Vorderrand stark verbreitern, und ein goldgelber Fransensaum an beiden Flügelpaaren kennzeichnen diesen Zünsler.

Zuweilen tritt eine als forma *rubrocilialis* bezeichnete Variante auf, bei welcher der Kopf, die Zeichnungselemente auf den Flügeln und der Fransensaum rötlich violett sind.

Von Mai bis Juli fliegen die Falter an und in Häusern, auf Heuböden sowie an Hecken und Zäunen praktisch überall dort, wo Scheunen oder Häuser mit Strohdächern in der Nähe sind oder Heu- und Strohballen gelagert werden. Aufgescheuchte Tiere fliegen meist nur eine kurze Strecke und versuchen sofort, sich wieder zu verbergen. Die Falter sind dämmerungsaktiv und werden nachts vom Licht angelockt. Sehr gerne besuchen sie auch zuckerhaltige Köder.

Die Raupe ist schmutzigweiß bis bräunlich mit rötlichbraunem Kopf und gelblichem Nackenschild. Von September bis Mai des folgenden Jahres lebt sie an Heu, in Strohdächern, Eichhörnchen- und Vogelnestern und in Hühnerställen.

Die Verpuppung wird in einem ovalen Kokon am Fraßort der Raupe vollzogen.

Pyralis regalis (D. u. S. 1775)
(= **pulchellalis** Mill. 1873)

Flügelspannweite: 20 bis 25 mm.
Die Vorderflügel dieser hübschen Art sind violett. Sie werden von zwei hellen Querlinien durchzogen, die sich zum Vorderrand hin stark verbreitern und hier weiß leuchten. In der Flügelmitte befindet sich ein goldgelber Fleck. Auch der Kopf ist goldgelb. Die Hinterflügel sind rötlich violett mit zwei schmalen Querstreifen.
Die Flugzeit dieser Art liegt im Juni und Juli.
P. regalis ist im östlichen Mitteleuropa, in Südeuropa, Kleinasien und Ostasien beheimatet.

Pyralis farinalis (L. 1758) – Mehlzünsler
(= **erecta** Gffr. in Frcr. 1758)

Flügelspannweite: 18 bis 30 mm.
Man trifft den Mehlzünsler von Juni bis August vor allem in Mühlen, Bäckereien, Lagern und Speichern. Tagsüber sitzen die Falter typischerweise mit hochgebogenem Abdomen und etwas abgespreizten Flügeln an dunklen Wänden. Aufgescheuchte Tiere laufen geschwind in ein anderes Versteck. Die Falter fliegen in der Dämmerung und werden nachts von Licht angelockt. Auch zuckerhaltige Köder werden gerne von ihnen aufgesucht.
Die Raupen leben von September bis zum folgenden Mai in röhrenförmigen Gespinsten von allerlei pflanzlichen Abfällen. Bisweilen werden auch Kot und tote Artgenossen gefressen. In den oben genannten, vom Menschen geschaffenen Biotopen ernähren sie sich meist von Mehl, Getreide, Stroh und Sämereien. Die befallenen Substrate werden dabei klumpenartig miteinander versponnen, was den eigentlichen Schaden ausmacht. Die Raupen sind weißgrau mit gelblichbraunem Nackenschild und dunkelbraunem Kopf.
Zur Verpuppung wird ein fester, mit Fraßteilen bedeckter Kokon angefertigt.
Manchmal dauert das Raupenstadium zwei Jahre. Andererseits können sich bei guten Temperaturbedingungen und günstiger Ernährungslage jedoch auch vier bis fünf Generationen pro Jahr entwickeln.
Durch den Menschen verschleppt, hat der Mehlzünsler heute eine kosmopolitische Verbreitung.

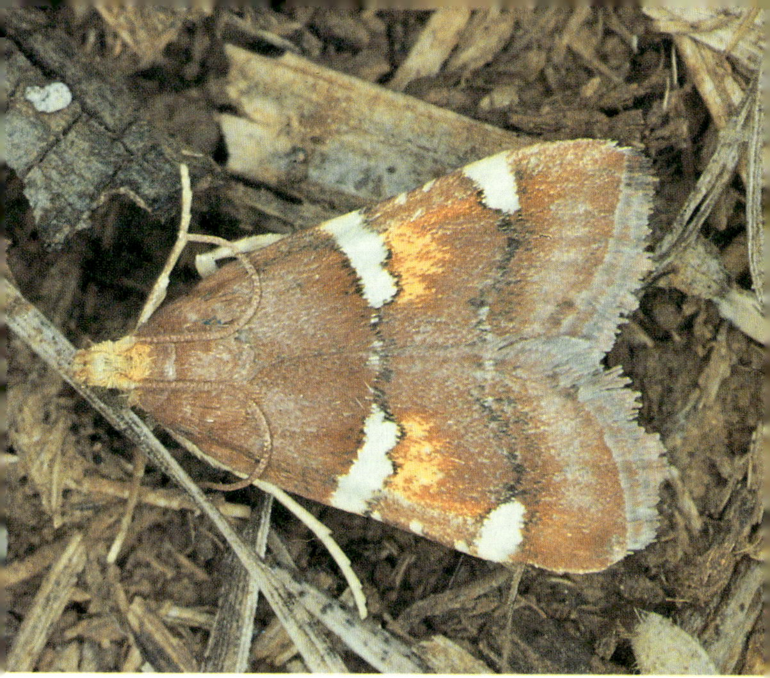
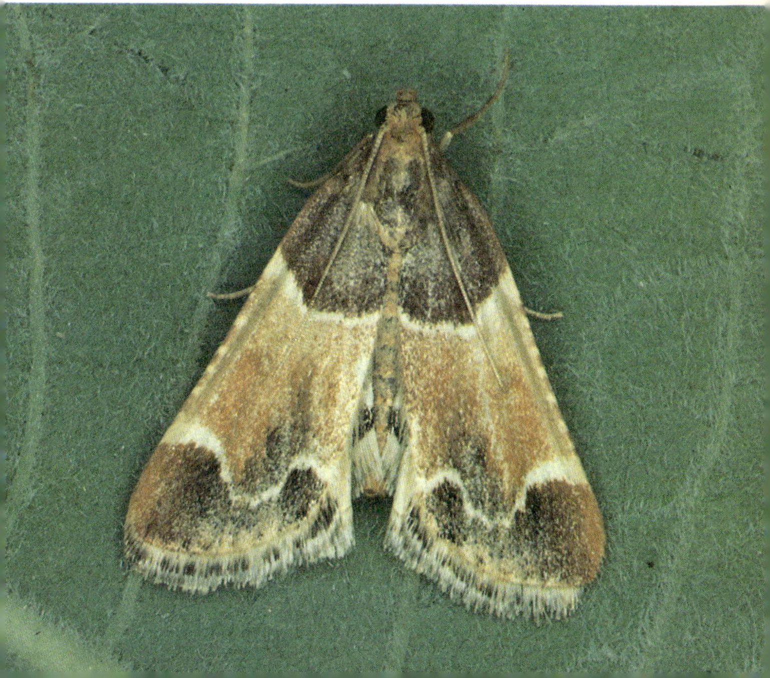

Aglossa pinguinalis (L. 1758) – Fettzünsler

(= **marmorella** Gffr. in Frcr. 1785 = **streatfieldii** Curtis 1833)

Flügelspannweite: 30 bis 40 mm.

Recht unscheinbar gefärbt ist der Fettzünsler. Kopf, Thorax und Vorderflügel sind braungrau, leicht seidig glänzend. Die Zeichnung besteht im wesentlichen aus zwei hellen, dunkel eingefaßten, zick-zackförmig verlaufenden Querstreifen, die stark verwaschen sein können. Die Hinterflügel sind einfarbig grau. Meist erscheinen die Weibchen mehr bräunlich statt grau.

Von Mai bis Juli kann man den Fettzünsler in Ställen, Scheunen, Warenhäusern und Lagern antreffen. Tagsüber ruhen die Falter an den Wänden und in dunklen Ecken. Werden sie aufgescheucht, so suchen sie sich sofort ein neues Versteck. Flugaktiv sind sie in der Dämmerung. Nachts fliegen sie ans Licht.

Die Raupe ist dunkelgrau mit schwarzem Kopf. Sie lebt von Juli bis zum folgenden Mai in Gespinströhren, die mit Fraßteilen bedeckt sind zwischen Abfällen von Holz, Kohlblättern, Heu, Stroh, Getreide, Pflanzensamen und anderen pflanzlichen Substraten und zwischen Schafsmist. Sogar in aufgehäuftem Staub von Fußböden wurde sie schon gefunden. Ebenso werden tote Insekten gefressen, und gelegentlich ernährt sie sich von Leder, Käse, Talg und Speck. Wirtschaftliche Schäden werden jedoch kaum angerichtet, da sie in der Regel an den leicht verfügbaren und für uns meist wertlosen Substraten lebt. Manchmal benötigen die Raupen zwei Jahre bis zu ihrer Verpuppung, die im Frühjahr in einem ovalen, grauen, mit Fraßpartikeln besetzten Seidenkokon stattfindet.

Aglossa pinguinalis
Endotricha flammealis, helle Form

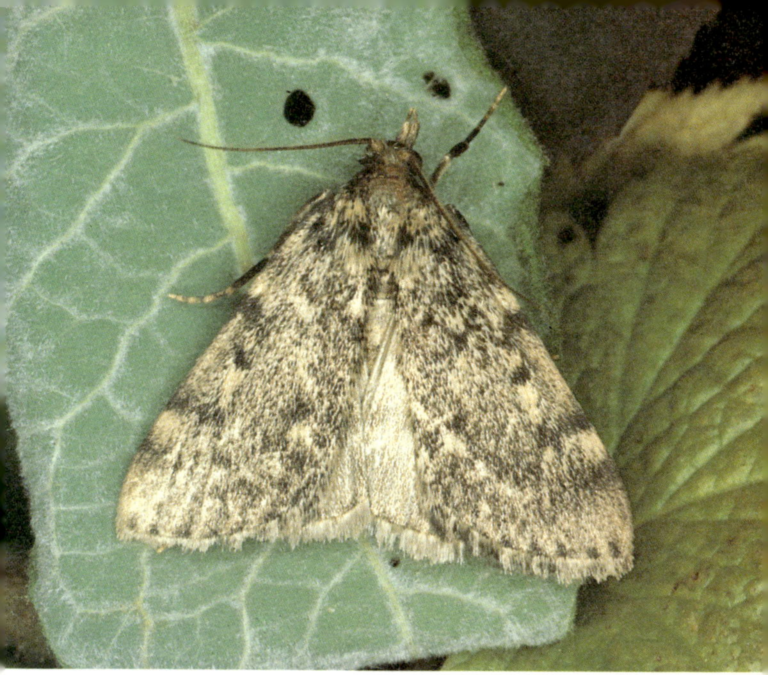

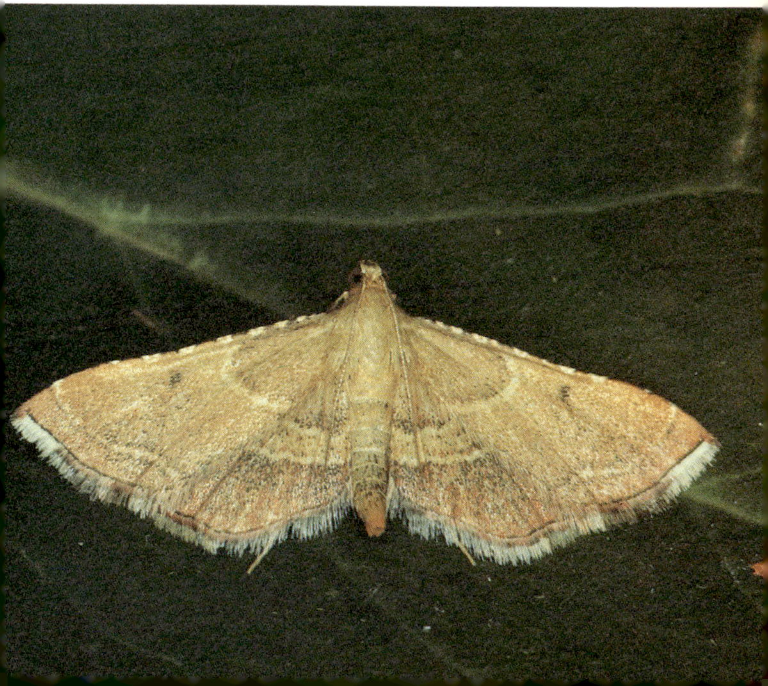

Endotricha flammealis (D. u. S. 1775)

(= **flameatus** Hw. 1809)

Flügelspannweite: 18 bis 23 mm.

Die Flügel dieses Zünslers sind ockergelb mit rötlicher Beschuppung, die besonders im Wurzel- und Saumfeld stark ausgeprägt sein kann. Beide Felder werden jeweils durch eine helle, bräunlich gerandete Querlinie vom Mittelfeld abgegrenzt. Auf den Hinterflügeln liegen die beiden Querlinien dicht beieinander. Die Vorderflügel besitzen im Mittelfeld einen schwarzen Punkt, ihr Vorderrand ist weiß gepunktet.

Die Falter fliegen von Juni bis August in Laubwäldern, an Eichengebüschen, um Ginster und andere Sträucher. Tagsüber halten sie sich verborgen. Sie sind Dämmerungsflieger und kommen nachts zum Licht. Ebensogut lassen sie sich auch von zuckerhaltigem Köder anlocken.

Sehr charakteristisch ist die Ruhehaltung der Falter. Sie richten sich auf den Mittel- und Hinterbeinen auf und klappen ihre Vorderbeine unter den Thorax ein. Die Fühler werden nach hinten gelegt.

Die fast einfarbig braune Raupe lebt im August und September als Junglarve in einem kammerartig unterteilten Gespinst an der Blattunterseite von Hornklee (*Lotus*), Eiche (*Quercus*), Weide (*Salix*), Odermennig (*Agrimonia*), Heidelbeere (*Vaccinium*) und verschiedenen anderen Pflanzen. Die ältere Raupe lebt ab Oktober in Gespinströhren an der Erde, wo sie sich von abgefallenen Blättern ernährt.

Die Verpuppung erfolgt im Mai in einem ovalen, mit Sandkörnern besetzten Kokon, der oft an ein welkes Blatt angesponnen ist.

E. flammealis, dunkle Form
E. flammealis, lateral
E. flammealis, frontal

Unterfamilie Nymphulinae – Wasserzünsler

Die kleinen bis mittelgroßen Falter besitzen gut entwickelte Labialpalpen, vorstehende Maxillarpalpen und einen meist langen Rüssel. Ocellen sind teilweise, Chaetosemata immer vorhanden. Teilweise etwas abweichende Merkmale besitzt die Gattung *Acentria*, bei der die Maxillarpalpen klein sind und der Rüssel stark reduziert ist.

Die Entwicklung der Ersten Stände findet weitgehend im Wasser statt. Die Puppen sind besonders durch drei Paar höckerartig erhöhte Stigmenpaare am Hinterleib charakterisiert.

In Mitteleuropa kommen sieben Arten vor.

Parapoynx stratiotata (L. 1758)
Wasseraloe-Zünsler

(= **stratiotalis** D. u. S. 1775 = **paludata** F. 1794)

Flügelspannweite: 15 bis 28 mm. Die Weibchen sind größer als die Männchen.

Von Ende Mai bis August oder September kann man die Falter an Ufern von Bächen und Teichen finden. Tagsüber halten sie sich in der Ufervegetation verborgen. Sie fliegen erst in der Dämmerung und lassen sich nachts von Licht anlocken. In klimatisch günstigen Gebieten treten vermutlich mindestens zwei Generationen auf.

Die Raupe ist gelblich oder weißlichgrün mit durchscheinendem Darmtrakt. In erwachsenem Zustand besitzt sie in drei Längsreihen angeordnete weißliche Kiemenbüschel auf dem Abdomen, mit deren Hilfe sie unter Wasser atmet.

Sie lebt von August bis Mai des folgenden Jahres in einem röhrenförmigen, mit Pflanzenteilen durchsetzten Gespinst unter der Wasseroberfläche zwischen den Blättern und Stielen von verschiedenen Wasserpflanzen, wobei sie deren Blätter frißt. Als Futterpflanzen bekannt sind u. a. Ähriges Tausendblatt (*Myriophyllum spicatum*), Wasserpest (*Elodea*), Krebsschere (*Stratiotes aloides*), Gemeines Hornblatt (*Ceratophyllum demersum*), Krauses Laichkraut (*Potamogeton crispus*), Froschbiß (*Hydrocharis*) und Gemeiner Froschlöffel (*Alisma plantago-aquatica*). Gelegentlich benutzt die Raupe auch Säcke, die aus Blättern der Futterpflanze gefertigt wurden.

Die gelbliche Puppe liegt in einem ovalen, luftgefüllten Kokon, der knapp unter der Wasseroberfläche an Stengeln von Wasserpflanzen befestigt wird.

Cataclysta lemnata (L. 1758)
Wasserlinsenzünsler
(= **lemnalis** D. u. S. 1775 = **uliginata** F. 1794)

Flügelspannweite: 15 bis 20 mm (Männchen) bzw. 20 bis 25 mm (Weibchen).

C. lemnata zeigt einen ausgeprägten Sexualdimorphismus. Beim Männchen sind die Vorderflügel weißlich mit sehr schwach angedeuteten Zeichnungselementen, einem Punkt und einem gelblichbraunen Außenrand. Bei den Weibchen sind sie hell bräunlich mit einem Punkt und diffusen Zeichnungselementen. Die Hinterflügel sind bei beiden Geschlechtern weiß mit einem gelblichen und schwärzlichen Fleck im basalen Bereich sowie einem schwarzen, gelb gerandeten Saum mit silbernen Punkten.

An stehenden Gewässern treten die Falter von Juni bis September häufig auf. Im südlichen Teil des Verbreitungsgebietes sind sie sogar von Ende März bis November in vermutlich zwei oder mehr Generationen anzutreffen. Tagsüber verstecken sie sich in der Ufervegetation, sind hier jedoch leicht aufzustöbern. In der Dämmerung kann man sie über die Wasseroberfläche fliegend beobachten. Nachts kommen sie ans Licht.

Die Eier werden an die Unterseite der Blätter der kleinen Wasserlinse, der Dreifurchigen Wasserlinse, der Teichlinse, von Froschbiß und anderen Wasserpflanzen in Reihen oder Spiegeln abgelegt.

Die Raupe lebt von August bis zum folgenden Mai zunächst zwischen zwei ovalen Blattausschnitten und später in einem Sack aus Pflanzenteilen, ausgehöhlten Stengelstückchen oder Wasserlinsen an der Wasseroberfläche oder knapp darunter und befrißt die genannten Pflanzen. Sie ist von der 2. Häutung ab hydrophob und immer von einer hauchfeinen Lufthülle umgeben. Auch der Raupensack enthält Luft. Wie die landlebenden Raupen atmet sie durch Stigmen. Zur Überwinterung bohrt sie sich in einen Schilfstengel ein oder sie überdauert die kalte Jahreszeit in ihrem Sack.

Die Verpuppung erfolgt im Mai und Juni in einem weißen, ovalen Kokon im Raupensack, der dicht unter der Wasseroberfläche festgesponnen wird. Verpuppt sie sich in einem Schilfstengel, so bohrt sie vorher ein Schlupfloch für den Falter, das mit Wasserlinsen oder Schilfblattstückchen verschlossen wird.

Acentria ephemerella (D. u. S. 1775)

(= **nivea** Oliv. 1791 = **nivosa** Steph. 1829)

Flügelspannweite: 11 bis 18 mm, die Weibchen sind deutlich größer als die Männchen.

Die Weibchen kommen in zwei Formen vor, einer voll geflügelten und einer mit mehr oder weniger stark reduzierten Flügeln, die flugunfähig ist. Diese Form verbringt ihr ganzes Leben im Wasser, besitzt aber wie die geflügelten Exemplare normale geöffnete Stigmen.

Von Mai bis September kommen die Falter an ruhigen Gewässern vor. Die Männchen sitzen tagsüber auf Wasserpflanzen, Steinen oder treibendem Pflanzenmaterial. Sie sind hydrophob, können also nicht mit Wasser benetzt werden. Nachts fliegen sie lebhaft über die Wasseroberfläche und lassen sich zusammen mit den flugfähigen Weibchen vom Licht anlocken. Im Gegensatz zu anderen Motten setzen sie sich jedoch nicht an der Lichtquelle nieder, sondern schwirren orientierungslos und rastlos im Lichtschein am Boden umher, bis sie verenden.

Zur Kopulation schwimmen die flugfähigen Weibchen mit nach oben gestreckter Abdomenspitze auf der Wasseroberfläche, die flugunfähigen Weibchen kommen ebenfalls an die Oberfläche. Die Begattung kommt zustande, indem sich die Weibchen an die dicht über ihnen fliegenden Männchen klammern.

Die Raupe lebt von September bis Juni oder Juli des folgenden Jahres zuerst im Stengel verschiedener Wasserpflanzen und später frei an den Blättern bis zu 3 m unter der Wasseroberfläche. Sie fertigt sich ein flaches Gehäuse aus Blattstückchen an, das meist fest verankert ist und nur von Zeit zu Zeit herumgetragen wird. Ihre Stigmen sind verschlossen, die Atmung erfolgt über die Haut.

Als Futterpflanzen dienen u. a. eine Reihe von Laichkrautarten (*Potamogeton*), Gemeines Hornblatt (*Ceratophyllum demersum*), Tausendblatt (*Myriophyllum*), Wassernuß (*Trapa natans*), Wasserknöterich (*Polygonum amphibium*), Froschbiß (*Hydrocharis morsus-ranae*), Teichfaden (*Zannichellia palustris*), Seegras (*Zostera*) und Kanadische Wasserpest (*Elodea canadensis*).

Von Juni bis September findet die Verpuppung statt. Das Raupengehäuse wird hierzu längsseits an einen Stengel angesponnen. Im Gehäuse spinnt die Raupe einen festen Kokon, der bald darauf luftgefüllt ist.

Acentria ephemerella, ♂ und ♀

Unterfamilie Schoenobiinae

Die Vertreter dieser Gruppe haben ein ähnliches Erscheinungsbild wie die Crambinae. Ihre Flügel sind relativ schmal und die Labialpalpen sehr lang. Die Maxillarpalpen sind pinselförmig, der Rüssel fehlt oder ist zumindest stark reduziert. Chaetosemata sind vorhanden.

Die Weibchen besitzen am Hinterleibsende einen Kranz von Afterwolle.

In Mitteleuropa sind nur wenige Arten vertreten.

Schoenobius forficella (Thnbg. 1794)
(= **laneeolella** Hbn. 1810 = **hirta** Hw. 1811)

Flügelspannweite: 24 bis 32 mm.
Die Falter fliegen von Juni bis August an Wassergräben, Teichen und auf feuchten Wiesen. Sie sind hauptsächlich während der Dämmerung flugaktiv, kommen später aber auch zum Licht.
Die Raupe lebt im Mai und Juni minierend in Blättern und Stengeln von Großem Schwaden (*Glyceria maxima*), Mannaschwaden (*G. fluitans*) oder Schilfrohr (*Phragmites*). Zuweilen schneidet sie ein Stück aus ihrer Futterpflanze aus und spinnt es zu einem Sack zusammen, in dem sie sich auf der Wasseroberfläche zu einem neuen Stengel treiben läßt.
Die Verpuppung findet im Juni im letzten befallenen Stengel unterhalb eines leicht zugesponnenen Schlupfloches für den Falter statt.

Donacaula mucronella (D. u. S. 1775)
(= **acuminella** Hbn. 1805)

Flügelspannweite: 24 bis 30 mm.
Die Falter kommen von Juni bis August teilweise in zwei Generationen an Wassergräben und auf feuchten Wiesen und sumpfigen Stellen vor. Sie fliegen in der Dämmerung und kommen nachts zum Licht.
Von September überwinternd bis Mai oder Juni und teilweise wieder im Juli (2. Generation) lebt die Raupe in den Stengeln von Seggen (*Carex*), Großem Schwaden (*Glyceria maxima*) und Schilfrohr (*Phragmites*) dicht über den Wurzeln.
Die Verpuppung erfolgt im Stengel.

Unterfamilie Crambinae
Graszünsler, Rüsselzünsler

Diese oft relativ großen Kleinschmetterlinge besitzen meist recht schmale, langgestreckte Flügel. Besonders auffällig sind die lang vorgestreckten Labialpalpen mit spitzem Endglied. Ocellen sind teilweise ausgebildet. Der Rüssel ist in der Regel gut entwickelt, Chaetosemata sind meist vorhanden.

Sehr typisch ist die Ruhehaltung der Falter. Tagsüber sitzen sie gern kopfabwärts an Grashalmen, die Flügel in charakteristischer Weise um den Körper gerollt.

Anhand der Lebensweise ihrer Raupen lassen sich die Graszünsler in drei Gruppen einteilen. Es gibt stengelbohrende Arten, solche, die außen an Gräsern leben, und Moos fressende Tiere.

Zur zweiten Gruppe gehört die überwiegende Zahl unserer Arten. Ihre Raupen leben verborgen im Boden zwischen den Wurzeln ihrer Futterpflanzen in einer Gespinströhre, die sie aus Sandkörnchen, Exkrementen und kleinen Grasstückchen zusammengesponnen haben. Die Röhre wird beim Fressen nicht verlassen, und auch die Überwinterung findet darin statt.

Die Crambinen kommen meist auf Wiesen, Steppen und anderen grasreichen, trockenen Plätzen vor. Nur wenige Arten sind typisch für feuchte Standorte.

In der Palaearktis sind die Graszünsler mit etwa 400 Arten vertreten, in Mitteleuropa leben ca. 70 davon.

Chrysoteuchia culmella (L. 1758)
Rispengraszünsler
(= **strigella** F. 1781 = **hortuella** Hbn. 1796)

Flügelspannweite: um 20 mm.

Beim Männchen sind die Vorderflügel grau mit rahmfarbenen Streifen. Die Weibchen besitzen eine gelbliche Grundfärbung und reduzierte Streifung.

Die Falter leben von Juni bis August auf moosreichen Grasplätzen. Sie fliegen gegen Abend und werden oft auch vom Licht angelockt.

Die Raupen leben bis Ende September an Graswurzeln und an Moosen ohne Gespinstgänge dicht an der Erde. Die erwachsenen Raupen überwintern in einem Kokon an der Erde und verpuppen sich im Frühjahr.

Chrysoteuchia culmella
Ch. culmella f. *cespitella*

Crambus pascuella (L. 1758)
(= **scirpellus** de La Harpe 1864)

Flügelspannweite: 21 bis 26 mm.
Diese Art zeichnet sich durch eine breite weiße Längsstrieme auf den Vorderflügeln aus, die besonders mit ihrem basalen Drittel nahe am Vorderrand verläuft. Der Außenrand der Vorderflügel ist deutlich eingeschnitten. Die Hinterflügel sind weißlich, außen grau überhaucht.
Von Juni bis August trifft man *C. pascuella* sowohl im Flachland als auch im Gebirge sehr häufig auf Wiesen und an anderen grasreichen Plätzen an. Die Falter ruhen in gruppentypischer Weise gern auf Gräsern.
Die Raupe ist schmutzigweiß mit hellbraunem Kopf und gelblichem Nackenschild. Von September bis Mai lebt sie in einer Gespinströhre an verschiedenen Gräsern (z. B. *Poa*). Manchmal frißt sie auch an Stengeln und Blättern von Klee (*Trifolium*) und Moos. Im Herbst ist sie bereits fast erwachsen.

Crambus lathoniellus (Zincken 1817)
(= **pratella** auct. = **nemorella** Hbn. 1813)

Flügelspannweite: um 20 mm.
Bei den Männchen von *C. lathoniellus* variieren die Vorderflügel von weißlichgelb bis graubraun. Eine weiße, zum Hinterrand zahnartig ausgezogene Längsstrieme ist mehr oder weniger deutlich ausgebildet. Die Weibchen besitzen nur schwach gezeichnete, weißliche Vorderflügel. Die Hinterflügel sind braungrau.
Auch diese Art lebt an den für Crambinen typischen Standorten, wie Wiesen und grasreichen Plätzen, die sowohl feucht als auch trocken sein können. Die Falter sind von Ende Mai bis Anfang September sehr häufig.
Die Raupe ist schmutzigweiß mit hellbraunem Kopf und gelblichem oder graubraunem Nackenschild. Sie frißt an zahlreichen gewöhnlichen Gräsern, besonders an der Rasen-Schmiele (*Deschampsia caespitosa*), und legt eine Gespinströhre an, in der sie beinahe erwachsen überwintert.
Im April verpuppt sie sich in einem festen Kokon im lockeren Erdreich zwischen den Graswurzeln.

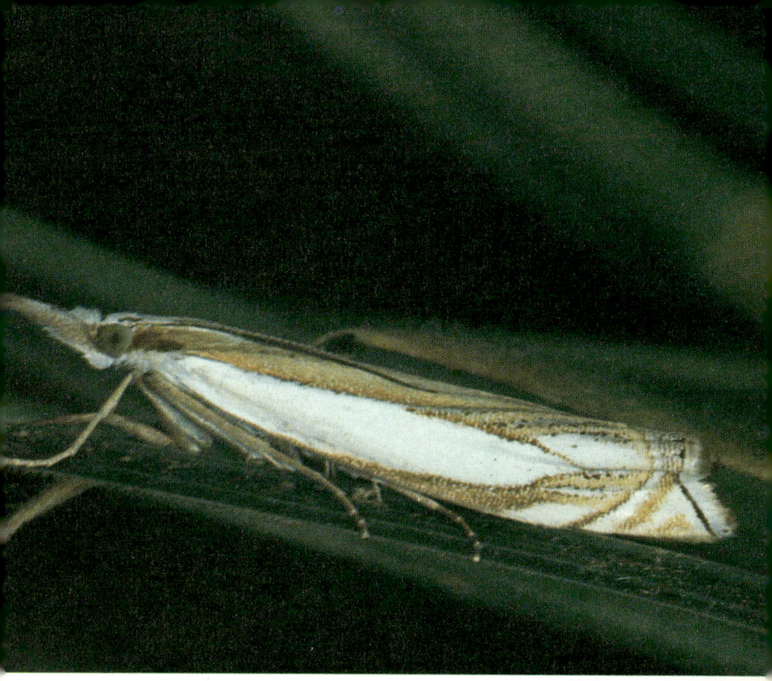
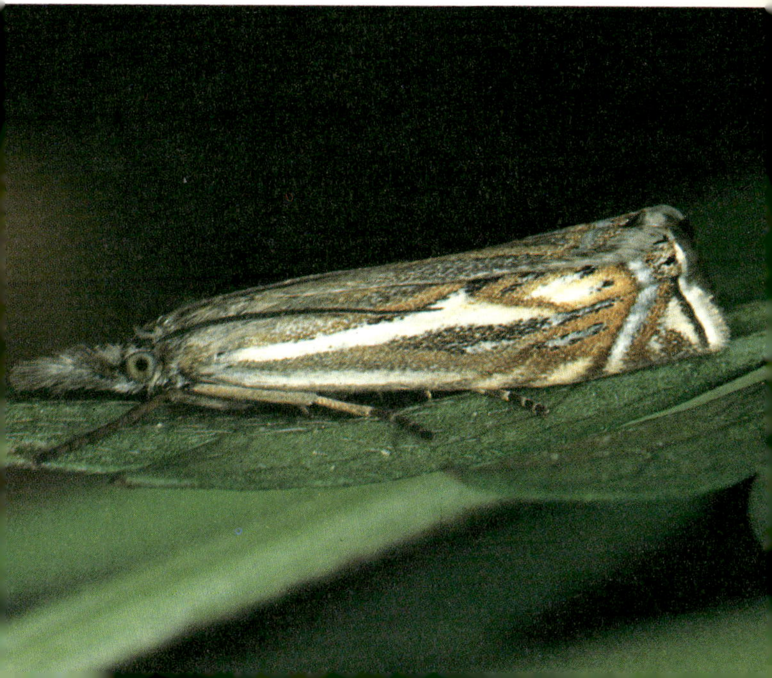

Crambus perlella (Sc. 1763)
Weißer Graszünsler
(= **dealbella** Thnbg. 1794 = **arbustella** F. 1794)

Flügelspannweite: um 24 mm.

Leicht von allen anderen Graszünslern zu unterscheiden ist diese von Ende Juni bis Anfang September häufig anzutreffende Art. Die Vorderflügel sind einfarbig silbrigweiß glänzend, ohne jegliches Zeichnungselement. Teilweise können jedoch leicht verdunkelte Tiere auftreten (forma *warringtonellus*). Die Falter fliegen an grasigen Standorten, die trocken oder feucht sein können.

Die grünliche oder bräunliche Raupe lebt von September bis Juni an verschiedenen Gräsern wie Schaf-Schwingel (*Festuca ovina*), Geschlängelter Schmiele (*Deschampsia flexuosa*) und anderen. Am Grunde der Triebe legt sie einen Gespinstgang an, der auch einige cm aufwärts führen kann.

Die Verpuppung erfolgt im Juni oder Juli in einem Kokon, teilweise im Boden oder knapp unter der Erdoberfläche.

Die Verbreitung von *C. perlella* erstreckt sich nahezu über die gesamte holarktische Region. In den Alpen kommen die Falter bis über 2000 m Höhe vor.

Crambus perlella
Agriphila tristella
A. tristella
A. tristella f. *fuscelinella*

Agriphila tristella (D. u. S. 1775)

(= **culmorum** F. 1798 = **fuscelinellus** Steph. 1834)

Flügelspannweite: um 27 mm.

Färbung und Zeichnung der Tiere sind äußerst variabel. Dies ist der Grund dafür, daß eine ganze Reihe von Formen und Unterarten beschrieben wurde, die meist in allen Übergängen zu normalen Exemplaren von *A. tristella* auftreten. Typische Exemplare besitzen einfarbig mattbraune Vorderflügel. Die Costa ist in der Mitte fein gelb begrenzt. Die Subterminallinie fehlt oder ist kaum wahrnehmbar. Die Hinterflügel sind braun.

Die forma *fuscelinella* ist heller als die typische Form, mit einer deutlich weißen, meist undeutlich gegabelten Basalstrieme.

Bei der forma *huebnerella* sind die Vorderflügel gelb mit weißem Basalstreifen. Diese Form ist sehr häufig.

Die forma *nigristriella* besitzt gelbe Vorderflügel mit einem unscharf gerandeten schwarzen Längsstreifen.

Von Juli bis September trifft man die Falter oft auf trockenen oder feuchten Wiesen. Tagsüber ruhen sie an Grashalmen, von denen sie leicht aufgescheucht werden können. Sie fliegen in der Dämmerung und werden nachts von Licht angelockt.

Die schmutzigweiße Raupe mißt erwachsen etwa 20 mm. Der Kopf ist schwarzbraun. Sie lebt von Oktober bis Juni an der Rasen-Schmiele (*Deschampsia caespitosa*) und anderen Gräsern. Am Grunde der Triebe legt sie eine senkrechte Gespinströhre an.

Die Verpuppung findet in einem Gespinst im lockeren Boden der Grasnarbe statt.

A. tristella kommt in ganz Europa und Teilen Asiens vor. In den Alpen steigt sie über 2000 m Höhe. Bei uns ist sie der häufigste Vertreter ihrer Gattung.

Agriphila tristella f. *nigristriella*
A. tristella f. *huebnerella*
A. tristella f. *nigristriella*

Agriphila inquinatella (D. u. S. 1775)
(= **inquinatalis** Hbn. 1825)

Flügelspannweite: um 22 mm.
Die Vorderflügel dieser Art sind matt strohgelb mit bräunlicher Zeichnung, die jedoch bei den Weibchen oft stark reduziert ist oder gänzlich fehlt. Die Hinterflügel sind grau.
Die Falter findet man im Juli und August auf trockenen Wiesen. Sie fliegen in der Dämmerung und werden nachts von Licht oder von zuckerhaltigem Köder angelockt.
Die Raupe ist schmutzigweiß mit schwarzbraunem Kopf, wie die von *A. tristella*. Sie lebt von Ende März bis Mai an Schaf-Schwingel (*Festuca ovina*), Rispengras (*Poa*) und anderen Gräsern. Von ihrem ebenerdigen Gespinstgang aus frißt sie nachts an den Wurzeln und Trieben der Gräser.
Die Puppenphase fällt in den Mai und Juni.

Agriphila straminella (D. u. S. 1775)
(= **marginellus** Steph. 1834 = **culmella** auct.)

Flügelspannweite: 16 bis 19 mm.
Die Vorderflügel sind matt strohgelb, durch braune, in Längsstreifen angeordnete Schuppen unterschiedlich stark verdunkelt. Die Hinterflügel sind bräunlich.
Die Falter erscheinen von Juni an und fliegen bis Anfang September sowohl an trockenen als auch an feuchten grasreichen Standorten. Sie sind in der Dämmerung aktiv und werden nachts auch von Licht angelockt.
Die Raupe ist gelblichweiß und mißt, wenn sie ausgewachsen ist, etwa 18 mm. Ihr Kopf ist rotbraun, der Nackenschild gelblich bis graubraun. Sie lebt von September bis Juni in einem vertikalen Gespinstgang entlang des unteren Stengelabschnitts von Schaf-Schwingel (*Festuca ovina*) und anderen Gräsern.
Die Verpuppung erfolgt im Juni in einem ovalen, mit Kot bedeckten Kokon.

Agriphila geniculea (Hw. 1811)
(= **angulatellus** Dup. 1863 = **suspectellus** Z. 1839)

Flügelspannweite: 20 bis 25 mm.
A. geniculea besitzt gelbgraue bis bräunliche Vorderflügel mit einer stark gebuchteten Querlinie im äußeren Bereich. Die Hinterflügel sind bräunlich bis weißlich.
Von Juli bis September kann man die Falter tagsüber an grasreichen Stellen aufstöbern. Nachts fliegen sie gerne zum Licht.
Die erwachsene Raupe mißt 23 mm. Sie ist schmutzigweiß mit dunklerem Nackenschild und dunkelbraunem Kopf. Von September bis Juni lebt sie in einer Gespinströhre an der Basis der Triebe von verschiedenen Gräsern.
Die Verpuppung erfolgt im Juni und Juli. Die Puppe ist glänzend ockerfarben, an Kopf, Thorax und den Flügelscheiden stark dunkelbraun gefleckt. Ihr Kopf trägt vorn eine stumpfe, abwärts gerichtete Spitze.
A. geniculea ist mit der typischen Rasse in nahezu ganz Europa verbreitet. In Teilen Südeuropas und in Nordwestafrika fliegt zudem die kleinere und hellere Unterart *A. geniculea andalusiella*.

Catoptria permutatella (H.-S. 1848)
(= **myella** auct., nec Hbn. 1796 = **hercyniae** Hein. 1854)

Flügelspannweite: um 24 mm.
Catoptria ist eine typisch palaearktische Gattung, die außerhalb dieser Region nur mit wenigen Arten vertreten ist. Die Angehörigen dieser Gruppe sind in ihrem Vorkommen oft auf die Gebirgslagen beschränkt.
C. permutatella ist die häufigste Art ihrer Gattung. Auf den Vorderflügeln trägt sie eine breite, weiße, zweimal unterbrochene Längsstrieme. Die Grundfarbe ist bräunlich.
Die Falter fliegen von Juni bis Anfang August. Oft ruhen sie tagsüber in Kiefern, wobei sie isoliert stehende Bäume bevorzugen. Flugaktiv sind sie in der Dämmerung.
Die Raupe lebt an Moosen.
Die Art ist in Europa bis zum Ural verbreitet, fehlt aber in den mediterranen Gebieten.

Catoptria pinella (L. 1758)
(= **pinetella** L. 1761 = **virginella** Sc. 1763)

Flügelspannweite: 18 bis 24 mm.
Die Falter sind durch ihre stark ockergelben, stellenweise braun verdunkelten Vorderflügel mit einer breiten, weißen, einmal unterbrochenen Längsstrieme gekennzeichnet. Die Hinterflügel sind grau.
C. pinella fliegt im Juli und August. Ähnlich wie *C. permutatella* ruht auch sie tagsüber gerne in kleinen Kiefern. Ihre Flugzeit liegt in der Nacht, wobei sie häufig durch Licht angelockt wird.
Die Lebensweise ist relativ gut bekannt. Die Eier werden an Rasen-Schmiele (*Deschampsia caespitosa*), Scheiden-Wollgras (*Eriophorum vaginatum*) oder anderen Süß- und Sauergräsern abgelegt. Von Mitte August bis zum nächsten Juni lebt die schwärzliche Raupe in kleinen seidenen Röhren an den Wurzeln dieser Gräser. Sie gehört somit zu den wenigen *Catoptria*-Arten, die nicht an Moosen leben.
Die Verpuppung erfolgt im Juni und Juli in einem weißen, mit Pflanzenteilen bedeckten Seidenkokon.

Catoptria falsella (D. u. S. 1775)
(= **abruptella** Thnbg. 1794 = **falsa** Hw. 1811)

Flügelspannweite: 16 bis 21 mm.
C. falsella besitzt weiß, braun und gelblichbraun gezeichnete Vorderflügel mit einer stark gebuchteten Querlinie im äußeren Bereich. Die Hinterflügel sind hellgrau.
Im Juli und August kann man die Falter auch tagsüber beobachten. Meist ruhen sie an moosbedeckten Wänden, in Strohdächern oder im dichten Laubwerk. Flugaktiv sind sie in der Dämmerung. Nachts werden sie vom Licht angelockt.
Die Raupen sind grünlich mit bräunlichem Kopf. Sie leben von September bis Mai bevorzugt an schattigen Stellen an Mauermoosen wie Bärtchenmoos (*Barbula*) und Drehzahnmoos (*Tortula*). Sie legen Gespinströhren an, die die Moospolster durchziehen. Später findet darin die Verpuppung statt.

Catoptria pinella
C. falsella

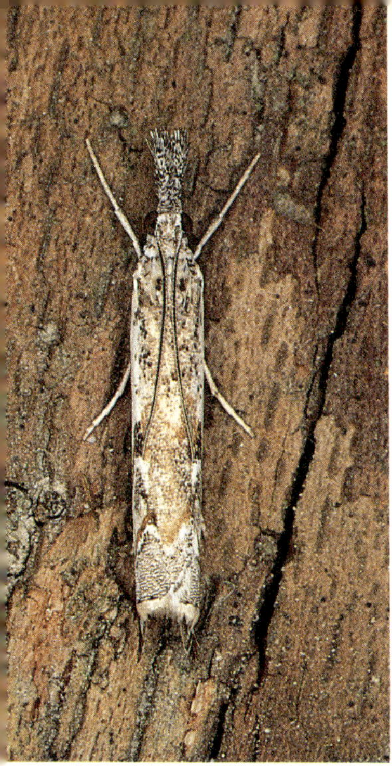
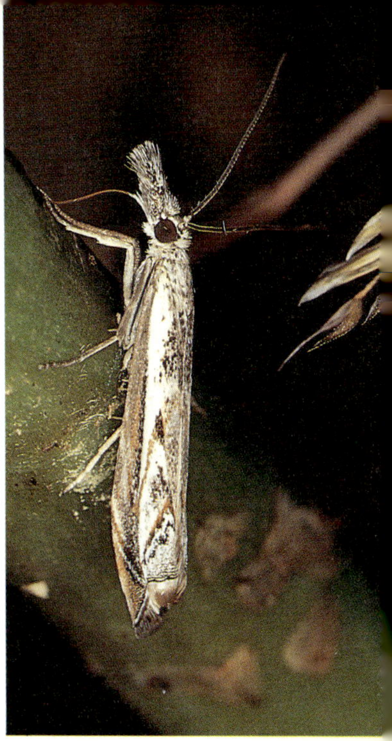
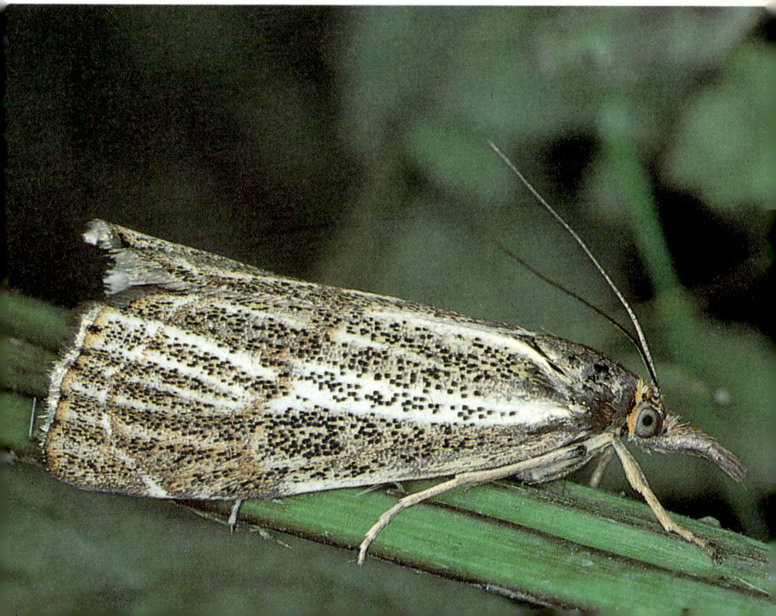

Unterfamilie Scopariinae

Die Scopariinae sind kleine bis mittelgroße Falter. Ihre Vorderflügel sind nahezu dreieckig im Umriß und in der Regel weißlich oder hellgrau mit unterschiedlich stark ausgeprägter grauer, schwarzer oder brauner Bestäubung und Zeichnung.

Die Labialpalpen sind gerade vorgestreckt und dicht beschuppt. Die Maxillarpalpen sind groß, pinselförmig. Ocellen, Chaetosemata und Rüssel sind vorhanden.

Die Raupen leben an Moos oder Wurzeln krautiger Pflanzen.

Die Scopariinae sind eine sehr homogene Unterfamilie, die mit zahlreichen Arten weltweit verbreitet ist. Eine sichere Bestimmung der einzelnen Arten ist in den meisten Fällen nur durch genitalmorphologische Untersuchungen möglich. In Mitteleuropa ist die Gruppe mit über 20 Arten vertreten.

Scoparia subfusca Hw. 1811

(= **cembrella** auct. = **cembrae** auct.)

Flügelspannweite: 21 bis 30 mm.

Von Mitte Mai bis Anfang September fliegen die Tiere in der Dämmerung. Nachts kommen sie ans Licht. Am Tage sitzen sie gerne kopfabwärts an Nadelbäumen, Felsen und Steinen, von wo sie sich leicht aufscheuchen lassen.

Die Raupe lebt von September bis Mai des folgenden Jahres in einem leichten Gespinst an den Wurzeln von Gemeinem Bitterkraut (*Picris hieracioides*) und Huflattich (*Tussilago*).

Die Verpuppung erfolgt im Mai oder Juni in einem kleinen, ovalen Kokon.

Scoparia pyralella (D. u. S. 1775)

(= **arundinata** Thnbg. 1792 = **dubitalis** Hbn. 1796)

Flügelspannweite: 17 bis 22 mm.

Im Juni und Juli leben die Falter auf Wiesen und anderen kräuterreichen und grasigen Plätzen. Sie sind Dämmerungsflieger und besuchen nachts Lichtquellen. Tagsüber lassen sie sich leicht aus ihren Verstecken aufscheuchen.

Im April und Mai frißt die Raupe in einem lockeren Gespinst an abgestorbenen Pflanzenteilen und vermutlich auch an den Wurzeln von Jakobs-Greiskraut (*Senecio jacobaea*) und anderen Pflanzen.

Scoparia subfusca
S. pyralella

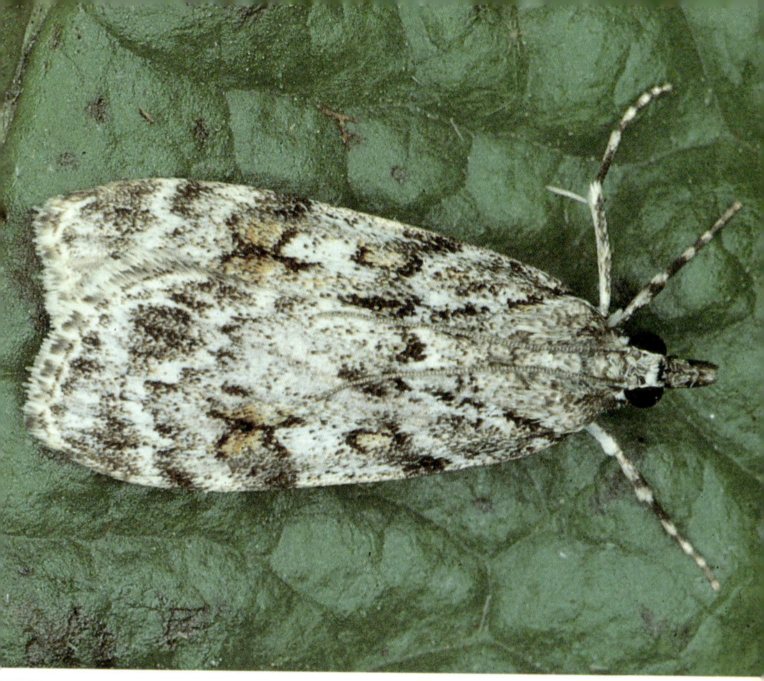

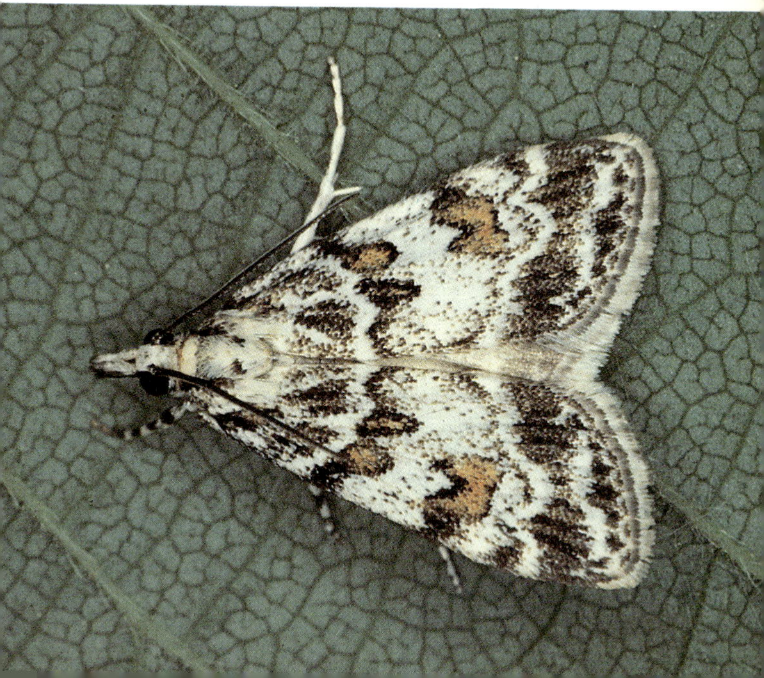

Scoparia basistrigalis Knaggs 1866

(= **ambigualis** sensu Dup. 1833)

Flügelspannweite: 19 bis 24 mm.

Sehr ähnlich und nahe verwandt sind *S. ambigualis* und *S. sylvestralis*. Von der ersten unterscheidet sich *S. basistrigalis* äußerlich durch ihre breiteren Vorderflügel mit dem runderen Apex und von letzterer durch die deutlich schwarz-weiß gezeichneten Vorderflügelfransen, die bei *S. sylvestralis* eine durchgehende schwarze Linie aufweisen. Eine absolut sichere Unterscheidung dieser drei Arten ist in vielen Fällen jedoch nur durch die Untersuchung der Genitalarmaturen möglich.

S. basistrigalis fliegt von Juni bis August an Waldrändern. Tagsüber sitzen die Falter gerne kopfabwärts an Baumstämmen, besonders an Eichen. Mit Beginn der Dämmerung werden sie aktiv und fliegen nachts zum Licht.

Dipleurina lacustrata (Panzer 1804)

(= **crataegalis** Gn. 1854 = **crataegella** sensu Hbn. 1796)

Flügelspannweite: 15 bis 20 mm.

Wie die meisten anderen Scoparien auch, sind die Falter recht unscheinbar. Die Vorderflügel sind weißlich und braungrau mit einer geschwungenen inneren und einer fein gezackten äußeren Querlinie. In der Nähe des Vorderrandes befindet sich ein Zeichnungselement, das einer oben und unten offenen Acht ähnelt. Der äußere Bereich der Vorderflügel ist stärker braungrau beschuppt.

Man trifft die Falter von Juni bis August häufig auf Lichtungen und an den Rändern von Laub- und Nadelwäldern sowie an Hecken und Büschen. Tagsüber ruhen sie oft an Baumstämmen, wo sie wegen ihrer Flügelfärbung kaum auffallen. Nachts werden sie von Lichtquellen angelockt.

Die Raupe ist braungelb oder gelblichgrün mit schwärzlichbraunem Kopf und Nackenschild. Von März bis Mai lebt sie in einem feinen Gespinst in Moosen unter Steinen, an Bretterzäunen, alten Mauern und vor allem an Bäumen.

Die Verpuppung erfolgt von Mai bis Juni oder Juli im Moos.

Scoparia basistrigalis, ♀
Dipleurina lacustrata

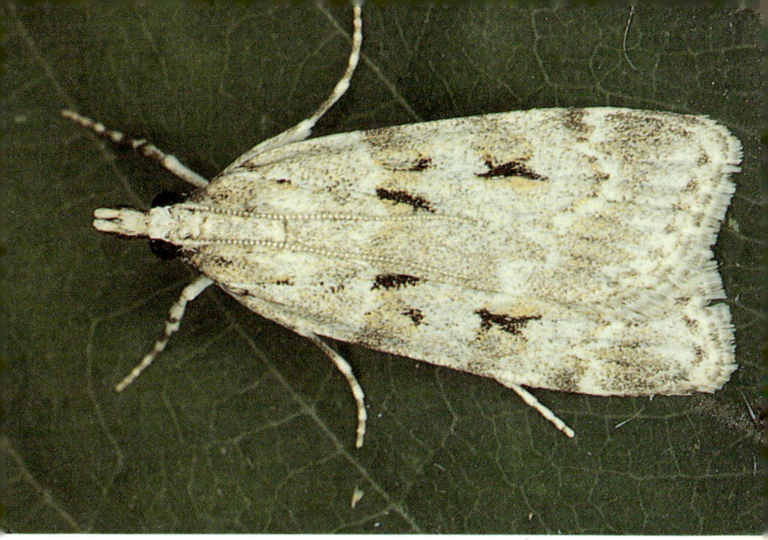
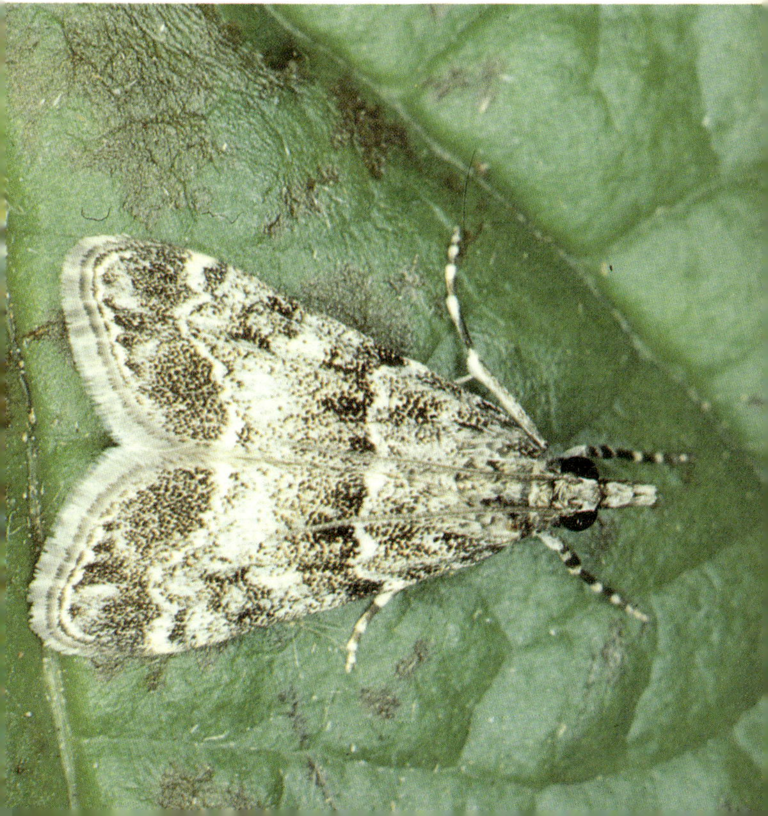

Unterfamilie Evergestinae

Die Evergestinae sind Falter von kleiner bis mittlerer Größe mit nahezu dreieckigen, gewöhnlich breiten Vorderflügeln. Labial- und Maxillarpalpen sind ebenso wie der Rüssel gut entwickelt. Ocellen sind vorhanden, Chaetosemata fehlen.

Die Raupen fressen normalerweise an Kreuzblütlern oder an Kaperngewächsen. Einige Arten können wirtschaftlichen Schaden anrichten.

Die Evergestinae sind eine relativ kleine Gruppe mit etwas mehr als 100 bekannten Arten, von denen die Mehrzahl in der Holarktis lebt. In Mitteleuropa sind etwa zwölf Arten vertreten.

Evergestis limbata (L. 1767)
(= praetextalis Hbn. 1825 = limbalis Gn. 1854)

Flügelspannweite: um 20 mm.
Die Falter fliegen im Juli und August in der Dämmerung, während sie sich tagsüber in der niederen Vegetation verborgen halten. Sie bevorzugen sandige Standorte, oft auch solche, die durch menschliche Einwirkung künstlich geschaffen wurden, wie Dämme, Schuttplätze und Wegränder.
Die Raupe ist hell mit etwas dunklerem Rücken und hellbraunem Kopf. Sie lebt im August und September an Rauke (*Sisymbrium*), Knoblauchsrauke (*Alliaria*) und Färber-Waid (*Isatis tinctoria*).

Evergestis pallidata (Hfn. 1767)
(= straminalis Hbn. 1793)

Flügelspannweite: um 26 mm.
Von Juni bis August fliegen die Falter häufig auf nassen Wiesen, sumpfigen Stellen und in Wäldern. Sie sind dämmerungsaktiv und werden nachts von Licht angelockt. Tagsüber kann man sie aus der Vegetation aufstöbern.
Die Raupe findet man von Juli bis September an Kreuzblütlern (Cruciferae) wie Barbenkraut (*Barbarea*), Schaumkraut (*Cardamine*), Löffelkraut (*Cochleania*), Kohl (*Brassica*) und Senf (*Sinapis*), wo sie die Mittelrippe von Blättern anfrißt.
Die Verpuppung vollzieht sich im Mai und Juni an der Erdoberfläche in einem Kokon unter Blättern.

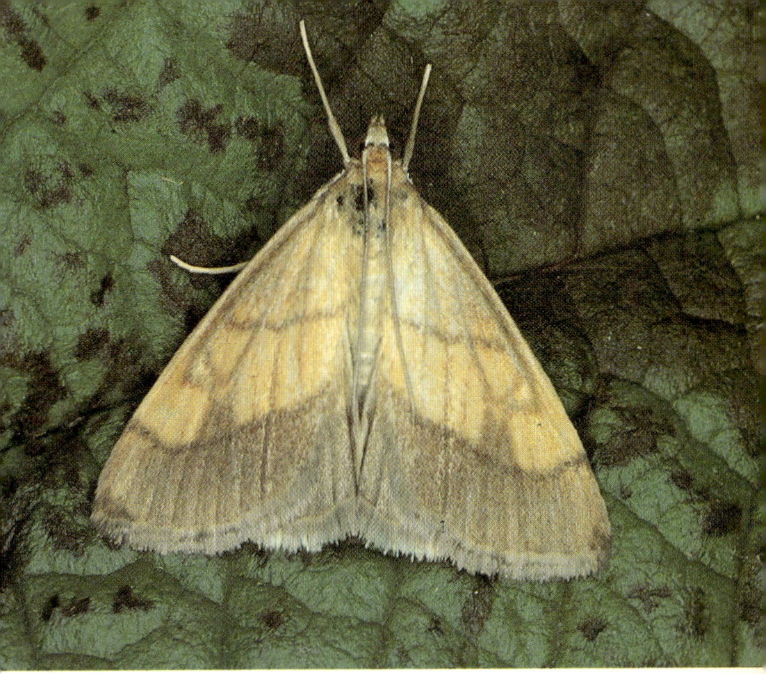
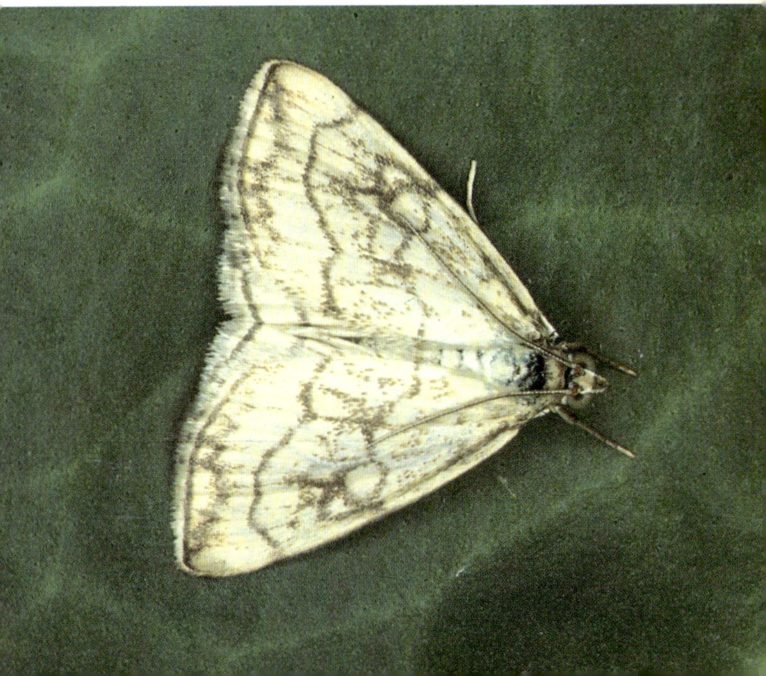

Platytes alpinella (Hbn. 1813)

Flügelspannweite: 18 bis 22 mm

P. alpinella ist mit keiner anderen Art zu verwechseln. Der weit vorgezogene Apex, die graubraune Färbung mit dem weißlichen Längsstreifen im mittleren Bereich sowie zwei typisch ausgeprägte, feine Querbinden verleihen den Vorderflügeln ihr charakteristisches Aussehen. Die Hinterflügel sind bräunlichgrau mit hellem Fransensaum.

Die Falter kann man von Juli bis Anfang September sowohl an trockenen, sandigen Stellen, als auch in offenen Baumbeständen oder auf Wiesen antreffen, meist jedoch nur lokal und in relativ geringer Zahl. Sie fliegen von der Dämmerung an und kommen zum Licht. Tagsüber sind sie nur selten zu sehen.

Über die ersten Stände und ihre Entwicklung ist nur wenig bekannt. Die Raupe soll im April und Mai an Moos (*Barbula*, *Tortula*) leben.

Thisanotia chrysonuchella (Sc. 1763)

(= **gramella** F., 1781 = **culmella** D. u. S., 1775 = **campella** Hbn., 1793)

Flügelspannweite: 21 bis 27 mm

Relativ breite, bräunlichgraue und dicht mit schwarzen Schuppen bestreute Vorderflügel sowie weißlich hervortretende Adern kennzeichnen diese Art eindeutig. Die Hinterflügel sind bräunlichgrau mit feinem dunklen Rand.

Am ehesten vergleichbar sind die Arten der Gattung *Chrysocrambus*, die ähnlich breite Vorderflügel besitzen. Die Längsstriemen sind bei ihnen jedoch wesentlich klarer ausgeprägt und ebenso wie die anderen Bereiche nicht mit dunklen Schuppen bestäubt.

Die Falter fliegen im Mai und Juni von der Dämmerung an und kommen auch zum Licht. Sie leben an trockenen, sandigen und grasreichen Stellen. Tagsüber verbergen sie sich hier im Gras, sind jedoch leicht aufzuscheuchen. Die Raupe ist bräunlich mit honiggelbem Kopf. Sie lebt von Juli bis zum folgenden April in einer Gespinströhre an der Stengelbasis von Schaf-Schwingel (*Festuca ovina*), Rispengras (*Poa*) und anderen Gräsern. Die Verpuppung erfolgt in einem Kokon im Tunnel der Larve.

Platytes alpinella, dorsal
P. alpinella, lateral
Thisanotia chrysonuchella

Unterfamilie Pyraustinae

Die Vertreter der Unterfamilie Pyraustinae besitzen relativ breite Flügel. Die Maxillarpalpen sind faden- oder pinselförmig, die Labialpalpen dagegen sehr verschiedenartig. Ocellen und Rüssel sind in der Regel gut entwickelt, Chaetosemata fehlen. Die Mitteltibien der Männchen sind teilweise mit Dufthaarbüscheln ausgestattet.

Einige Arten besitzen wirtschaftliche Bedeutung als Schädlinge.

Die Pyraustinae sind mit zahlreichen Arten weltweit verbreitet. In Mitteleuropa leben über 70 Arten.

Pyrausta despicata (Sc. 1763)
Olivenbrauner Zünsler
(= **sordidalis** Hbn. 1796 = **cespitalis** D. u. S. 1775)

Flügelspannweite: um 18 mm.

Diese Art ist in ihrer Färbung sehr variabel. Zudem können ältere Tiere starke Unterschiede zu frischen Exemplaren aufweisen. Die Vorderflügel sind olivgrau bis schwärzlichbraun mit hellen Zeichnungselementen. Die Hinterflügel sind schwärzlich mit zwei gold- oder bleichgelben Binden.

Die Falter leben von Mai bis September in zwei Generationen in großer Zahl an trockenen, sandigen oder grasigen Stellen. Sie sind dämmerungsaktiv und kommen nachts ans Licht. Tagsüber verbergen sie sich zwischen niedrigen Pflanzen und sind hier leicht aufzuscheuchen.

Die Raupe ist hell- bis dunkelbraun mit grauen oder gelblichen Rückenlinien. Kopf und Nackenschild sind braun. Am Großen Wegerich (*Plantago major*), Mittleren Wegerich (*P. media*) und Spitzwegerich (*P. lanceolata*) legt sie im Juni und Juli (erste Generation) sowie im August und September (zweite Generation) Gespinstgänge an den Blattbasen an und frißt nachts auf der Unterseite eines Blattes, wobei sie zunächst sog. Fensterfraß, später Loch- und Randfraßstellen anlegt.

Die zweite Generation überwintert in einem Kokon und verpuppt sich im Frühjahr im Gespinst.

Pyrausta aurata (Sc. 1763) – Purpurzünsler
(= **punicealis** D. u. S. 1775)

Flügelspannweite: 18 bis 20 mm.
Die Vorderflügel dieser hübschen Pyraustine sind purpurfarben mit je einem rundlichen, goldgelben Fleck. Die Hinterflügel sind bräunlich schwarz mit einer breiten goldgelben Binde.
Von Ende April bis Juni und dann wieder in einer zweiten Generation von Juli bis September fliegen die Tiere häufig im hellen Sonnenschein bis zur Dämmerung auf Wiesen und Weiden. Nachts kommen sie gelegentlich ans Licht.
Die Raupe ist dunkelgrün mit gelblicher Rückenlinie. Kopf und Nackenschild sind schwarz. Im Juni und Juli und wieder im September leben sie gesellig in Gespinströhren an den Blättern von Wasserminze (*Mentha aquatica*), Ackerminze (*M. arvensis*), Thymian (*Thymus*), Dost (*Origanum*), Bohnenkraut (*Satureja*) und Salbei (*Salvia*). Auch Blüten werden zuweilen gefressen.
Die Raupen der ersten Generation verpuppen sich in der Gespinströhre. Die der Herbstgeneration überwintern und verwandeln sich im April und Mai am Boden.

Pyrausta purpuralis (L. 1758)
Purpurroter Zünsler
(= **purpuraria** Latr. 1802 = **melanalis** Car. 1916)

Flügelspannweite: um 20 mm.
Kopf und Thorax von *P. purpuralis* sind goldgelb, die Vorderflügel purpurfarben. Sie enthalten mehrere große, goldgelbe Flecken. Die Hinterflügel sind schwärzlich mit einem weißgelben Vorderrandfleck und einer ebensolchen Binde.
Von Mai bis September findet man die Falter in zwei Generationen sehr häufig auf Wiesen und an grasigen Stellen. Sie fliegen sowohl im Sonnenschein als auch bei Dunkelheit. Nachts kommen sie zum Licht.
Die Raupe ist grün mit gelblichen Längslinien, ihr Kopf ist braun. Von Mai bis Juni (erste Generation) und wieder von August bis Oktober (zweite Generation) lebt sie an der Erde zwischen versponnenen Blättern von Wasserminze (*Mentha aquatica*), Ackerminze (*M. arvensis*), Dost (*Origanum*), Feldthymian (*Thymus serpyllum*), Braunelle (*Prunella*) und Stein-Bohnenkraut (*Satureja acinos*).

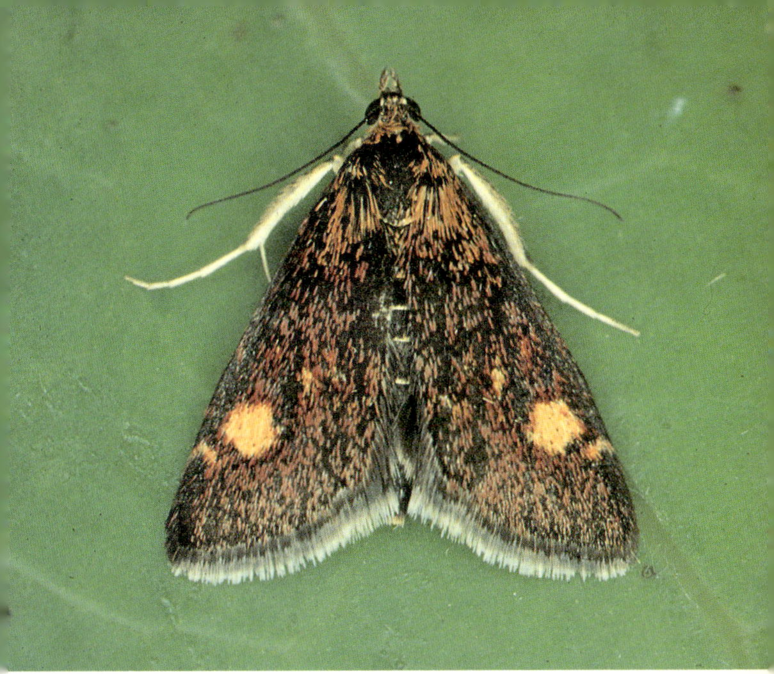

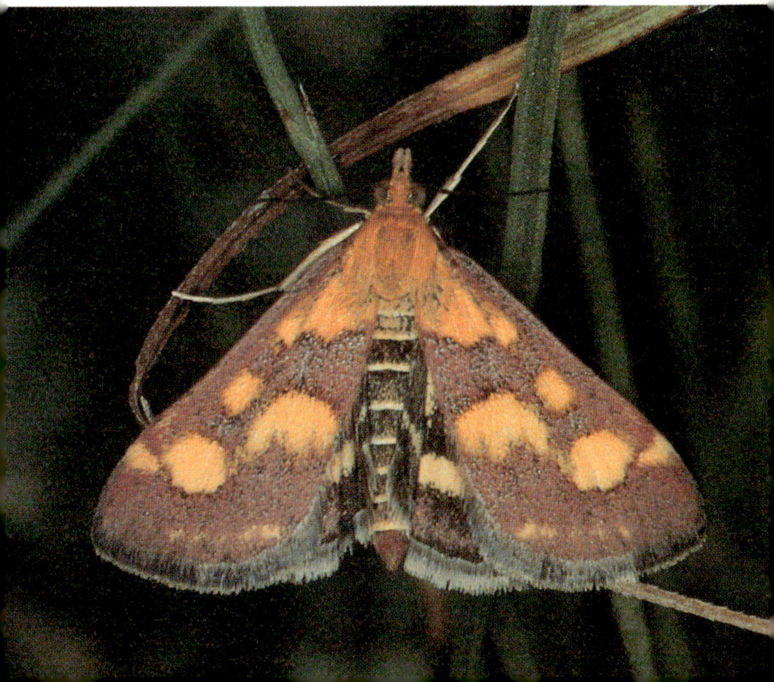

Sitochroa palealis (D. u. S. 1775)
Möhrenzünsler
(= **selenalis** Hbn. 1819 = **inversa** Gffr. in Frcr. 1785)

Flügelspannweite: 26 bis 32 mm.
Im Juni und Juli trifft man die Falter an trockenen Stellen, Wiesen und Kleefeldern. Tagsüber halten sie sich verborgen, sind jedoch leicht aufzustöbern. Sie fliegen in der Dämmerung und werden nachts von Licht angelockt.
Die Raupe lebt im August und im September oft gesellig in einem lockeren Gespinst in Dolden von Wilder Möhre, Berg-Haarstrang, Steppenfenchel, Wiesen-Bärenklau, Preußischem Laserkraut oder Wiesensilge. Gefressen werden Blüten und Samen.
Die Verpuppung erfolgt nach der Überwinterung in einem lockeren Seidenkokon in der Erde.

Ostrinia nubilalis (Hbn. 1796) – Maiszünsler
(= **lupulinalis** Gn. 1854)

Flügelspannweite: Männchen um 30 mm, Weibchen um 34 mm.
Die Falter erscheinen im Mai und fliegen bis in den August hinein. Sie sind nachtaktiv und werden von Lichtquellen angelockt. Antreffen kann man sie fast überall, besonders häufig sind sie in landwirtschaftlich genutzten Gebieten.
Die Eier werden in Häufchen bis zu 30 Stück auf der Blattunterseite ihrer Futterpflanzen deponiert.
Die Raupe ist gelblichweiß bis fleischrötlich mit braunem bis schwarzem Kopf und Nackenschild. Sie lebt im Juli an zahlreichen Pflanzen, so z. B. an Beifuß, Mais, Hirse, Hopfen, Hanf, Runkelrübe, Buchweizen, Gartenbohne, Kartoffel und Echtem Sellerie. Gefressen wird an den Blättern, im Pflanzenstengel, in Blütenständen und beim Mais auch in den reifen Kolben. Zuweilen findet ein Wechsel der Pflanze statt. Nach der Überwinterung in oder an Pflanzenteilen erfolgt im Frühjahr die Verpuppung.
Durch Verschleppung mit seinen Futterpflanzen ist der Maiszünsler heute kosmopolitisch verbreitet. In vielen Gebieten Europas und Nordamerikas richtet er besonders an Maispflanzungen teilweise beträchtlichen wirtschaftlichen Schaden an und wird oft mit großem Aufwand bekämpft.

Sitochroa palealis
Ostrinia nubilalis, dunkle Form
O. nubilalis, helle Form
O. nubilalis, lateral

Eurrhypara hortulata (L. 1758)
Brennesselzünsler

(= urticata L. 1761 = urticalis D. u. S. 1775)

Flügelspannweite: ca. 18 mm.

Von Juni bis August trifft man den Brennesselzünsler häufig in Gärten und Wäldern, wo er sich besonders an niedrigen Sträuchern und an Brennesseln aufhält. Tagsüber kann man ihn an solchen Stellen leicht aufstöbern. Seine Flugzeit beginnt mit einsetzender Dämmerung. Nachts wird er von Licht angelockt.

Die Raupe ist gelblich oder grün, schwach behaart, mit schwarzem Kopf. Sie lebt im August und September zwischen zusammengesponnenen Blättern oder in einem nach unten eingerollten Blatt ihrer Futterpflanze, an der sie Loch- und Randfraß macht. Gefunden wird sie an Brennessel (*Urtica*), Minze (*Mentha*), Ziest (*Stachys*), Andorn (*Marrubium*), Stachel- und Johannisbeere (*Ribes*) und anderen Pflanzen. Sie überwintert in einem Kokon in der Laubstreu oder in einem Pflanzenstengel. Die Verpuppung vollzieht sich im Frühling.

Phlyctaenia coronata (Hfn. 1767)
Holunderzünsler

(= sambucalis D. u. S. 1775)

Flügelspannweite: ca. 26 mm.

Von Mai bis August findet man die Falter in zwei Generationen häufig in Gärten, an Hecken und Zäunen, wo sie sich tagsüber gern verbergen. Im allgemeinen sind sie jedoch wie die verwandten Arten leicht aufzuscheuchen. Ihre Flugaktivität beginnt in der Dämmerung, nachts fliegen sie zum Licht.

Die Raupe ist weißlichgrün mit grünen Längslinien. Im Juni und dann wieder im Herbst (zweite Generation) fertigt sie auf der Blattunterseite ihrer Futterpflanze ein zartes Gespinst an, das sie nachts zum Fressen verläßt. Futterpflanzen sind Holunder (*Sambucus*), Flieder (*Syringa*), Liguster (*Ligustrum*), Esche (*Fraxinus*), Schneeball (*Viburnum*) und Sonnenblume (*Helianthus*).

Die Verpuppung der Herbstraupen erfolgt im Frühjahr.

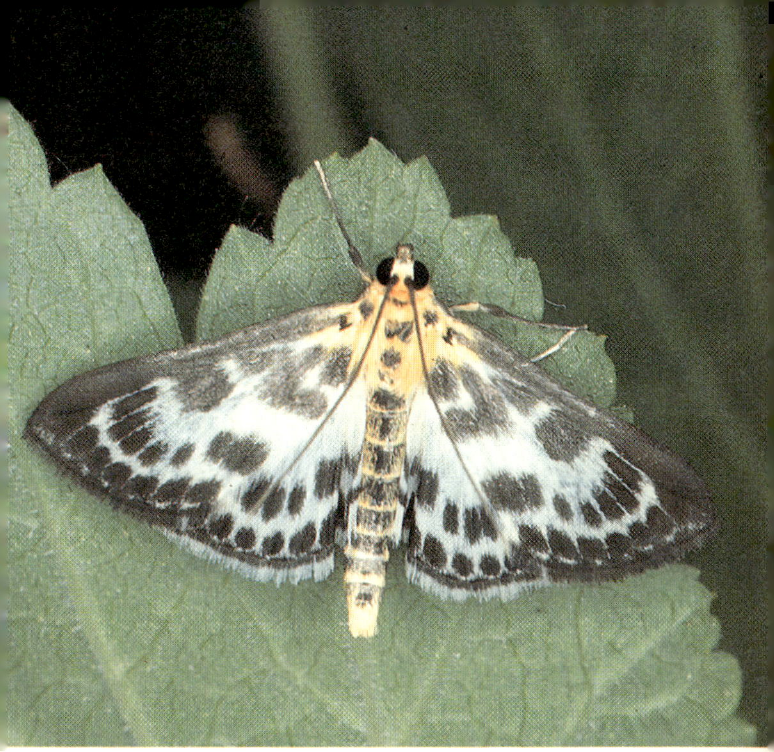
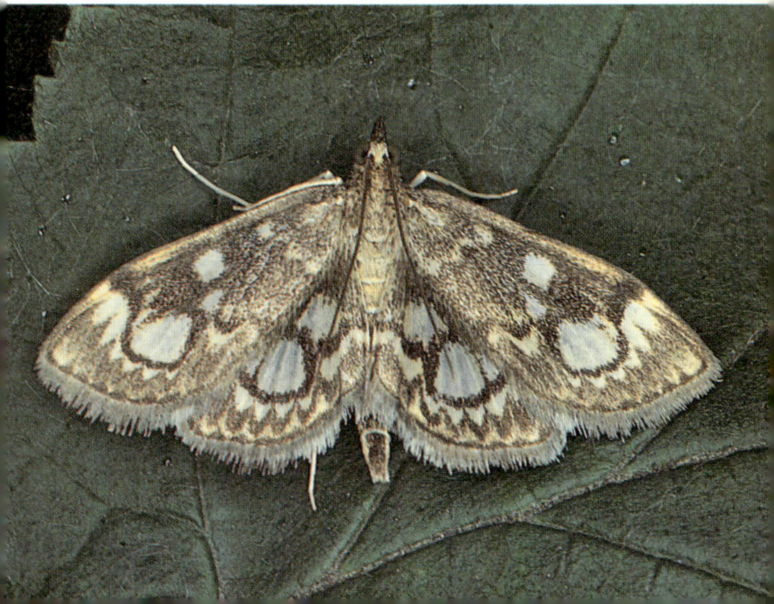

Nomophila noctuella (D. u. S. 1775)
Wanderzünsler
(= **hybridalis** Hbn. 1796)

Flügelspannweite: 26 bis 32 mm.
Die Flügelfärbung dieser Art ist sehr variabel. Die Vorderflügel sind hellbraun bis dunkelbraun mit zwei schwachen, oft etwas undeutlichen, gezackten Querlinien. Dazwischen befinden sich drei schwärzlich umrandete, braune Makeln, die unterschiedlich stark ausgeprägt sein können.
Die Falter fliegen sehr häufig von Juni bis September an trockenen, grasreichen Stellen. Tagsüber verstecken sie sich in der Krautschicht. Die Falter sind dämmerungsaktiv und werden nachts vom Licht angelockt.
Die Raupe ist grünlich ockergelb mit dunkler Rückenlinie. Man findet sie von Juni bis September an Klee, Knöterich, Rispengras und verschiedenen anderen Gräsern in Bodennähe.
Die erwachsene Raupe verwandelt sich in einem weißen Seidenkokon, meist zwischen den Blättern ihrer Futterpflanze. Der Falter kann bereits nach wenigen Tagen Puppenruhe ausschlüpfen und in diesem Stadium überwintern. Im anderen Falle schlüpft der Falter erst im folgenden Frühling.
Die Art ist kosmopolitisch verbreitet. In den USA wird sie gelegentlich an Luzerne und Weizen schädlich. Auch in Südeuropa verursacht dieser Kleinschmetterling bisweilen wirtschaftlichen Schaden.

Dolicharthria punctalis (D. u. S. 1775)
(= **aetnealis** Dup. 1833 = **lorquinalis** Gn. 1854)

Flügelspannweite: 20 bis 25 mm.
Von Juni bis August kann man die Falter auf feuchten Wiesen finden. Tagsüber halten sie sich in der niedrigen Vegetation verborgen. Nachts fliegen sie zum Licht.
Die Raupe lebt im Herbst unter einem Gespinst zwischen Blüten und Blättern von Gemeinem Hornklee, Klee, Gemeinem Seegras und anderen Pflanzen. Nach der Überwinterung lebt sie vorzugsweise am Boden in einem Gespinst zwischen welkenden Blättern.
Im Mai verpuppt sie sich an der Erde in einem festen, mit Erdkrumen, Steinchen und Laubstreu bedeckten Kokon.

Nomophila noctuella
N. noctuella
N. noctuella
Dolicharthria punctalis

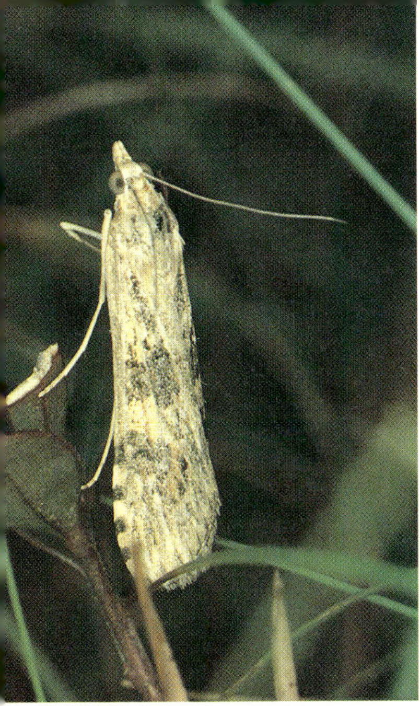
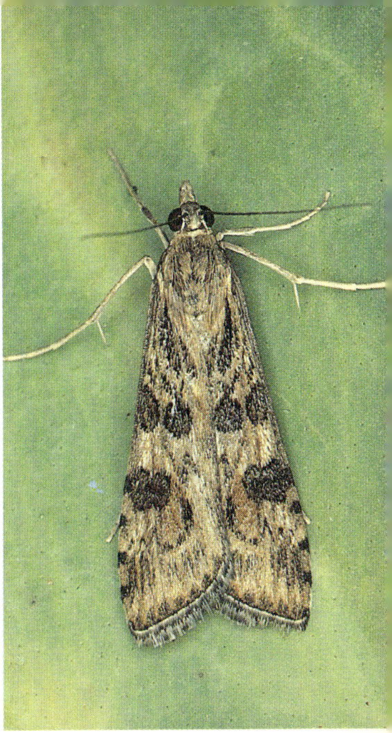
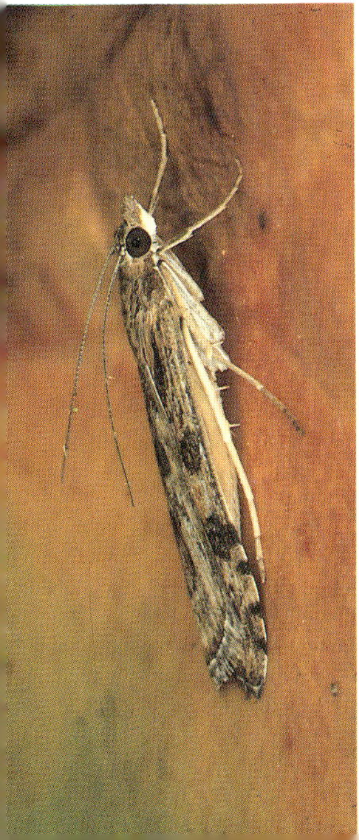
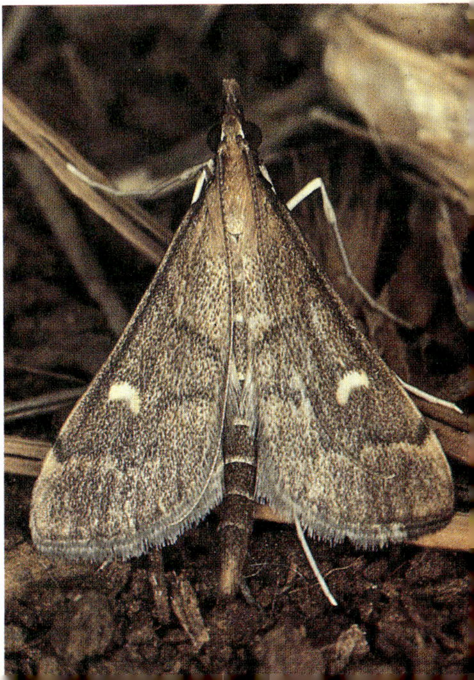

Diasemia reticularis (L. 1761)

(= **literalis** D. u. S. 1775 = **litterata** Sc. 1763)

Flügelspannweite: ca. 22 mm.

Kopf, Thorax und Flügel von *D. reticularis* sind braun. Beide Flügelpaare zeigen charakteristische weiße Querbinden und Flecken.

Von Juni bis September kann man die Falter auf trockenen Grasflächen, Wiesen und in offenen, grasreichen Wäldern antreffen. Tagsüber sitzen sie frei im Gras, wo sie jedoch durch ihre Färbung hervorragend getarnt sind. Ihre Flugzeit liegt in der Dämmerung, nachts werden sie vom Licht angelockt. Auch zuckerhaltigen Köder suchen sie gerne auf.

Die Raupe ist rötlich schmutzigweiß mit gelbbraunem Kopf und Nackenschild. Von März bis April und in einer zweiten Generation wieder von Juni bis Juli lebt sie unter den Wurzelblättern von Wegerich (*Plantago*), Habichtskraut (*Hieracium*) und Bitterkraut (*Picris*) oder in einem leichten Gespinst am Boden, wo sie welkes Laub frißt.

Pleuroptya ruralis (Sc. 1763) – Nesselzünsler

(= **verticalis** sensu D. u. S. 1775)

Flügelspannweite: 26 bis 40 mm.

Im Juni und Juli kommen die Falter überall sehr häufig vor. Man findet sie an Hecken, Zäunen, Gebüschen, Wegrändern und in Gärten, Laub- und Nadelwäldern. Tagsüber verbergen sich die Tiere in der Vegetation. Sie sind Dämmerungsflieger und kommen nachts ans Licht.

Die Raupe ist glänzend grün, leicht behaart. Sie lebt von August bis zum Juni des folgenden Jahres an der Großen Brennessel (*Urtica dioica*). Jeweils ein Blatt wird von ihr um die Mittelrippe herum eingerollt und durch Spinnfäden zusammengehalten. Zur Überwinterung und Verpuppung legt sie ebenfalls derartige Gehäuse an. Die Raupe macht sowohl Fenster- als auch Loch- und Randfraß.

Als weitere Futterpflanzen kommen Gänsefuß (*Chenopodium*), Melde (*Atriplex*), Hopfen (*Humulus*), Spierstrauch (*Spiraea*) und Echtes Mädesüß (*Filipendula ulmaria*) in Betracht.

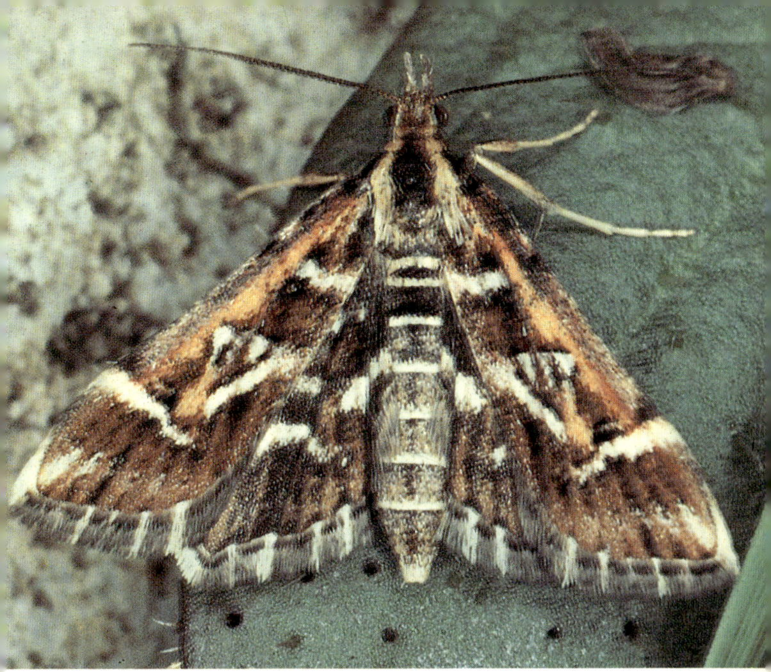

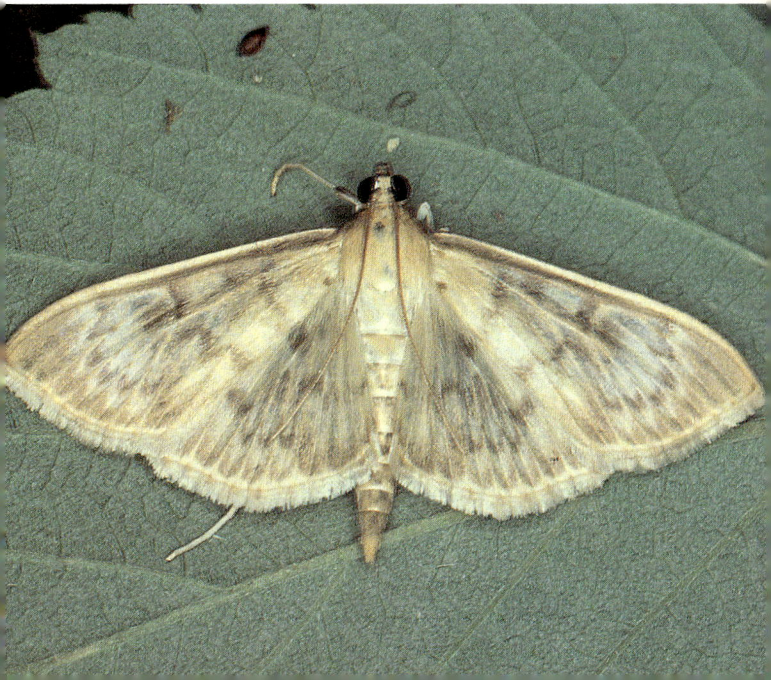

Familie Thyrididae – Fensterschwärmerchen, Fensterfleckchen

Zu den Fensterschwärmerchen gehören kleine bis mittelgroße Falter mit breiten Flügeln und einem zünslerähnlichen Erscheinungsbild. Häufig besitzen ihre Flügel fensterartig durchsichtige Stellen (Name!). Der Körper wirkt relativ kräftig, und der Hinterleib trägt einen Afterbusch. Labialpalpen und Rüssel sind gut entwickelt, letzterer ist unbeschuppt. Maxillarpalpen, Ocellen, Chaetosemata und Tympanalorgane fehlen. Die Falter sind meist tagaktiv.

Die Raupen haben eine ähnliche Lebensweise wie zahlreiche Wickler (Tortricidae) – sie leben in zusammengerollten Blättern.

Die Familie ist mit etwa 700 Arten weltweit verbreitet, überwiegend jedoch in den Tropen. In Mitteleuropa kommt nur eine Art vor.

Thyris fenestrella (Sc. 1763)
Waldreben-Fensterschwärmerchen
(= **fenestrina** D. u. S. 1775 = **pyralidiformis** Hbn. 1796)

Flügelspannweite: 12 bis 15 mm.

Die Falter fliegen am Tage von Mitte Mai bis August in einer oder zwei Generationen. Sie sind ausgesprochen wärme- und sonnenliebend und treten vorwiegend an Waldrändern und auf buschreichem Ödland, gelegentlich aber auch in Gärten auf. Als eifrige Blütenbesucher nutzen sie ein weites Spektrum verschiedener Pflanzenarten. Manchmal kann man sie auch an Tautropfen, Pfützen oder stark riechenden Stoffen saugend beobachten oder bei der Aufnahme von Salzausscheidungen der Abdomenunterseite mit dem Rüssel (THIELE, 1985).

Die tönnchenförmigen, rotbraunen Eier werden einzeln und aufrecht auf die Blätter der Gemeinen Waldrebe (*Clematis vitalba*) abgelegt, der einzigen Raupenfutterpflanze unseres Fensterschwärmerchens.

Die Raupe ist schwach grünlichgelb, durchscheinend, mit zahlreichen schwarzen Punktwarzen. Kopf, Nacken- und Afterschild sind dunkelbraun bis schwarz. Sie lebt in eingerollten jungen Blättern ihrer Futterpflanze und sondert einen wanzenartigen Geruch ab.

Die Verpuppung erfolgt in einem lockeren Gespinst an der Erde, an Zweigen oder gelegentlich in hohlen Stengeln. Die rotbraune Puppe überwintert normalerweise.

Verzeichnis der Fachausdrücke, Abkürzungen und Symbole

♂ **Männchen**
♀ **Weibchen**
Abdomen: Hinterleib.
Abdominalsegmente: Hinterleibssegmente einer Raupe, Puppe oder eines Falters.
adult: Erwachsen, geschlechtsreif.
Afterschild: Sklerotisierte Tergalplatte (Rückenplatte) des 10. Hinterleibssegmentes der Schmetterlingsraupen.
Analende, Analöffnung (eines Raupensackes): Hinteres Ende des Sackes mit der Öffnung für den Kotauswurf.
Analschild: s. Afterschild.
Antennen: Fühler.
Apex: Spitze; bezeichnet beim Flügel die Stelle, an der Vorder- und Außenrand zusammenstoßen.
apical: An der Spitze (Apex).
basal: Am Anfang, am Grunde, an der Wurzel liegend.
Biotop: Lebensraum einer Biozönose (Lebensgemeinschaft).
Blattkutikula: Äußere, nicht zelluläre, die Epidermis überziehende und von dieser ausgeschiedene Schicht eines Blattes.
Chaetosema: Jordansches Organ: ein Paar warzenartiger oder quer wulstförmiger Erhöhungen am Scheitel (hinter den Fühlern) vieler Schmetterlinge, die mit strahlig angeordnetem Haarbüschel versehen sind und ein Sinnesorgan unbekannter Funktion darstellen.
Chorion: Die äußere, von den Zellen des Follikelepithels gebildete Eischale. Es besteht aus einer chitinähnlichen Substanz, ist an der Oberfläche glatt oder skulpturiert und am Vorderende mit Poren (Mikropylen) versehen.
Costa: Die im Vorderrand des Flügels verlaufende erste Ader oder der Vorderrand selbst.
Costalfalte: Eine Tasche, die einen Haarpinsel oder ein anderes Duftorgan enthält. Sie entsteht, indem sich der Vorderrand (meist nahe der Flügelwurzel) nach oben umschlägt (bei vielen Tortricoidea).
Coxa: Hüfte. Das 1. Glied des thorakalen Insektenbeines.
Diapause: Zwischenruhe. Der Ruhezustand in der Entwicklung eines Insekts (z. B. bei der Überwinterung oder Übersommerung). Die Diapause ist nicht allein jahreszeitlich oder durch die Witterung bedingt, sondern wird in der Anlage vererbt.
distal: Vom Körper entfernt liegend.
dorsal: Auf dem Rücken befindlich.
Epidermale Mine: Mine, die in der Epidermis eines Blattes oder eines anderen Pflanzenteils angelegt wird.
Epidermis: Äußere Zellschicht eines Blattes oder eines anderen Pflanzenteils (Abschlußgewebe), scheidet die Kutikula ab.
Epiphyse: Schienenblättchen, Putzsporn. Ein an der Innenseite der Vordertibien vieler

Schmetterlinge befindlicher Anhang. Zwischen ihm und der Tibia stehen oft umgebildete Haare und Borsten. Das Organ dient der Reinigung der Fühler, die zwischen ihm und der Tibia hindurchgezogen werden.

Exuvie: Die leere Puppen- oder Larvenhaut. Es handelt sich um die bei der Häutung abgestreifte Kutikula.

f.: forma (Varietät).

fadenförmige Fühler: Fühler, die aus gleichartigen Gliedern ohne Fortsätze bestehen und bis zum Endglied annähernd den gleichen Durchmesser behalten.

Faltenmine: Die in einer Platzmine lebende Raupe bringt innen an der Blatthaut ein Gespinst an, wodurch diese sich in Falten zusammenzieht und an der gegenüberliegenden Seite das Blatt aufwölbt.

Femur: Schenkel. Das 3. Glied des thorakalen Insektenbeines.

Fensterfraß: Eine Art des Insektenfraßes an Blättern, bei dem an einer Stelle eine Blatthaut und das gesamte grüne (chlorophyllhaltige) Gewebe verzehrt wird, so daß in der entstehenden Vertiefung nur noch die andere Blatthaut stehen bleibt, vergleichbar einer Fensterscheibe.

Flagellum: Die Fühlergeißel (der Fühler ohne die beiden Grundglieder Scapus und Pedicellus).

Frenulum: s. Haftborste.

Fühlerbasis: Die beiden ersten Fühlerglieder, Scapus (1.) und Pedicellus (2.).

Galeae: Außenladen der Maxillen (Unterkiefer), aus denen bei den Schmetterlingen der Saugrüssel entstanden ist.

Gangmine: Mine von schmaler, langsam an Breite zunehmender, meist mehr oder weniger geschlängelter oder gewundener Gestalt.

gekämmte Fühler: Fühler, deren Glieder ein- oder zweiseitig in lange, kammzinkenartige Fortsätze verlängert sind.

Geschlechtsdimorphismus: Sexualdimorphismus, Verschiedenartigkeit beider Geschlechter einer Art, Rasse und Generation in bezug auf ihre sekundären Geschlechtsmerkmale. Betroffen sind meist Größe, Form und/oder Färbung von Körperteilen.

gezähnte Fühler: Fühler, deren Glieder mit einseitig ausgerichteten, konischen Fortsätzen versehen sind.

Habitat: Standort; der Platz, an dem ein Organismus lebt.

Haftborste: Frenulum. Eine steife Chitinborste am Vorderrand der Hinterflügelbasis vieler Schmetterlinge. Bei Weibchen kann es sich auch um ein Bündel mehrer Chitinborsten handeln. Das Frenulum greift unter eine als Retinaculum bezeichnete Falte, einen Haar- oder Schuppenbusch der Vorderflügelunterseite, wodurch die Koppelung von Vorder- und Hinterflügel beim Flug hergestellt wird.

heteroneur: Deutlich verschiedenes Geäder in Vorder- und Hinterflügel.

Hibernakulum: Von Insekten gefertigtes Winterquartier, in welchem sie vor übermäßigen

Temperaturschwankungen geschützt sind.

Holarktis: Tiergeographische Region, die die Nearktis und die Palaearktis umfaßt und sich somit über Nordamerika (nördlich von Mexiko), Europa, Afrika nördlich der Sahara und Asien nördlich des Himalaja erstreckt.

holopneustisch: Insektenlarven mit der höchsten Zahl funktionsfähiger Stigmen, also mit 2 thorakalen und 8 abdominalen Stigmenpaaren.

homoneur: Annähernd gleiches Geäder in Vorder- und Hinterflügel.

hydrophob: Wasserabweisend, nicht benetzbar.

Imago: Das fertige, geschlechtsreife Insekt. Plural: Imagines.

Jugum: Lappenartiger Fortsatz am basalen Vorderflügelhinterrand einer Reihe von Schmetterlingen. Beim Flug legt es sich auf die Oberseite des Hinterflügelvoderrandes oder verankert sich im Frenulum. Mechanismus zur Flügelkoppelung beim Flug. In der Ruhe wird das Jugum nach vorn auf die Unterseite des Vorderflügels umgeschlagen.

Kokon: Eine die Puppe umgebende Hülle aus Gespinst, teilweise auch mit Sand, Erde oder anderen Substraten vermischt.

Komplexaugen: Facettenaugen, aus meist vielen Ommatidien bestehend.

Kopula: Begattung.

Kremaster: Ein mit Widerhaken, Dornen usw. versehener Vorsprung am Hinterende der Schmetterlingspuppen, welcher bei freien Puppen in einem kleinen Gespinstfleckchen und bei Kokonpuppen in der Wand des Kokons verankert wird, um dem Falter das Verlassen der Puppenhülle zu erleichtern.

kryptische Färbung: Tarnfärbung, macht ein Tier in seiner natürlichen Umgebung unauffällig.

Kutikula: Die nicht zelluläre, die Epidermis überziehende und von dieser ausgeschiedene Schicht der Insektenhaut. Sie besteht in der Hauptsache aus Chitin.

Labialpalpen: Lippentaster. Gewöhnlich mehrgliedrige, mit Sinnesorganen besetzte Gebilde, die an der Außenseite des Labiums (Unterlippe) eingefügt sind. Oft kurz als Palpen bezeichnet.

Labium: Unterlippe (2. Maxille).

Labrum: Oberlippe.

lateral: seitlich.

Lochfraß: Art und Weise des Insektenfraßes an Pflanzen, besonders an Blättern, bei der von der Oberfläche aus Löcher in die Blattspreite gefressen werden.

Mandibel: Oberkiefer.

Maxillarpalpen: Kiefertaster. Einfache oder gegliederte, seitlich an den 1. Maxillen (Unterkiefer) entspringende Gebilde. Träger von Sinnesorganen. Sie sind bei allen höheren Schmetterlingen mehr oder weniger rückgebildet.

Maxille: Unterkiefer (1. Maxille).

Mesothorax: Das zweite (mittlere) Brustsegment.

Metathorax: Das dritte (letzte) Brustsegment.

Mikropyle: Eine oder mehrere winzige Öffnungen (Durchlaßporen) in der harten Eischale (Chorion), am Vorderende des Eies. Durch sie dringen die Samen ein.

Mine: Ein im Inneren von Blättern oder anderen lebenden Pflanzenteilen angelegter Fraßraum einer Insektenlarve. Erzeuger sind Larven von Fliegen (Diptera), Schmetterlingen (Lepidoptera), Hautflüglern (Hymenoptera) und Käfern (Coleoptera). Bei der Mine bleiben stets die beiden Blatthäute (Epidermen) unverletzt bis auf das Einstiegsloch, wodurch sich die Mine von anderen Fraßarten unterscheidet.

minierend: Als Minierer lebend.

Minierer: Insekten, deren Larven Minen anlegen.

monophag: Eine Art gilt als monophag, wenn sie als Raupe oder Imago nur eine bestimmte Pflanzenart oder -gattung frißt und andere Nahrung verschmäht.

Morphologie: Lehre von der äußeren Gestalt.

Nachschieber: Das letzte Paar der Bauchfüße der Raupen.

Nackenschild: Stärker sklerotisierte Platte auf dem Rücken des ersten Brustsegmentes von Raupen.

Ocellen: Einzelaugen, Nebenaugen beim fertigen Insekt. Sofern vorhanden, liegen sie bei den Schmetterlingen am Rande der Komplexaugen hinter den Fühlern.

oligophag: Eine Art ist oligophag, wenn sie nur wenige Pflanzenarten oder -gattungen frißt und alle anderen verschmäht. Oft sind die gewählten Pflanzen nahe miteinander verwandt.

Paläarktis: Tiergeographische Region, die ganz Europa, Afrika nördlich der Sahara und Asien nördlich des Himalaja umfaßt.

Palpen: s. Labialpalpen.

Parenchym: Die Blattgrün (Chlorophyll) führenden Gewebe im Inneren des Blattes (oder der Stengelrinde) zwischen den beiden Blatthäuten (Epidermen).

parthenogenetisch: Als parthenogenetische Fortpflanzung (Parthenogenese, Jungfernzeugung) bezeichnet man die Fähigkeit der Eier mancher Insekten, ohne Befruchtung Reifeteilungen durchzumachen, normal zu furchen und sich weiterhin normal zu entwickeln. Die Parthenogenese tritt als konstante, artspezifische Fortpflanzungsart in verschiedenen Insektenordnungen zerstreut auf.

Patagia: Halskragen. Am Rücken entspringende Fortsätze des sonst stark rückgebildeten ersten Brustsegmentes (Prothorax).

Pedicellus: Zweites Fühlerglied.

peripneustisch: Insektenlarven, deren metathorakale und oft auch erste und letzte abdominale Stigmen verschlossen sind.

Pinacula: Chitinverdickungen um die borstentragenden Papillen bei Schmetterlingsraupen.

Platzmine: Eine von der Eintrittsstelle mehr oder weniger gleichmäßig nach allen Seiten ins Blatt ausgenagte Mine.

polyphag: Eine Art ist polyphag, wenn sie in ihrer Nahrung wenig wählerisch ist, also viele verschiedene, oft nicht verwandte Pflanzenarten oder andere Substrate frißt.

Prothorax: Das erste Brustsegment.

Retinakulum: Vorspringende Chitinfalte oder Chitinlappen bzw. eine Reihe von Borsten oder Schuppen auf der Vorderflügelunterseite vieler Schmetterlinge. Es dient zum Festhalten des Frenulums (Haftborste) bei der Flügelkoppelung.

Ruderalpflanzen: Arten, welche Schutt, Trümmerplätze, gestörte Wegränder u. ä. Standorte besiedeln.

Scapus: Erstes Fühlerglied.

Setae: Borsten; dickwandige, starre, beweglich eingelenkte, echte Haare.

Sexualdimorphismus: s. Geschlechtsdimorphismus.

sklerotisiert: Als sklerotisiert bezeichnet man die durch Gerbung erhärtete Kutikula.

Sporne: Dicke, starre, beweglich eingelenkte Borsten am Ende, vor dem Ende oder in der Mitte der Schienen.

ssp.: Subspezies (Unterart).

Stemmata: Laterale Einzelaugen der Raupe.

Sternit: Chitinisierte Platte des Sternums, des Bauchteiles eines Segmentes.

Stigma: Atemloch.

Subterminallinie: Vor dem Außenrand der Flügel gelegene Linie.

Tarsus: Fuß. Das 5. Glied des thorakalen Insektenbeins.

taxonomische Merkmale: Es sind die für die Einordnung (Klassifikation) der Insekten in ein System maßgeblichen Körpermerkmale und biologischen Eigenschaften.

Tegulae: Schulterklappen, Schulterblätter. Chitinschuppen an der Basis der Vorderflügel, welche die Flügelgelenkmembran von oben bedecken.

Tergit: Chitinisierte Platte des Tergums, des Rückenteils eines Segmentes.

Thorax: Brust.

Tibia: Schiene, Schienbein. Das 4. Glied des thorakalen Insektenbeines.

Trochanter: Schenkelring. Das 2. Glied des thorakalen Insektenbeines.

Tympanalorgan: Gehörorgan. Bei Schmetterlingen (falls vorhanden) am Thorax oder am Abdomen.

Valenz, ökologische: Reaktionsbreite. Der Spielraum der Lebensbedingungen, der ohne Schädigung ertragen wird.

Valven: Teile des männlichen Genitalapparates. Sie dienen der seitlichen Umklammerung der weiblichen Abdomenspitze bei der Kopulation.

Abkürzungsliste der Autoren-Namen

auct.	=	auctor
Billb.	=	Billberg
Bkh.	=	Borkhausen
Brd.	=	Bruand
Car.	=	Caradja
Cl.	=	Clerck
Clem.	=	Clemens
D. & S.	=	Denis & Schiffermüller
Dbl.	=	Doubleday
de Vill.	=	de Villers
Don.	=	Donovan
Dup.	=	Duponchel
F.	=	Fabricius
Fl.	=	Fletcher
Gffr. in Frcr.	=	Geoffrey in Fourcroy
Gn.	=	Guenée
H.-S.	=	Herrich-Schäffer
Hbn.	=	Hübner
Hein.	=	Heinemann
Hfn.	=	Hufnagel
Hmp.	=	Hampson
Hw.	=	Haworth
Krul.	=	Krulikowskij
L.	=	Linnaeus
Latr.	=	Latreille
Lien.	=	Lienig
Meyr.	=	Meyrick
Mill.	=	Millière
Nov.	=	Novicki
Obrz.	=	Obraztsov
Ochs.	=	Ochsenheimer
Oliv.	=	Olivier
Pie. & Metc.	=	Pierce & Metcalfe
Retz.	=	Retzius
Sc.	=	Scopoli
Stdgr.	=	Staudinger
Steph.	=	Stephens
Stt.	=	Stainton
Thnbg.	=	Thunberg
Tr.	=	Treitschke
Val.	=	Vallot
Ww.	=	Westwood
Z.	=	Zeller
Zett.	=	Zetterstedt

Literaturverzeichnis

AMSEL, H. G., F. GREGOR & H. REISSER (Hrsg.): Microlepidoptera Palaearctica.
Bd. 1 Bleszynski, S. (1965), Crambinae.
Bd. 2 Sattler, K. (1967), Ethmiidae.
Bd. 3 Razowski, J. (1970), Cochylidae.
Bd. 4 Roesler, R. U. (1973), Phycitinae.
Bd. 5. Gozmany, L. (1978), Lecithoceridae.
Verlag G. Fromme & Co., Wien.

AMSEL, H. G., F. GREGOR, H. REISSER & R. U. ROESLER (Hrsg.): Microlepidoptera Palaearctica.
Bd. 6 Razowski, J. (1984), Tortricini.
Bd. 7 Diakonoff, A. (1986), Glyphipterigidae s. l. Verlag G. Braun, Karlsruhe.

BENGTSSON, B. A. (1984): The Scythrididae (Lepidoptera) of Northern Europe. Fauna ent. scand. 13, Leiden, Copenhagen.

BLAB, J., E. NOWAK, W. TRAUTMANN & H. SUKOPP (Hrsg.) (1984): Rote Liste der gefährdeten Tiere und Pflanzen in der Bundesrepublik Deutschland. 4. Aufl. Kilda-Verlag, Greven.

BRADLEY, J. D., W. G. TREMEWAN & A. SMITH (1973): British Tortricoid Moths. Cochylidae and Tortricidae: Tortricinae. The Ray Society (ed.), London.

BRADLEY, J. D., W. G. TREMEWAN & A. SMITH (1979): British Tortricoid Moths. Tortricidae: Olethreutinae. The Ray Society (ed.), London.

COMMON, I. F. B. (1970): Lepidoptera. In Mackerras, I. M.: The Insects of Australia. Melbourne.

DE PRINS, W. O. (1983): Liste systématique des Lépidoptères de Belgique. Entomobrochure Nr. 4, Antwerpen.

ECKSTEIN, K. (1933): Die Schmetterlinge Deutschlands mit besonderer Berücksichtigung ihrer Biologie und wirtschaftlichen Bedeutung. 5. Bd. Die Kleinschmetterlinge Deutschlands. K. G. Lutz Verlag, Stuttgart.

EMMET, A. M. (ed.) (1979): A field guide to the smaller British Lepidoptera. The British Entomological & Natural History Society, London.

FIBIGER, M., & N. P. KRISTENSEN (1974): The Sesiidae (Lepidoptera) of Fennoscandia and Denmark. Fauna ent. scand. 2, Gadstrup.

FORSTER, W., & Th. A. WOHLFAHRT (1954 ff): Die Schmetterlinge Mitteleuropas. Bd. 1 (1954): Biologie der Schmetterlinge. Bd. 3 (1960): Spinner und Schwärmer. Franckh'sche Verlagshandlung, Stuttgart.

FRIESE, G. (1969): Beiträge zur Insekten-Fauna der DDR: Lepidoptera – Argyresthiidae. Beitr. Ent. 19 (7/8): 693–752.

GOATER, B. (1986): British Pyralid Moths. A guide to their identification. Harley Books, Essex.

GOZMANY, L. (1979): Vocabularium Nominum Animalium Europae Septem Linguis Redactum. Akadémiai Kiadó, Budapest.

HANNEMANN, H.-J. (1961): Kleinschmetterlinge oder Microlepidoptera I. Die Wickler. In DAHL, F.: Die Tierwelt Deutschlands. 48. Teil. Fischer Verlag, Jena.

HANNEMANN, H.-J. (1964): Kleinschmetterlinge oder Microlepidoptera II. Die Wickler und die Zünslerartigen. In DAHL, F.: Die Tierwelt Deutschlands. 50. Teil. Fischer Verlag, Jena.

HANNEMANN, H.-J. (1977): Kleinschmetterlinge oder Microlepidoptera III. Federmotten (Pterophoridae), Gespinstmotten (Yponomeutidae), Echte Motten (Tineidae). In DAHL, F.: Die Tierwelt Deutschlands, 63. Teil. Fischer Verlag, Jena.

HANNEMANN, H.-J., & E. URBAHN (1984): Lepidoptera – Schuppenflügler, Schmetterlinge. In STRESEMANN, E.: Exkursionsfauna für die Gebiete der DDR und der BRD, Band 2/2, Wirbellose, Insekten, 2. Teil. 4. Aufl., Verlag Volk und Wissen, Berlin.

HEATH, J. (ed.) (1976): The moths and butterflies of Great Britain and Ireland. Vol. I, Micropterigidae – Heliozelidae. The Curwen Press and Blackwell Scientific Publications, London.

HEATH, J., & A. M. EMMET (eds.) (1985): The moths and butterflies of Great Britain and Ireland. Vol. 2, Cossidae – Heliodinidae. Harley Books, Essex.

HERING, M. (1940): Lepidopterologisches Wörterbuch. Alfred Kernen Verlag, Stuttgart.

HERING, E. M. (1951): Biology of the leaf miners. Verlag Dr. W. Junk, 's-Gravenhage.

HERING, E. M. (1957): Bestimmungstabellen der Blattminen von Europa, Bd. 1–3. Verlag Dr. W. Junk, 's-Gravenhage.

JÄCKH, E. (1972): Die Gattung Batia Stephens, 1834, s. str. (Lep. Oecophoridae). Redia 53: 331–345.

KARSHOLT, O., & E. S. NIELSEN (1978): Remarks on microlepidoptera new to the Danish fauna, with a review of the Coleophora milvipennis group (Lepidoptera). Ent. Meddr 46: 1–16.

KOCH, M. (1984): Wir bestimmen Schmetterlinge. 1. Aufl. Verlag J. Neumann-Neudamm, Melsungen.

KÜPPERS, P. V. (1980): Untersuchungen zur Taxonomie und Phylogenie der Westpaläarktischen Adelinae (Lepidoptera: Adelidae). Wissenschaftliche Beiträge Karlsruhe 7: 1–497.

KYRKI, J. (im Druck): Tentative reclassification of holarctic Yponomeutoidea (Lepidoptera). Proc. 5th Eur. Congr. Lepid., Budapest 1986.

LARSEN, C. S. (1927): Tillaeg til Fortegnelse over Danmark Microlepidoptera. Ent. Meddr 17: 7–208.

LERAUT, P. (1980): Liste systématique et synonymique des Lépidoptères de France, Belgique et Corse. Suppl. Alexanor et Bull. Soc. ent. Fr., Paris.

MENKEN, S. B. J. (1980): Allozyme polymorphism and the speciation process in small ermine moths (Lepidoptera, Yponomeutidae). Studies in Yponomeuta 2. Thesis University of Leiden.

MUNROE, E. (1972): Pyraloidea, Scopariinae and Nymphulinae. In: Dominick, R. B. et al.: The Moths of America North of Mexico. London.

NIELSEN, E. S. (1985): A taxonomic review of the adelid genus Nematopogon Zeller (Lepidoptera: Incurvariidae). Ent. Scand. Suppl. 25, Lund.

PALM, E. (1986): Nordeuropas Pyralider. Danmarks Dyreliv Bd. 3. Fauna Bøger, København.

PATZAK, H. (1974): Beiträge zur Insektenfauna der DDR: Lepidoptera – Coleophoridae. Beitr. Ent. 24 (5/8): 153–278.

PRÖSE, H. (1979): Die Kleinschmetterlinge der Umgebung von Hof. 27. Bericht des Nordoberfränkischen Vereins für Natur-, Geschichts- und Landeskunde, Hof.

RAUH, W. & K. SENGHAS (1976): Flora von Deutschland und seinen angrenzenden Gebieten. Schmeil-Fitschen. 86. Aufl. Quelle & Meyer, Heidelberg.

ROESLER, R.-U. (1980): Die Taxonomie des Zünslers Pollichia gen. n. semirubella (Scopoli 1763) comb. n. Phycitinen-Studien XIX (Lepidoptera: Pyralidae). Mitt. Pollichia 68: 6–25.

ROESLER, R.-U. (1982): Eine neue Futterpflanze für den Zünsler Alispa angustella (Hübner 1796) (Lepidoptera: Pyralidae: Phycitinae). carolinea 40: 106.

ROESLER, R.-U., & W. SPEIDEL (1979): Rote Liste der in Baden-Württemberg gefährdeten Zünslerfalter (Pyraloidea) (Lepidoptera-Schmetterlinge). Veröff. Naturschutz Landschaftspflege Bad.-Württ. 49/50: 371–395.

ROTHMALER, W. (1984): Exkursionsflora für die Gebiete der DDR und der BRD. Bd. 1, Niedere Pflanzen – Grundband, 2. Aufl. Bd. 2 Gefäßpflanzen, 12. Aufl. Verlag Volk und Wissen, Berlin.

SATTLER, K. (1977): Ordnung Lepidoptera, Schmetterlinge. In BROHMER, P.: Fauna von Deutschland. 13. Aufl. Quelle & Meyer, Heidelberg.

SCHNACK, K. (ed.) (1985): Catalogue of the Lepidoptera of Denmark. Ent. Meddr 52 (2–3): 1–163.

SCHÜTZE, K. T. (1931): Die Biologie der Kleinschmetterlinge unter besonderer Berücksichtigung ihrer Nährpflanzen und Erscheinungszeiten. Verlag des Internationalen Entomologischen Vereins e. V., Frankfurt a. Main.

SPULER, A. (1910): Die Schmetterlinge Europas. Kleinschmetterlinge. E. Schweizerbart'sche Verlagsbuchhandlung, Stuttgart. Unveränd. Nachdr. Verlag Erich Bauer, Keltern (1983).

STEUER, H. (1984): Die Schmetterlinge von Bad Blankenburg, IV. Teil (Lepidoptera). Dt. ent. Z., N. F. 31 (1–3): 91–152.

SWATSCHEK, B. (1958): Die Larvalsystematik der Wickler (Tortricidae und Carposinidae). Abh. Larvalsyst. Insekten 3, Berlin.

THIELE, J. (1985): Neues über die Fensterschwärmerchen (Lep.: Thyrididae). Ent. Z. 95 (11): 145–160.

TRAUGOTT-OLSEN, E., & E. SCHMIDT-NIELSEN (1977): The Elachistidae (Lepidoptera) of Fennoscandia and Denmark. Fauna ent. scand. 6, Klampenborg.

WERNER, K. (1958): Die Larvalsystematik einiger Kleinschmetterlingsfamilien (Hyponomeutidae, Orthoteliidae, Acrolepiidae, Tineidae, Incurvariidae und Adelidae). Abh. Larvalsyst. Insekten 2, Berlin.

WILLIAMS, C. B. (1961): Die Wanderflüge der Insekten. Verlag Paul Parey, Hamburg und Berlin.

Register der wissenschaftlichen Namen

Kursiv gedruckte Zahlen verweisen auf Abbildungen, **halbfett** gedruckte auf die ausführliche Beschreibung einer Art oder Gruppe.

Register der deutschen Namen

Kursiv gedruckte Zahlen verweisen auf Abbildungen, **halbfett** gedruckte auf die
ausführliche Beschreibung einer Art oder Gruppe.

288